U0104934

古典文獻研究輯刊

三七編

潘美月・杜潔祥 主編

第 37 冊

國故新土

司馬朝軍、王文暉 著

國家圖書館出版品預行編目資料

國故新土／司馬朝軍、王文暉 著 -- 初版 -- 新北市：花木蘭
文化事業有限公司，2023〔民 112〕
序 2+ 目 2+218 面；19×26 公分
（古典文獻研究輯刊 三七編；第 37 冊）
ISBN 978-626-344-500-0（精裝）
1.CST：漢學 2.CST：文獻學 3.CST：研究考訂
011.08   112010534

ISBN-978-626-344-500-0

9 786263 445000

古典文獻研究輯刊
三七編　第三七冊　　　　　ISBN：978-626-344-500-0

國故新土

作　　者　司馬朝軍、王文暉
主　　編　潘美月、杜潔祥
總 編 輯　杜潔祥
副總編輯　楊嘉樂
編輯主任　許郁翎
編　　輯　張雅淋、潘玟靜　美術編輯　陳逸婷
出　　版　花木蘭文化事業有限公司
發 行 人　高小娟
聯絡地址　235 新北市中和區中安街七二號十三樓
　　　　　電話：02-2923-1455／傳真：02-2923-1452
網　　址　http://www.huamulan.tw 信箱 service@huamulans.com
印　　刷　普羅文化出版廣告事業
初　　版　2023 年 9 月
定　　價　三七編 58 冊（精裝）新台幣 150,000 元
版權所有‧請勿翻印

國故新土

司馬朝軍、王文暉　著

作者簡介

　　司馬朝軍，上海社會科學院歷史研究所研究員、《傳統中國》主編、《文瀾閣四庫全書》總編纂、《司馬氏志》總編輯，原任武漢大學國學院經學教授、歷史學院專門史教授、信息管理學院文獻學教授、中國傳統文化研究中心研究員、黃侃研究所研究員、文獻學研究所副所長、四庫學研究中心主任、武漢大學珞珈特聘教授，此外還充任上海交通大學、武漢大學、湖南大學、湖北師範大學、衢州學院等校兼職教授。著有《四庫全書總目研究》《四庫全書總目編纂考》等四庫學系列著作，主編《辨偽研究書系》，此外出版國學系列著作多種。組織主持「經學論壇」與「江南學論壇」，主編學術集刊《傳統中國研究集刊》。

　　王文暉，文學博士，復旦大學中文系副教授。主要研究漢語史，側重文獻語言學與詞彙學。發表論著數十種，整理《群書治要》。

提　　要

　　本書近二十萬字，將出土文獻分為四大部分，即甲骨文獻、金石文獻、簡帛文獻、敦煌吐魯番文獻。對每類文獻的發現、整理與研究狀況做了簡明扼要地介紹。本書為通論性著作，也可用作教材。書後附錄專題論文三篇，皆是有關出土文獻方面的。此書結集主要是為了拓展文獻學研究領域，對這幾大顯學有所預流。我們重視傳世文獻，但也不輕視出土文獻。將此書命名為《國故新土》，也顯示在深耕舊地的同時開拓新土的一點野心。

小　引

　　王國維認為：「古來新學問起，大都由於新發見。」〔註1〕陳寅恪亦認為：「一時代之學術，必有其新材料與新問題，取用此材料，以研求問題，則為此時代學術之新潮流。治學之士，得預於此潮流者，謂之預流（借用佛教初果之名）。其未得預者，謂之未入流。此古今學術史之通義，非彼閉門造車之徒，所能同喻者也。」〔註2〕新材料的發現，極大地推動了古典學的發展。

　　王國維將新發現之學問分為五類，即殷墟甲骨文字、敦煌塞上及西域各地之簡牘、敦煌千佛洞之六朝唐人所書卷軸、內閣大庫之書籍檔案、中國境內之古外族遺文〔註3〕。其中前三類多為出土文獻。

　　我們講授文獻學時，也要多多少少牽涉到甲骨文獻、金石文獻、簡帛文獻及敦煌吐魯番文獻四大類。司馬朝軍早年曾經問字於古文字學家夏淥先生，對甲骨文獻、金石文獻下過一點苦功，摹寫過甲骨卜辭，近年參加上海交通大學人文學院許建平教授主持的重大項目《王世貞全集整理與研究》，完成了其中《古今法書苑》後半本的校勘工作，該書涉及大量的金石文獻，曾經取歐陽修、趙明誠以下諸家金石學著作一一校對，對金石文獻可謂一次系統補課，溫故而知新，更新了有關金石學的認識。附錄部分王文暉的論文二篇，這是她在治訓詁學、詞彙學之餘的副產品。

〔註1〕王國維：《最近二三十年中中國新發見之學問》，《靜庵文集》，遼寧教育出版社1997年版，第203頁。

〔註2〕陳寅恪：《陳垣敦煌劫餘錄序》，《陳寅恪史學論文選集》，上海古籍出版社1992年版，第503頁。

〔註3〕王國維：《最近二三十年中中國新發見之學問》，《靜庵文集》，遼寧教育出版社1997年版，第204～207頁。

　　甲骨學、金石學、簡帛學、敦煌學都與文獻學關係密切。我們這一代文獻學研究者早已經淡化了戶門觀念，對於新材料、新方法、新視野不但不排斥，反而儘量加以利用，如此才能打開新局面。這是我們有可能超越前人的地方，溫故而知新，應當做到「苟日新，日日新，又日新」。

司馬朝軍
2022 年 7 月 16 日於上海浦西之震旦園

第一章 甲骨文獻

第一節 甲骨文的發現

甲骨文是中國已發現的古代文字中時代最早、體系較為完整的文字。甲骨文主要指殷墟甲骨文，又稱為「殷墟文字」「殷契」，是殷商時代刻在龜甲獸骨上的文字。19 世紀末年在殷代都城遺址即今河南安陽小屯發現。甲骨文繼承了陶文的造字方法，是中國商代後期（前 14～前 11 世紀）王室用於占卜記事而刻（或寫）在龜甲和獸骨上的文字。殷商滅亡周朝興起之後，甲骨文還延綿使用了一段時期。

甲骨文的發現，通常是指殷墟甲骨文的發現。

一、殷墟甲骨文的發現

甲骨文發現於殷墟，殷墟位於河南省安陽市西北，是商代後半期都城的遺址。商代統治階級常用龜甲和獸骨進行占卜。甲骨文就是商代後期遺留下來的卜甲卜骨上所刻的占卜記錄，所以也稱為甲骨卜辭或殷虛卜辭。商代人有時也在卜甲卜骨上刻記一些其他文字，有時還在非卜用的獸骨、人骨或骨器上刻字。這些文字通常也稱為甲骨文。所以嚴格說，甲骨文的範圍要比甲骨卜辭廣一些。

殷墟地下埋藏著大量卜甲卜骨。其中有很多是刻有文字的。殷墟甲骨的發現者是當地居民，他們在生產、建築等活動中無疑會不斷發現這種甲骨。可是在很長一段時期裏，沒有人知道這種甲骨上所刻的是一種很有價值的古文字。挖掘出來的甲骨，有的被毀棄，有的被當作「龍骨」賣給藥材商。據說當時小屯村民認為甲骨文不是刻上去的，而是天生的，且「生」有甲骨文字的「龍骨」

不好賣,所以他們常常會刮掉上面的字跡,再賣給藥店。如此買櫝還珠,令人啼笑皆非。

　　甲骨的出土地曾經是一個巨大的謎團,羅振玉為此做出了重大貢獻。他曾在劉鶚家中看到很多甲骨,他認為最重要的問題是找到甲骨的出土地。甲骨文發現後,古董商為了壟斷甲骨的轉售,從中牟取暴利,便故意隱瞞甲骨的真正出土地點。因此,關於甲骨的出土地眾說紛紜、撲朔迷離。經過多方打聽,直到 1908 年,羅振玉終於找到當年賣甲骨給王懿榮的第一個商人──范維卿,訪得甲骨的真正出土地為河南安陽小屯村。1915 年,羅振玉又親自到安陽實地考察,最終確認甲骨出土地安陽小屯村為殷墟,即商代晚期都城。

　　直到光緒二十五年（1899），才被王懿榮確認為甲骨文。

　　王懿榮（1845～1900），字正儒，一字廉生，山東福山（今煙臺市）人。光緒六年（1880）進士，官至國子監祭酒。《清史稿》有傳。光緒二十五年（1899）秋，王懿榮得了瘧疾，派人到中藥店買回一劑中藥，王懿榮無意中看到其中的一味叫「龍骨」的藥品，上面刻畫著一些符號，見之狂喜。他又派人以每片二兩銀子的高價，把藥店所有刻有符號的龍骨全部買下，後來又通過古董商范維卿等人進行搜購，累計共收集了 1500 多片。他對這批龍骨進行了仔細研究分析，發現它們並非什麼龍骨，而是幾千年前的龜甲和獸骨。他從甲骨上的刻畫痕跡逐漸辨識出「雨」「日」「月」「山」「水」等字，後又找出商代幾位國王的名字，由此斷定這是刻畫在獸骨上的古代文字。

　　這則故事雖然能自圓其說，也很有戲劇性；不過有學者進行考證後認為，這是一則源於民國小報上編造的故事，很多情節都不足為據，與事實相去甚遠。比如，據調查，當時的中藥店一般都是把「龍骨」搗碎後才出售配藥，因此不太可能通過「抓中藥」發現甲骨文。

　　事實上，對於首先鑒別出甲骨文的人究竟是誰，歷來有多種說法，除了「王懿榮發現的」外，常見的還有以下兩種：

　　一說是光緒二十四年，由天津宿儒孟定生和王襄，在古董商人將有字甲骨帶至天津向他們請教時，認出這是古文字；但二人出不起高價購來進一步研究。而在北京的高官王懿榮則以一至二兩銀子一字的高價搜求，甲骨文才為世人所重視。

　　二說是光緒二十五年，古董商人將有字甲骨帶到北京出售，為王懿榮所購

得，其時王的好友劉鶚（《老殘遊記》的作者）正在京候補，於王懿榮家中得見甲骨上之文字，感到很驚訝。經他們辨認後，鑒定為「殷人刀筆文字」。

後一種說法源於劉鶚著《鐵雲藏龜·自序》，但從這篇自序中，看不出鑒定「殷人刀筆文字」的，是劉鶚、王懿榮、還是他們二人共同鑒定出來的！

王懿榮的兒子為償還舊債，便將家藏的大部分甲骨賣給了劉鶚。劉鶚是水利專家，主持過黃河的治理，他也是著名小說《老殘遊記》的作者，他因最早整理發布甲骨，並進行初步考釋，又成為著名的甲骨文專家。劉鶚將自己所藏甲骨整理與拓印，並精選拓片 1058 片，編著成《鐵雲藏龜》一書，1903 年 10 月由抱殘守缺齋石印出版，這是關於甲骨的第一本著作。在書中，他提出甲骨文是「殷人刀筆文字」的觀點，即甲骨文為商代遺物，並且劉鶚所釋讀的 50 多個甲骨文中，後來被證實完全正確的有 35 個字。

在不同的說法中，王懿榮都扮演著非常重要的角色，這恐怕也是過去學術界將甲骨文發現者的「頭銜」。「殷墟甲骨文的發現者」在中國文化史上起到了巨大的推到作用，一定會名垂青史。

目前發現有大約 10 萬片左右甲骨，4000 個左右單字。這些甲骨文所記載的內容極為豐富，涉及到商代社會生活的諸多方面，不僅包括政治、軍事、文化、社會習俗等內容，而且涉及天文、曆法、醫藥等科學技術。從甲骨文已識別的單字來看，它已具備了象形、會意、形聲、指事、轉注、假借的造字方法，展現了中國文字的獨特魅力。中國商代和西周早期（約公元前 16～前 10 世紀）以龜甲、獸骨為載體的文獻。是已知漢語文獻的最早形態。刻在甲骨上的文字早先曾稱為契文、甲骨刻辭、卜辭、龜版文、殷墟文字等，現

通稱甲骨文。商周帝王由於迷信，凡事都要用龜甲（以龜腹甲為常見）或獸骨（以牛肩胛骨為常見）進行占卜，然後把占卜的有關事情（如占卜時間、占卜者、占問內容、視兆結果、驗證情況等）刻在甲骨上，並作為檔案材料由王室史官保存。除占卜刻辭外，甲骨文獻中還有少數記事刻辭。甲骨文獻的內容涉及當時天文、曆法、氣象、地理、方國、世系、家族、人物、職官、征伐、刑獄、農業、畜牧、田獵、交通、宗教、祭祀、疾病、生育、災禍等，是研究中國古代特別是商代社會歷史、文化、語言文字的極其珍貴的第一手資料。

二、發現殷墟甲骨文的意義

20 世紀號稱「甲骨文的世紀」。甲骨文的發現具有重大的歷史意義，歸納起來，大致有以下幾點：

第一，殷墟甲骨文驗證了傳統文獻中有關上古史記載的可靠性，為新史學的建立和發展奠定了基石。20 世紀初，疑古思潮盛行，將我國原有的古史系統「從根予以推翻」，認為商代只是神話傳說而非信史。劉鶚《鐵雲藏龜‧自序》首次提出了甲骨文是「殷人刀筆文字」。王國維《殷卜辭中所見先公先王考》《續考》利用殷墟甲骨文材料證明了司馬遷的《史記》的確是一部信史，恢復了學術界對中國古典文獻的信任。《史記‧殷本紀》《世本》所載商王世系大致可靠，證實了商、周歷史的可信。同樣，《史記‧夏本紀》《世本》所載夏王世系亦非向壁虛造，也應當是可信的。殷墟甲骨卜辭上發現了商王朝先公先王的名字，王國維考證了卜辭中的「王亥」、「王恒」、「上甲」等商代諸公，證實《史記》和《世本》所記載的商王朝世系是可信的；並根據受祭的帝王有康祖丁、武祖丁、文祖丁（即康丁、武乙、文丁），確定帝乙的時代仍然建都於此，從而確定了《古本竹書紀年》所載的自盤庚遷殷至紂之亡「更不徙都」的說法是符合歷史事實的。甲骨文的研究，還糾正了自唐代杜佑的《通典》、宋代呂大臨《考古圖》起，出現的安陽西北五里、洹水之濱為河壇甲城的誤傳，證實《史記‧項羽本紀》洹水南為殷墟的記載是正確的。

第二，殷墟甲骨文的發現促成殷墟的科學發掘，並催生了考古學。1928～1937 年，中央研究院歷史語言研究所在殷墟進行了 15 次發掘，取得了輝煌的成績，特別是促成了中國現代考古學的形成與發展。中國向無考古學，有之，

則自殷墟的科學發掘始。甲骨文獻的發現，使殷墟的發掘走上了科學軌道，為中國考古學的研究積累了極為寶貴的科學資料。

第三，殷墟甲骨文的發現促成了文獻方法的革新，推動了文獻學的發展。王國維提出的「二重證據法」，正是在甲骨文的發現之後做出了理性思考。本世紀二十年代，是疑古風最盛的時期。康有為的《上古茫昧無稽考》，加上中國文化西來說，給古文獻所記載的民族歷史，特別是上古史蒙上了一團疑雲。王國維在清華研究院提出了考證古史必須適用「二重證據法」，他在《古史新證·總論》中說：「吾輩生於今日，幸於紙上之材料外，更得地下之新材料。由此種新材料，我輩得據以補正紙上之材料，亦得證明古書之某部分全為實錄，即百家不馴之言亦無不表示一面之事實。此二重證據法，惟在今日始得行之。雖古書之未得證明者不能加以否定，而其已得證明者不能不加以肯定，可斷言也。」〔註1〕在真正意義考古學沒有進入中國以前，我國學者大體上在文獻資料中兜圈子，所以難免疑古過頭或信古太甚，自從王氏提出「二重證據法」，以考古材料與古文獻結合起來探求古史的真面目，才有可能克服盲目信古和過分疑古的缺陷。其實，在王國維以前，學術界雖無「新證」之名，但已有新證之實。王懿榮、吳大澂等人根據金文考證《尚書·大誥》中的「寧」為「文」字之訛〔註2〕，就是非常著名的例子。20 世紀 30 年代聞一多的《古典新義》也利用甲骨、金文來證明《易》《詩》等典籍，在名稱和方法上與《古史新證》有相通之處。

第四，殷墟甲骨文的發現直接導致了甲骨學的產生，推動了文字學的發展。甲骨文的發現提供了大量的新材料，改變了以往古文字研究僅侷限於《說文解字》系統的狀況。

第二節　甲骨文獻的整理與研究

甲骨文是商、周時代契刻在龜甲或獸骨上的記事文字，它自 1899 年被世人發現以來，經過海內外學者不斷的搜集、整理和研究，早已形成了一門新興的學科——甲骨學。從文獻學的角度來看，這些契刻在甲骨上的文字，記載了有關宗教、戰爭、農牧業、天文、氣象、田獵等多方面內容，蘊涵著三千多年前文化信息，是我們現在所能看到的最早的中國文獻。

〔註 1〕王國維：《古史新證》，清華大學出版社 1996 年版，第 2～3 頁。
〔註 2〕裘錫圭：《古代文史研究新探》，江蘇古籍出版社 2000 年版，第 73～78 頁。

一、甲骨文獻的整理

自甲骨文發現百餘年來，著錄之書多達 120 餘種，眾多學者對其進行了廣泛研究，但這些研究成果或因年代久遠，或因藏地分散，很多資料，尤其是早期的文獻資料，普通讀者已很難得見。因此，有關甲骨文獻的彙編成為學術界關注的熱點之一。下面簡要介紹幾種重要的資料彙編。

（一）《鐵雲藏龜》

劉鶚《鐵雲藏龜》，是第一部著錄殷墟甲骨文的專書。1903 年，劉鶚從他所收藏的五千餘片甲骨中精選 1058 片，編成《鐵雲藏龜》六冊。原刊本有羅振玉序、吳昌綬序和劉鶚自序。在該書的自序中，劉鶚記述了發現龜骨獸骨文字以及王懿榮收骨甲骨的過程，還記述了文字從古籀到隸書的發展過程，第一個提出了甲骨文是「殷人刀筆文字」，這對於甲骨文的認識具有非常重大的意義。該書將甲骨文由只供少數人觀賞摩挲的「古董」變為廣大學者研究的資料，開創之功不可磨滅。其後，曾在劉家任過家塾先生的羅振玉，又從劉氏贈送他的未曾著錄過的甲骨中精選數十板，為之影印，定名為《鐵雲藏龜之餘》。後來，上海孔德圖書館獲得一批吳振平舊藏甲骨龜片，沈尹默、金祖同、李旦丘考證為劉鶚舊物，雖有一部分為《鐵雲藏龜》著錄，但大多數未經著錄，於是選其 93 板，略加按語，並著釋文於後，遂成《鐵雲藏龜拾零》一書。劉鶚同鄉人葉玉森，在劉鶚身後得其遺藏甲骨 1300 板，從中精選 240 板，為之墨拓石印，並附考釋文字，書名《鐵雲藏龜拾遺》。1959 年臺灣藝文印書館嚴一萍重印本，拓本旁又附已摹本。嚴氏又對《鐵雲藏龜》一書重新整理、斷代分類，編為《鐵雲藏龜新編》，計收錄甲骨 1043 片。

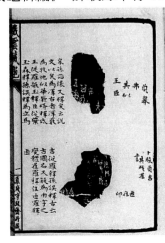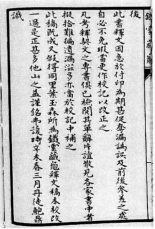

（二）《甲骨文合集》

由郭沫若任主編，胡厚宣任總編輯，中國社會科學院歷史研究所《甲骨文合集》編輯組編纂。編輯工作從 1960 年正式開始。圖版共 13 冊，1979 年 10 月起由中華書局出版，到 1983 年 1 月全部出齊。

《甲骨文合集》內容包括中央研究院殷墟發掘所得及國內外收藏的甲骨和拓本，共選錄 41956 片，其中相當一部分是第一次發表的。在編輯過程中，進行了辨偽、去重、綴合等工作，使《合集》成為中華人民共和國建立前發現甲骨的最豐富的結集。

《甲骨文合集》採用分期分類的編排方式，先將甲骨分為 5 期：第 1 期，武丁及其以前；第 2 期，祖庚、祖甲；第 3 期，廩辛、康丁；第 4 期，武乙、文丁；第 5 期，帝乙、帝辛。每期又依社會歷史內容分類：（1）階級和國家；（2）社會生產；（3）思想文化；（4）其他。並分為 21 個小類，便於查檢。

1973 年，安陽小屯南地出土刻字甲骨 4000 餘片，由中國社會科學院考古所編成《小屯南地甲骨》五冊。姚孝燧等人亦有考釋行世。《合集》沒有收錄小屯南地的甲骨文拓本，《小屯南地甲骨》是《合集》的補充。

1996 年，彭邦炯主持編纂《甲骨文合集補編》，收錄甲骨 13450 片，主要包括兩部分內容：（1）《合集》編成 20 年來海內外陸續著錄的甲骨資料和綴合成果；（2）《合集》編纂時期搜集而未及整理選用的拓片和甲骨拓片。

（三）《甲骨文獻集成》

宋鎮豪、段志宏主編，中國社會科學院歷史研究所《甲骨文合集》編輯組編纂。係繼《甲骨文合集》之後的又一有關甲骨文研究的大型類書。全書共 40 冊，四川大學出版社 2001 年出版。

它包括了百年以來甲骨文研究的最有代表性的成果，收輯的甲骨文研究數據以全面、系統和威權為特點。凡具學術研究價值、或在甲骨學界有重大影響的有關甲骨文方面的發現情況記錄、甲骨文對有關天文、地理、分期斷代、寧宗法世系等進行研究的中文、外文專著及論文，均在收輯之列。所收各類文獻達數千種之多。《甲骨文獻集成》一編在手，便可將海內外罕見和稀有的版本及散見於報刊的甲骨文研究文獻盡收眼底，為甲骨學人的研究提供了十分便利的條件。

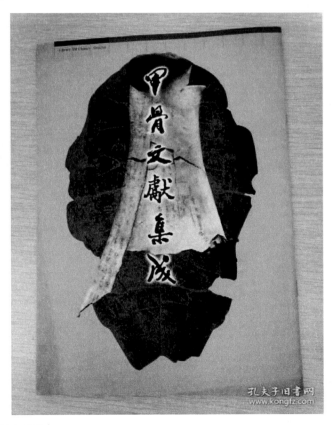

具體篇目如下：

一、甲骨文考釋：第 1～6 冊，著錄片考釋；第 7～14 冊，文字考釋。

二、甲骨研究：第 15～16 冊，分期斷代；第 16～17 冊，卜法；第 17～18 冊，文例文法；第 19 冊，校訂綴合。

三、專題分論：第 20～21 冊，世系禮制；第 21～25 冊，國家與社會；第 25～26 冊，經濟與科技；第 27 冊，軍事征伐；第 27～28 冊，方國地理；第 28～29 冊，文化生活；第 29～30 冊，宗教風俗；第 31～32 冊，天文曆法。

四、西周甲骨與其他：第 33 冊。

五、綜合：第 34 冊，甲骨文發現與流傳；第 35～38 冊，甲骨學通論；第 38～39 冊，古文字研究；第 39～40 冊，序跋與述評。

（四）《甲骨文研究資料彙編》

本叢書共分匯考、圖像、文字、工具書、雜錄等幾個部分，收錄羅振玉、王襄、胡厚宣、商承祚、容庚、郭沫若、唐蘭等甲骨學專家的研究著作《殷契通釋考釋》《殷商貞卜文字考》、等典籍 70 餘種，幾乎囊括了甲骨文發現之後，公布發表的有關資料和論著。全 20 冊，國家圖書館出版社 2008 年版。

其目錄為：

第一冊

鐵雲藏龜　（清）劉鶚藏　鮑鼎釋　民國二十年（1931）上虞羅振常蟫隱廬石印本

鐵雲藏龜之餘　羅振玉輯　民國二十年（1931）上虞羅振常蟫隱廬石印本

第二冊

殷虛書契前編　羅振玉編　民國元年（1912）上虞羅振玉日本永慕園影印本

第三冊

殷虛書契續編　羅振玉編　民國二十二年（1933）上虞羅振玉殷禮在斯堂影印本

殷虛書契考釋　羅振玉撰　民國三年（1914）上虞羅振玉永慕園影印本

殷商貞卜文字考　羅振玉撰　清宣統二年（1910）玉簡齋石印本

殷虛書契菁華　羅振玉輯　民國三年（1914）上虞羅振玉影印本

第四冊

殷虛書契續編校記　曾毅公撰　民國二十八年（1939）齊魯大學國學研究所鉛印本

簠室殷契類纂　王襄撰　民國九年（1920）天津博物院石印本

簠室殷契序　王襄撰　稿本

第五冊

簠室殷契徵文　王襄編　民國十四年（1925）天津博物院影印本

殷代貞史待徵錄　王襄撰　稿本

第六冊

甲骨文字研究　郭沫若撰　民國二十年（1931）上海大東書局影印本

甲骨文字研究　商承祚撰　民國二十一年（1932）北平聚魁堂裝訂講義書局影印本

第七冊

殷契粹編　郭沫若編　日本昭和十二年 1937）東京文求堂影印本

第八冊

卜辭通纂　郭沫若撰　日本昭和八年（1933）東京文求堂石印暨影印本

第九冊

甲骨學商史論叢初集　胡厚宣撰　民國三十三年（1944）成都齊魯大學國學研究所石印本

第十冊

甲骨學商史論叢二集　胡厚宣撰　民國三十四年（一九四五）成都齊魯大學國學研究所石印本

甲骨六錄　胡厚宣撰　民國三十四年（一九四五）成都齊魯大學國學研究所石印本

第十一冊

戰後京津新獲甲骨集　胡厚宣編　一九五四年上海群聯出版社影印本

元嘉造像室所藏甲骨文字　胡厚宣編　一九五〇年石印本

頌齋所藏甲骨文字　胡厚宣編　一九五〇年石印本

第十二冊

戰後寧滬新獲甲骨集　胡厚宣編　一九五一年來薰閣書店石印本

戰後南北所見甲骨錄　胡厚宣編　一九五一年來薰閣書店石印本

第十三冊

殷墟文字類編　商承祚編　民國十二年（一九二三）番禺商承祚決定不移軒刻本

殷墟文字待問編　商承祚編　民國十五年（一九二六）番禺商承祚契齋刻本

福氏所藏甲骨文字　商承祚編　民國二十二年（一九三三）南京金陵大學中國文化研究所影印暨鉛印本

第十四冊

殷契佚存　商承祚輯　民國二十二年（一九三三）南京金陵大學中國文化研究所影印本

天壤閣甲骨文存並考釋　（清）王懿榮藏　唐蘭釋　民國二十八年（一九三九）北平輔仁大學影印本

第十五冊

甲骨地名通檢　曾毅公撰　民國二十八年（一九三九）齊魯大學國學研究所鉛印本

甲骨綴合編　曾毅公輯　一九五〇年修文堂石印本

甲骨綴存　曾毅公撰　民國二十八年（一九三九）石印暨鉛印本

第十六冊

殷契卜辭　容庚、瞿潤緡撰　民國二十二年（一九三三）北平哈佛燕京學社石印本

卜辭研究　容庚編　民國三十一年（一九四二）國立北京大學鉛印暨石印本

殷契鉤沉　葉玉森撰　民國十八年（一九二九）北平富晉書社玻璃版影印本

說契　葉玉森撰　民國十八年（一九二九）北平富晉書社影印本

研契枝譚　葉玉森撰　民國十八年（一九二九）北平富晉書社影印本

　　鐵雲藏龜拾遺　（清）劉鶚藏　葉玉森撰　民國十四年（一九二五）丹徒葉玉森五鳳硯齋影印本

　　第十七冊

　　殷墟書契前編集釋（卷一至四）　葉玉森撰　民國二十三年（一九三四）上海大東書局影印本

　　第十八冊

　　殷墟書契前編集釋（卷五至八）　葉玉森撰　民國二十三年（一九三四）上海大東書局影印本

　　柏根氏舊藏甲骨文字　（英）明義士編　民國二十四年（一九三五）濟南齊魯大學鉛印暨石印本

　　庫方二氏藏甲骨卜辭　（英）庫全英、（美）方法斂藏　民國二十五年（一九三六）上海商務印書館石印本

　　中央大學史學系藏甲骨文字　李孝定編　蔣維崧釋文　民國二十九年（一九四〇）成都中央大學石印本

　　第十九冊

　　契文舉例　（清）孫詒讓撰　民國六年（一九一七）影印孫詒讓稿本

　　龜甲文字概論　陳晉撰　民國二十二年（一九三三）上海中華書局石印本

　　殷墟龜契考　陳邦福撰　民國十七年（一九二八）石印本

　　殷契辨疑　陳邦福撰　民國十八年（一九二九）石印本

　　殷契瑣言　陳邦福撰　民國二十三年（一九三四）石印本

　　龜甲獸骨文字　林泰輔輯　民國間北平富晉書社影印日本大正六年影印本

　　敘圃甲骨釋略　何遂撰　民國三十年（一九四一）影印本

　　第二十冊

　　殷契通釋　徐協貞撰　民國二十二年（一九三三）北平文楷齋刻藍印本

二、甲骨文獻的研究

　　百年來的甲骨學研究，大致可劃分為五個階段：1899 年至 1928 年為第一階段，這是甲骨文的「盜掘時期」和甲骨學研究的「草創階段」，學者們只能就流散的甲骨作分散研究。1928 年至 1937 年為第二階段，這是甲骨文的「科學發掘時期」和甲骨學研究的「發展階段」，由中央研究院史語所主持對小屯進行了十五次科學發掘，獲得有字甲骨二萬餘片。第三階段從 1949 年到 1978 年，

由於科學發掘材料的刊布，甲骨文研究得以走向深入。第四階段從 1979 年至 1999 年，這是甲骨文出土時空的擴大和甲骨學研究的「全面深入階段」。第五階段（從 1999 年至今），是多學科聯合攻關與甲骨學研究的新世紀。〔註3〕

百年來，從事甲骨文研究的既有中國學者，也有外國學者，出版的專著及論文超過一萬種。學者們從各個角度對甲骨文進行研究，其研究成果十分豐富，簡而述之，主要有以下幾方面〔註4〕：

（一）資料的整理和公布

殷墟出土的甲骨片數量，據胡厚宣統計有 15 萬片左右，有的學者估計略少，認為只有 10 萬片左右，迄今無法確切統計。甲骨片是埋於地下 3000 多年的遺物，極易破碎，只有製成拓本或經摹寫、或經照相，方能著錄成書，刊布於世。所以甲骨資料的整理公布，是甲骨文研究的第一步。1903 年劉鶚出版《鐵雲藏龜》，其後有羅振玉、王國維、郭沫若等中國學者以及一批國外學者從事甲骨文的搜集整理，使 1928 年科學發掘以前私人掘得的甲骨片，基本上被刊布出來。從 1928 年開始，中央研究院歷史語言研究所把先後對殷墟 15 次發掘的甲骨片，分別著錄在《殷虛文字甲編》《殷虛文字乙編》和《殷虛文字乙編補遺》三部書中。1973 年在小屯南地出土的甲骨，已收錄在《小屯南地甲骨》一書內。中華書局出版的《甲骨文合集》與語文出版社出版的《甲骨文合集補編》，把 1966 年以前出土的有重要內容的甲骨片基本上都公布了出來。

（二）文字的考釋與漢字構造理論的建立

研究甲骨文首先要識字。甲骨文中有單字約 4000 個，百年來經學者考釋而能認識的約有 2000 個，其中還有 500 左右的字各家的解釋不一致。不過那些未識之字多是人名、族名、地名等死文字，使用頻率極低，故對甲骨卜辭文句的理解影響不大。當然，未識之字中有些也可能包涵有重要的社會歷史信息。

在考釋文字方而作出貢獻的研究者相當多。在早期研究者中間，貢獻最大的是孫詒讓、羅振玉和王國維。羅氏釋字最多，成績很大，但是由於望文生義憑空肊測而釋錯的字也不少。羅、王以後釋字最有成績的是唐蘭和于省吾。此外，郭沫若、王襄、葉玉森、胡小石、楊樹達、丁山、柯昌濟等人，在釋字方面也都有一定貢獻。

〔註 3〕王宇信、徐義華：《商周甲骨文》，文物出版社 2006 年版，第 8～17 頁。
〔註 4〕楊升南：《百年來的殷墟甲骨文研究》，《人民日報》1999 年 7 月 24 日第 6 版。

　　甲骨文字是迄今發現最為成熟的中國古文字，是漢字的源頭。由於對甲骨文字的考釋，新的漢字構造理論就打破傳統的「六書」說而建立起來。所謂「六書」即象形、指事、會意、形聲、假借、轉注，從東漢許慎以來的近兩千年中，一直被認為是漢字構造的理論基礎。1934 年唐蘭在《古文字學導論》一書中，首先指出六書的侷限，1949 年又在《中國文字學》中提出象形、象意、形聲的「三書」說。陳夢家在 1956 年出版的《殷虛卜辭綜述》中指出象形、象意實為古之圖畫文字，他提出漢字構造應為象形、假借、形聲的新「三書」說。裘錫圭在《古文字學概要》一書中，贊成陳夢家的「三書」說，同時指出「三書」不能概括全部漢字，五類文字即記號字、半記號字、變體表音字、合音字、兩聲字等不能納入「三書」之中，應特別另加注意。這樣，「三書」說的理論就由甲骨文字的考釋而建立起來，從而使古文字學成為一門有規律可循的科學。

（三）工具書的編纂

　　工具書是信息的彙集，它既是瞭解以前研究信息的途徑，又是新研究工作的起點。甲骨文材料的公布、文字考釋的進展，推動了工具書的編纂。甲骨文工具書的種類大致有五：

　　一是關於甲骨字形的書。如羅振玉的《殷虛書契考釋》和《殷虛文字待問編》、商承祚的《殷虛文字類編》、朱芳圃的《甲骨學文字編》、孫海波的《甲骨文編》、金祥恒的《續甲骨文編》等，這類書多按《說文》部首分類，注意字型摹寫的準確，每字下附有出處及簡單的釋文。其中，孫海波的《甲骨文編》搜集資料比較豐富，影響最大。

　　二是甲骨卜辭資料類編。此類書以字頭為準，將該字所在的甲骨卜辭類集在該字下，以便檢索。日本學者島邦男的《殷墟卜辭綜類》，彙集 1967 年以前出版的 63 種甲骨著錄書，具有收集完備、取捨謹慎、編排體例新穎和檢字索引方便等特點。姚孝遂、肖丁的《殷墟甲骨刻辭類纂》在體例上與《殷墟卜辭綜類》基本相同，但增加了釋文等項目，資料更為豐富，編排更為合理。

　　三是彙編各家對甲骨文字考釋的字典性書。李孝定編《甲骨文字集釋》正編 14 卷，補遺 1 卷，存疑 1 卷，待考 1 卷，基本上彙集了前 60 年甲骨文字考釋成果。日本人松丸道雄等編《甲骨文字字釋綜覽》，收甲骨文字 3395 個，集錄 1989 年以前中日學者的研究成果。于省吾主編《甲骨文字詁林》，集錄 1989 年以前 90 年來甲骨文字考釋的主要成果。

　　四是專門性質的甲骨文通檢索引。如曾毅公的《甲骨地名通檢》，彙編甲骨文中所見地名共 919 個。饒宗頤、沈建華編的《甲骨文通檢》分人名、地名、天文氣象、人物職官、田獵、祭祀典禮、雜類等七類九個分冊，於 1992 年陸續出版。

　　五是論著目錄索引。如胡厚宣的《五十年甲骨學論著目》、濮茅佐的《甲骨學與商史論著目錄》等。宋鎮豪主編的《百年甲骨學論著目》也由語文出版社於 1999 年出版。以上五類工具書的編纂，收集了大量的信息，為新世紀的甲骨學研究奠定了基礎。

（四）分期斷代研究

關於甲骨文的時代，殷墟甲骨文是盤庚遷殷至紂王亡國期間的文字材料。
經八代十二王，歷時二百七十三年。只有將每片甲骨所屬的王世劃分清楚，方
能從甲骨文裏勾繪出商代社會的歷史面貌。甲骨片所屬的王世，羅振玉《殷契
書虛考釋序》認為包含武乙、文丁、帝乙三代。王國維根據古本《竹書紀年》
以及他對卜辭的研究訂正羅說，認為應該起自盤庚，終於帝乙。董作賓更進一
步，認為帝辛（即紂王）一代也應該包括在內。

如果想進行深入的研究，就需要把甲骨文分期斷代。甲骨文斷代的思想
在王國維的著作裏就有了萌芽，而正式提出系統的學說的，則是董作賓。董
氏於 1932 年作《甲骨文斷代研究例》（一九三五年正式發表），提出用世系、
稱謂、貞人、坑位、方國、人物、事類、文法、書體等十個標準來確定每片
甲骨的時代，並將所出甲骨劃分為五個時期：第一期，盤庚、小辛、小乙、
武丁。第二期，祖庚、祖甲。第三期，廩辛、康丁。第四期武乙、文丁。第
五期，帝乙、帝辛。這篇文章為甲骨文斷代研究奠定了基礎。後來董氏在《殷
曆譜》裏，又根據不同時期在曆法、祭祀等制度上的特點，提出了分派的說
法。盤庚、小辛、小乙、武丁、祖庚、武乙、文丁屬於舊派，祖甲、廩辛、
康丁、帝乙、帝辛屬於新派。這樣，他的第二期實際上就一分為二了。董氏
奠定斷代研究基礎的功績應捄肯定，但是也應該看到他的分期分派學說還有
不少問題。後來胡厚宣也有四期說，陳夢家有九期之分，貝塜茂樹等人都對
他的學說有所修正。董氏把廩辛、康丁合為一期，實際上康本卜辭的特徵跟
武乙、文丁卜辭更為接近。董氏對文本卜辭的意見，受到的批評最多。1979
年許進雄在《甲骨上的鑽鑿形態》一書中提出用鑽鑿形態來斷代，是對董氏
十項標準的補充。通過這些標準，殷墟甲骨每片的時代大致可以置於各王之
下。1976 年由殷墟婦好墓的發現，引發了對「歷組卜辭」時代是否提前的討
論。現在大參數研究者都認為，董氏定為文丁卜辭的「師組」、「子組」等卜
辭，應該屬於武丁時期。李學勤將此組卜辭由董作賓的四期提前到武丁晚年
到祖甲時期，並提出以甲骨文字體為標準進行分組整理和殷墟甲骨的兩系
說。

（五）利用甲骨文研究商代社會史

甲骨上的文字是商代留下來的第一手材料，未經後人篡改過，故十分珍貴。利用甲骨文資料研究商代社會史是研究甲骨文的重要目的。甲骨文發現以前，商代被視為「傳疑時代」，中國歷史上是否存在這樣一個朝代，還不能肯定。夏代是否實有，就更難說了。甲骨文發現以後，王國維根據甲骨文中所見的商王名字於 1917 年寫出了著名的《殷卜辭中所見先公先王考》和《殷卜辭中所見先公先王續考》二文，大體排出了商代一個可靠世系，從而證明《史記·殷本紀》等古籍中所載商史是可信的。而《史記·夏本紀》所記夏代的世系由此也就不可輕易否定，這樣就把我國可信的歷史提前了近一千年。此後，利用甲骨文資料對商代政治、經濟、文化、軍事、社會生活以及甲骨卜辭語法等方面的研究，都取得十分重大的成果，使我們今天已經能勾畫出商代社會的大體輪廓。郭沫若不但編寫了使讀者能夠瞭解殷代社會各方面的卜辭考釋書，而且在他的一系列古史著作裏引用了甲骨文史料，大大提高了古代史研究的水平。

（六）通論性著作

隨著甲骨文研究的蓬勃發展，一批總結甲骨文研究的通論性著作相繼面世。如董作賓的《甲骨學五十年》、陳夢家的《殷虛卜辭綜述》、島邦男的《殷墟卜辭研究》、嚴一萍的《甲骨學》、張秉權的《甲骨文與甲骨學》、吉德煒的《商代史料——中國青銅時代的甲骨文》、吳浩坤與潘悠合著的《甲骨學史》、王宇信的《甲骨學通論》等。其中，《殷虛卜辭綜述》資料豐富，論述全面，並有一定深度，對於初學者和研究者都是非常有用的書。可惜成書倉卒，引用甲骨文資料有很多不應有的錯誤。陳氏自己對各種問題的意見也不盡妥當。此

書寫法不適於初學閱讀，對於一本通論性的著作來說，這似乎也應該算一個缺點〔註5〕。

　　1999 年，王宇信、楊開南主編《甲骨學一百年》〔註6〕，對甲骨文獻發現一百年來搜集、整理、保存、研究的全過程作了全面總結，對甲骨學家和重要的甲骨著作進行評價，分析了甲骨文研究中各個領域所取得的成就和存在的問題。

〔註 5〕裘錫圭：《殷墟甲骨文研究概況》，《文史叢稿》，上海遠東出版社 1996 年版，
　　　　第 236 頁。
〔註 6〕王宇信、楊開南主編：《甲骨學一百年》，社會科學文獻出版社，1999 年版。

該書目錄如次：

第一章　緒論
第一節　中國的「舊學」自甲骨文之出而另闢一新紀元
　　　一、甲骨文的發現和研究，標誌著中國傳統學術向現代學術轉型
　　　二、為殷商考古學的發展提供了契機
　　　三、為新史學的發展奠定了堅實基礎
第二節　甲骨學的形成與發展
　　　一、甲骨資料的搜集與著錄
　　　二、研究課題與研究方法
第三節　甲骨文、甲骨學與甲骨學的科學界定
　　　一、甲骨文與甲骨學的提出
　　　二、「甲骨學」的科學界定
第三節　本書的宗旨
第二章　百年出土甲骨文述要
第一節　瑰寶蒙塵──1899 年以前甲骨文的滄桑
　　　一、「失國埋卜」與甲骨文的埋藏時期
　　　二、殷墟的變遷與甲骨文的被破壞
第二節　1899 年殷墟甲骨文的發現和甲骨文的私人挖掘
　　　一、甲骨文發現問題的討論
　　　二、殷墟甲骨文被私挖亂掘
　　　三、殷墟甲骨文流散於國外
第三節　殷墟考古發掘出土的甲骨文
　　　一、考古發掘與甲骨文的成批出土
　　　二、保護殷墟與甲骨文的繼續發現
　　　三、甲骨文現藏情形之一般
第三章　甲骨學研究基礎工作的不斷加強
第一節　甲骨文整理工作的全面開展
　　　一、甲骨文的辨偽
　　　二、甲骨文的校重
　　　三、甲骨文的綴合
第二節　甲骨文的著錄與著錄編纂的科學化

綜觀甲骨文發現以來的歷史，在第二個十年中，羅振玉、王國維初步奠定了甲骨學的基礎；在第四個十年中，郭沫若、董作賓、唐蘭等人把甲骨學推進到一個新的水平，《卜辭通纂》《甲骨文斷代研究例》《古文字學導論》等重要著作都是在這十年裏發表的，而且集中於 1933 年到 1935 年這段時間；此後，甲骨學發展的勢頭似乎有些減弱〔註7〕。李學勤將甲骨學研究梳理為 7 個主要課題，即文字的研究，卜法、文例的研究，綴合、排譜的研究，禮制的研究，地理的研究，非王卜辭的研究，西周甲骨的研究〔註8〕，為下一時期甲骨文的研究提出了主攻方向。

〔註 7〕裘錫圭：《殷墟甲骨文研究概況》，《文史叢稿》，上海遠東出版社 1996 年版，第 236 頁。

〔註 8〕李學勤：《甲骨學研究的七個課題》，《歷史研究》1999 年第 5 期。

 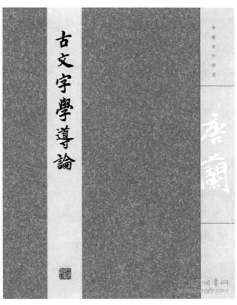

第三節　甲骨文獻研究的代表人物

　　百餘年來，從事甲骨文研究的既有中國學者，也有外國學者，初略估計研究者人數達二千左右，代表性的人物不過十餘人。「雪堂（羅振玉）導夫先路，觀堂（王國維）繼以考史，彥堂（董作賓）區其時代，鼎堂（郭沫若）發其辭例」，「唐老（唐蘭）分析偏旁，於老（于省吾）駢枝成林，胡老（胡厚宣）徹底整理，陳老（陳夢家）綜述分組」。羅振玉之前，真正導夫先路的是孫詒讓，是甲骨學的開山祖師。楊樹達遠承乾嘉之學，溫故知新，頗有發明。饒宗頤博涉多通，於甲骨學亦卓有建樹，「四堂」之後，附驥而行。下面我們簡要介紹十大傑出甲骨學家。

一、甲骨文獻研究的開山：孫詒讓

　　孫詒讓（1848～1908），字仲容，號籀廎，浙江瑞安人。對經學、史學、諸子學等方面都有卓越的成就，被公認為晚清古文經學的殿軍。著述宏富，代表作有《周禮正義》《古籀拾遺》《古籀餘論》《籀廎述林》等。孫詒讓對《鐵雲藏龜》進行了專門的研究，考釋其形義，用分類法把甲骨文字的內容作了區分，並對大部分單字逐個進行辨析，於 1904 年寫出第一部考訂甲骨文的專著——《契文舉例》，為甲骨文的研究開闢了道路。1905 年又作《名原》，從文字

學的角度總結了自己研究甲骨、金文的成果。近人多認為孫氏的著作代表了晚清古文字學的最高水平，而羅振玉、王國維等人對他評價甚低，黃侃也給他差評，裘錫圭有比較公允的評價。首創者難為功，其所釋之字雖多誤，考證亦不足為據，然大路椎輪，此其為始，豈可輕詆哉？古文獻學與古文字學關係密切，而孫詒讓以古文獻證古文字，得到李學勤的稱許，並以孫詒讓為例：「文獻學的豐富積累，是研究新發現古文字材料的憑藉。在古文字學領域裏有所成就的學者，無不精通古代文獻。事實上，不少名家正是以文獻研究的功力移用於古文字研究。我國古代有許多典籍流傳至今，其著作時代和古文字材料是同時的。這些文獻通過歷代數以千計的學者鑽研注釋，有很多內容在研究古文字時應當吸取參考。可以說，沒有在古代文獻方面的相當修養，就不可能在古文字學上有真正的成就。」〔註9〕

二、甲骨四堂：羅振玉、王國維、董作賓、郭沫若

（一）羅振玉

羅振玉（1866～1940），字叔蘊，又字叔言，號雪堂，又稱守殘老人、永豐鄉人、仇亭老民，晚年自號貞松老人，浙江上虞人。張本義主編《羅雪堂合

〔註9〕李學勤等：《中國古史尋證》，上海科技教育出版社 2002 年版，第 133～134
　　　頁。

集》已由西泠印社出版社出版，全書 39 函 188 冊，便於參考。

　　自 19 世紀末安陽刻辭甲骨陸續出土之後，在搜集、保存、傳播和研究這批珍貴資料方面，羅振玉無疑居功至偉。羅振玉考釋甲骨文字最重要的著作有三部：《殷商貞卜文字考》《殷虛書契考釋》和《增訂殷虛書契考釋》。

　　1.《殷商貞卜文字考》及其補正

　　《殷商貞卜文字考》一卷，宣統二年（1910）玉簡齋印本。卷首為羅振玉序。正文為「考史第一」、「正名第二」、「卜法第三」、「餘說第四」四篇。卷末為羅振玉跋。羅福頤題記曰：「眉批有先人親筆，有是先三叔過錄的。我還有一冊，全是親筆批改的，覆巢中失去了。」則此書批註一部分是羅振玉的親筆，一部分是羅福葰據羅振玉「親筆批改」本過錄的。這些批改是羅振玉居住日本時進行的〔註10〕。

　　2.《殷虛書契考釋》及其手批校補

　　《殷虛書契考釋》，1915 年永慕園刊行。此即初印本。卷首有羅振玉自序，卷末為王國維後序，均作於宣統甲寅十二月。正文共八篇，皆為王國維手抄，其中甲骨文則羅振玉自為填寫。此本之最有價值者，為全書之頁眉、行間及卷末空白處，有大量羅振玉親筆批改增補的手跡，被認為是考釋初印本與增訂本的中間環節。此本向為羅繼祖收藏，後轉贈羅琨，羅琨根據此本校補內容及其

〔註10〕羅福頤：《殷商貞卜文字考補正》，《考古學社社刊》1936 年第 5 期。

他資料，撰寫《讀殷虛書契考釋初版校補本》一文，述羅振玉寫作《考釋》初印本及「手批校補」事甚詳〔註11〕。

　　3.《增訂殷虛書契考釋》

　　《增訂殷墟書契考釋》三卷，1927 年東方學會印本。內封後有王國維序、羅振玉序。正文分上、中、下三卷。卷末為王國維後序。全書由羅福頤校訂，出版後羅福頤復校閱一過。因《考釋》初印本係王國維謄抄而付印刷，且王國維又曾替羅振玉代撰其他文稿，並協助編書，以致出現《考釋》名為羅著而實為王作或羅、王合作之說，此係無根之流言。羅振玉《考釋》原稿本尚存於世，1951 年歸陳夢家，今藏於上海博物館。陳夢家於《殷虛卜辭綜述》中已予確證，《考釋》係羅振玉之個人著述。王世民撰《殷虛書契考釋的羅氏原稿與王氏校寫》（刊於《胡厚宣先生紀念文集》，科學出版社 1998 年版）、《羅振玉殷墟書契考釋稿本校勘記》（刊於《商承祚教授百年誕辰紀念文集》，文物出版社 2003 年版）二文，進一步說明了《考釋》的寫作狀況。《殷虛書契考釋》乃羅振玉所撰，此在王國維生前從無疑議。但在 1927 年王國維去世後，少數王門弟子以及溥儀、傅斯年、郭沫若、楊樹達等，逐漸由懷疑而遽將此書著作權歸於王國維名下，遂鑄成古文字學界的一樁公案。其實，王國維在許多文章及通信中都詳細描述過羅振玉研究甲骨文的進程，其中頗多對於羅振玉撰述此書的記述，略無隱言；而羅振玉則不僅將自己著作此書前後的心理變化坦陳無遺，而且對其後續增補經過也留下了細緻的筆墨。就全書的形式和內容來看，王國維作為書寫者和補正者的形象原本是清晰的，但由於羅振玉的政治身份以及晚年與王國維交惡的事實，遂導致學術界故意抬王壓羅現象的產生。

　　1902 年，羅振玉第一次在劉鐵雲家看到甲骨文字的墨拓本，認識了甲骨文字。1906 年，他任學部參事官，不僅廣為收集古物，也著手調查甲骨的真正出土地。他對甲骨學的重大貢獻是他最早探知了甲骨文的出土地，並考證其地為「武乙之都」；他將甲骨文中的人名與《史記·殷本記》中商王名相比較，發現其大部分相同；他在考釋文字的基礎上注意了對整條甲骨文卜辭的通讀；在考釋文字上，他提出「由許書以上溯古金文，由古金文以上窺卜辭」的研究方法，對一詞的考釋，必求其形聲義的符合。他首創了對卜辭進行分類研究的方法。《殷虛書契考釋》一書將卜辭分為卜祭、卜告、卜出入、卜田漁、卜征

〔註11〕羅琨：《讀殷虛書契考釋初版校補本》，《人文與社會》2003 年第 3 期。

伐、卜禾、卜風雨等 8 類，為後世的甲骨分類研究開創了先例。《殷虛書契考釋》釋字 561 個。關於《殷虛書契考釋》的方法和價值，可以參閱謝貴安教授的專文〔註 12〕。

（二）王國維

王國維（1877～1927），字靜安，號觀堂，浙江海寧人。早年習西學，中年始轉向國學。著有《靜安文集》《宋元戲劇史》《人間詞話》《觀堂集林》等。

1911 年王國維在《國學叢刊序》中稱：「今之言學者，有新舊之爭、有中西之爭、有有用之學與無用之學之爭。余正告天下曰：學無新舊也，無中西也，無有用無用也。凡立此名者，均不學之徒，即學焉而未嘗知學者也。」此宣言乃其學術轉向之信號。他充分利用羅振玉極為豐富的研究資源，又與海內外學者廣通聲氣，一日千里，異軍突起，在極短的時間內就成為新史學的開山。

1915 年，羅振玉作《殷墟書契考釋》以示王國維，王國維即為之作序並手寫付印。其時，王國維正讀《山海經》《竹書紀年》，他聯繫古籍《世本》《楚辭·天問》《呂氏春秋》《史記·殷本紀》《三代世表》及《漢書·古今人表》的相關記載，最後初步推定《殷墟書契考釋》中所見王亥為殷之先公，隨後並作了《王亥》一篇載諸《異文雜誌》。接著，王國維就在日本內藤博士虎次郎的啟悟下更進一步地認識到了從甲骨卜辭中考證出商代先公先王姓名及其前後順序，以證實歷史記載的殷代帝王世系可靠的重要意義。1917 年 2 月作《殷

〔註 12〕謝貴安：《中國史學史散論》，湖北人民出版社 2004 年版，第 260～272 頁。

卜辭中所見先公先王考》，同年 4 月再補撰成《殷卜辭中所見先公先王續考》。

王國維生於 12 月 3 日，屬於射手座，守護星是木星，守護神是宙斯。射手座男生的性格優點一般有：天生樂觀、對人生充滿理想、正直坦率、豐富的幽默感、酷愛和平、待人友善、行動力強、有自己的處世哲學、經得起打擊、熱情、活潑、自尊心強、多才多藝、有很高的智慧，頗富直覺，擁有鼓舞他人的力量，思想開明、適應力強，有很好的判斷力，有處理緊急事務的才能，擅長哲學思考，富崇高的正義感，非常敏感而聰慧，喜愛自由、誠懇、可靠、慎重。個性軟肋：粗心大意、心直口快、容易得罪人、缺乏耐性、不懂人情世故、做事衝動、不懂三思而行、不信邪、不聽勸告、過度理想化、不切實際、缺乏按部就班的計劃、喜怒太形於色、個性敏感、有點浮躁、好吹噓、喜誇張、沒有責任感、反覆無常、有不安分的傾向、盲目而過分樂觀、偏激、行事有些笨拙。總體特徵有三：（一）特立獨行。他是十二宮星座的冒險家，熱愛旅行，喜歡賭博性的活動，為人變化多端，有雙重性格的特質。（二）自制力差。意志力薄弱是射手座的一大軟肋，缺乏自制能力，後果不堪設想。王國維後來投湖自盡，正是意志力薄弱的集中體現。（三）坦率直接。坦率的射手座是個標準的大炮，直言不諱，決不說謊。王國維極力維護宣統帝的面子，不惜與學術界決裂，曾經公開致信北京大學，也是率真至極。作為射手的王國維極有語言天份，喜歡追求學問，愛好哲學思考，對細節具有超強的洞察力，加上多才多藝，變化多端，不斷轉換研究領域，引領學術潮流，涉及範圍之廣、鑽研程度之深，為同代人望塵莫及。一言以蔽之，王國維悟性極高，直覺極好，洞察力極強，不愧為 20 世紀中國學術界的最佳射手。

郭沫若曾評價說：「卜辭的研究，要感謝王國維。是他，首先由卜辭中把殷代的先公先王剔髮了出來……王國維的業績，是新史學的開山。」由於羅振玉、王國維在甲骨學領域的突出貢獻，人們把當時的甲骨學稱之為「羅王之學」，如同章太炎、黃侃在音韻學領域的卓越成就而被世人冠名為「章黃之學」。

（三）董作賓

董作賓（1895～1963），原名守仁，字彥堂，又作雁堂，別署平廬。河南南陽人。1922 年進入北京大學學習，翌年成為北京大學研究所國學門的研究生。著作甚豐，代表性的有《殷墟文字甲編》《殷墟文字乙編》《殷曆譜》《中國年曆總譜》《甲骨學六十年》等，由其弟子嚴一萍彙編為《董作賓先生全集》。

　　1928 年受聘為中央研究院歷史語言研究所編輯員，並到安陽小屯主持了第一次殷墟發掘工作。在此後的 9 年中，他參加了前 7 次和第 9 次發掘。1933年發表著名的《甲骨文斷代研究例》一文（載《慶祝蔡元培先生六十五歲論文集》上冊），奠定了他在甲骨學界的地位。他在甲骨文斷代方面的開創之功為學界所公認，因此與羅振玉、王國維、郭沫若並駕齊驅。1942 年 4 月 1 日，董作賓在四川南溪寫到：「昔疑古玄同創為『甲骨四堂』之說，立廠和之，有『雪堂導夫先路，觀堂繼以考史，彥堂區其時代，鼎堂發其辭例』之目，著在篇章，膾炙學人。今者觀堂墓木盈拱，雪堂老死偽滿。惟彥堂與鼎堂，猶崛然並存於人世，以掙扎度此偉大之時代也。」1949 年，董作賓到了臺灣以後，受聘為臺灣大學文學院教授，後擔任「中央研究院」歷史語言研究所所長。

（四）郭沫若

　　郭沫若（1892～1978），原名開貞，字鼎堂，四川樂山人。著有《甲骨文字研究》《卜辭通纂》《殷契粹編》等。

　　1932 年，郭沫若在日本訪求公私各家所藏殷墟甲骨，所見約 3000 片，擬輯為一書，但因多未拓存，沒有成功，便決定選釋傳世甲骨，編成本書，1933 年在日本東京出版。1958 年曾作為《考古學專刊》，由作者加了校語、注釋，並在考釋方面吸收了一些專家的意見。科學出版社作了編輯加工，並重編索引。書中拓本、照片也有所更換，對一些不清晰的附以摹本。1983 年，列為《郭沫若全集》考古編第 2 卷出版。是書分干支數字、世系天象、食貨、征伐、畋遊、雜纂等 8 部分，共選甲骨 800 片。在甲骨卜辭的通讀方而，貢獻最大的是郭沫若。其《卜辭通纂》《殷契粹編》二書及其《考釋》，「幫助了學者自淺而深的全面的有系統的瞭解卜辭內容，並從而得到殷代社會各方面的結論」〔註13〕，直到今天仍然是初學的最好入門書和研究者的必備參考書。

　　郭沫若生於 11 月 16 日，屬於天蠍座。一般來說，高冷的天蠍座男生，性格屬於思辨型，擁有著高度敏銳的洞察力。天蠍男往往對外界的戒備心非常強，只要有風水草動會就馬上警惕。雖然個性爭強好勝，但崇尚公平的競爭精神。得益於冷靜的判斷力，天蠍男極少會吃虧。總體性格特徵有：（一）愛憎分明。忠誠和完整的愛是蠍子最關心的。他受不了背叛，很少背叛別人。一旦你背叛了他，等於抹殺了他所有的信任、愛、奉獻和犧牲，這將激起他完全地恨你，他們會非常執著地愛一個人，一旦放棄將永遠不會回頭。郭沫若對於毛澤東可謂愛到極致，對蔣介石則剛好相反，只要把那些歌功頌德的詩篇與《請看今日之蔣介石》比較一下即可。（二）矛盾性格。論矛盾沒有哪個星座能比過天蠍。天蠍座男生的性格很特殊，外人看來就是性情古怪，他們的性格屬於兩極分化的狀態，一時寂靜如水，一時暴跳如雷。（三）自尊心強且具有攻擊性。天蠍男喜歡在一個受重視的環境中工作，努力使自己成為舉足輕重的角色。天蠍男自尊心強，無法忍受別人的輕視。一旦他察覺到有敵意，或者你讓他的自尊心受損，那麼天蠍男就會舉起毒刺向你進攻了。郭沫若一生不斷舉起毒刺向魯迅、胡適、胡風等人進攻，可謂妙人。（四）報復心強。天蠍座男生表面上看起來斯文有禮，內心實質上有著極強的佔有欲和自我意識，報復心隱藏得極深，只有被傷害到才會反擊，他們都不會真正地去報復對方。儘管他們有報復心強的性格弱點，但深謀遠慮、恩怨分明、直覺敏銳、對決定的事有執行力、不畏挫折、堅持到底、對朋友講義氣、天生的性感魅力、堅持追求事情的真相、善於保守秘密、對人生有潛在的熱情、有謀略、富洞悉事物重點的能

〔註13〕陳夢家：《殷虛卜辭綜述》，科學出版社 1956 年版，第 68 頁。

力、情緒十分敏感、感情細膩、具有豐富的想像力、果決、實際而熱情，主觀意見強、意志堅定、有毅力，機敏、聰明、悟力高、富直覺能力。正因為具有如此多的先天優勢，郭沫若終於成為極為少見的大詩人、大學者、大官僚。豐富的想像力與深刻的洞察力使得他兼具詩人與學者之二美。至於其他方面的弱點，也促成了他才子加流氓的形象。無論如何，他也是 20 世紀中國學術界的第一天蠍。

三、甲骨四老：唐蘭、于省吾、胡厚宣、陳夢家

（一）唐蘭

唐蘭（1902～1979），字立廠，也作立庵、立盦。浙江嘉興人。1920 年入無錫國學專修館。1929 年得到王國維的賞識，被許為「甲骨學四少年」（其他三人為商承祚、容庚、柯昌濟）。著有《殷虛文字記》《古文字學導論》《中國文字學》和《天壤閣甲骨文存考釋》。

唐蘭治學甚博，於書無所不窺，但其論學大旨主於精。《殷虛文字記》自序云：「考據之術，不貴貪多矜異，而貴於真確。所得苟真確，雖極微碎，積久自必貫通。不真不確而但求新異，雖多奚以為。余治古文字學，始民國八年，最服膺孫君仲容之術。凡釋一字，必析其偏旁，稽其歷史，務得其真，不敢恣為新奇謬悠之說。」

其主要貢獻有二：一是考釋文字，釋出了 100 多個甲骨文字。二是總結考釋方法。唐蘭在《殷虛文字記》中說：「最服膺孫君仲容之術，凡釋一字，必析其偏旁，稽其歷史，務得其真，不敢恣為新奇謬悠之說，十數年來，略能通

貫其條例。」他在《古文字學導論》一書中總結了對照法（或比較法）、推勘法、偏旁分析法、歷史考證法。在總結新方法的同時，他還對文字學家奉為圭臬的「六書說」提出挑戰，又在《中國文字學》中提出象形、象意、形聲的「三書」說。唐蘭說過：「古文字學的工夫不在古文字。」此語強調文獻知識對古文字研究的重要。

此外，他指出古文字研究的六條戒律也很有名，原文抄錄如次：

一戒硬充內行：凡學有專門。有一等人專喜玩票式的來幹一下，學不到三兩個月，就自謂全知全能，便著書立說。又有一等人，自己喜歡涉獵，一無專長，但最不佩服專家，常想用十天半個月東翻西檢的工夫做一兩篇論文來壓倒一切的專家。這種做學問，決不會有所成就。

二戒廢棄根本：研究古文字必須有種種基礎知識，並且還要不斷地研究，尤其要緊的是文字學和古器物銘學。有些人除了認識若干文字，記誦一些前人的陳說外，便束書不觀，這是不會有進步的。

三戒任意猜測：有些人沒有認清文字的筆劃，有些人沒有根據精確的材料，有些人不講求方法，有些人不顧歷史，他們先有了主觀的見解，隨便找些材料來附會，這種研究一定要失敗的。

四戒苟且浮躁：有些人拿住問題，就要明白。因為不能完全明白，就不惜穿鑿附會。因為穿鑿得似乎可通，就自覺新奇可喜。因新奇可喜，就照樣去解決別的問題。久而久之，就構成一個系統。外面望去，雖似七寶樓臺，實在卻是空中樓閣。最初，有些假設，連自己也不敢相信，後來成了系統，就居之不疑。這種研究是愈學愈糊塗。

五戒偏守固執：有些人從一個問題的討論，牽涉到別的問題，

因而發生些見解，這種見解本不一定可靠，但他們卻守住了不再容納別說。有些人死守住前人成說，有些（人）迴護自己舊說的短處。

六戒駁雜糾纏：有些人用一種方法，不能徹底，有時精密，有時疏闊，這是駁雜。有些人缺乏系統知識，常覺無處入手，研究一個問題時，常兼採各種說法，連自己也沒明瞭，這是糾纏。這種雖是較小的毛病，也應該力求擺脫。

「唐六條」不限於古文字學研究方面，對於整個古典學的研究也具有方法論意義。唐蘭的理論方法是中國文字學史上的重大突破，在古文字學界產生了深遠的影響，如夏淥先生是容庚的研究生，李學勤是陳夢家的學生，裘錫圭是胡厚宣的研究生，他們均不出唐門，但都坦承在學術方法上深受唐蘭的影響，豈偶然哉？

（二）于省吾

于省吾（1896～1984），字思泊，晚號夙興叟，齋名雙劍誃、澤螺居。遼寧海城人。其主要著作為《甲骨文字釋林》。他考釋古文字的成績斐然，先後考釋300多個甲骨文字，遠在同輩學者之上。解放初期教授評級，他的朋友圈許多不如他的人「馬上封侯」，一個個都成為了一級教授、中國科學院學部委員，而他一度感到十分尷尬，論學問，他也完全應該評為一級教授、中國科學院學部委員，但這些虛榮都與他無緣。歷史的真實往往如此，一個真正的大師憑藉自己的著作說話，而不是憑藉那些虛榮或者虛假的名聲嚇唬人。

于省吾在《甲骨文字釋林》自序中對自己的考釋方法作了總結：「我們研

究古文字，既應注意每一字本身的形、音、義三方面的相互關係，又應注意每一個字和同時代其他字的橫的關係，以及它們在不同時代的發生、發展和變化的縱的關係。」又說：「本之於甲骨、彝器、陶石、璽化之文以窮其源；通之於聲韻、假借、校勘異同之方以窮其變。」〔註14〕又強調需要「結合近幾十年來所發現的古代遺跡和遺物，加以分析綜合，做出新的貢獻」〔註15〕。他充分肯定了清代考據學家「無徵不信、實事求是」的精神，同時反對沒有充分根據地任意考釋古文字。考釋古文字是一項艱難的基礎工作，不可草率從事。于省吾特別重視地下發掘的文字資料與傳世文獻的互證，他說：「我過去一再強調要以地下發掘的文字資料為主，以古典文獻為輔。像甲骨文這樣保存在地下的文字資料，是三千多年來原封不動的。而古典文獻則有許多人為的演繹說法和轉輾傳訛之處。例如：有關商代的世系，《史記・殷本紀》作上甲微、報丁、報乙、報丙，而甲骨文則作上甲、報乙、報丙、報丁，顯然《史記》所記是錯誤的，應以甲骨文為準。又如《殷本紀》作沃甲、沃丁，當為羌甲、羌丁之訛，也賴甲骨文的發現，才真相大白。當然，我們同時也要用古典文獻來補充地下發掘的文字資料的不足，把這方面辯證地結合起來，交驗互足，才能使我國古代的研究不斷取得新的成果。」

　　于省吾的一系列「新證」作品，以古文字證古文獻，涉及《易經》《尚書》《詩經》《楚辭》、諸子等，正是在此理論指導下完成的傑作。

〔註14〕于省吾：《雙劍誃群經新證・雙劍誃諸子新證》，上海書店出版社1999年版，第202頁。
〔註15〕于省吾：《從古文字學方面批判清代文字、聲韻、訓詁之學的得失》，《歷史研究》1962年第5期第144頁。

（三）胡厚宣

胡厚宣（1911～1995），原名福林，河北望都人。1928 年入北京大學預科，1930 正式升入史學系，1934 年進入中研院史語所考古組。先隨梁思永參與殷墟發掘，復助董作賓編輯《殷墟文字甲編》，並參與編輯《甲骨年表》。1940 年，應顧頡剛之請，任齊魯大學國學研究所研究員。他早年的論文多收入《甲骨學商史論叢》（共四集九冊）中。

胡厚宣對殷代封建制度、宗法制度、農業生產、殷代氣候、四方風名多項問題作過深入研究。他在甲骨文的搜集和整理方面，用力甚勤，著述甚富。晚年他主持完成了《甲骨文合集》，開創了「先分期、再分類」的新體例。

《甲骨文合集》選錄 80 年來已著錄和未著錄的殷墟甲骨拓片、照片和摹本 41956 片，分裝為 13 冊，前 12 冊是拓片及原骨照片，第 13 冊為摹本。書前附有彩色圖版 8 版、前歷史研究所所長尹達及胡厚宣作序。

甲骨文自 1899 年發現以來，已出土 10 餘萬片，本書是從中選出的精品。書中拓片的來源有二：

（一）從已著錄書中剪取；

（二）重新墨拓。剪取書中拓片不清者，儘量由新拓換上以恢復原狀。編輯時先剔除偽片，校出重複，綴合斷片，然後分期分類編排。

書中採用董作賓的五期分期標準，即第一期，武丁；第二期，祖庚、祖甲；第三期，廩辛、康丁；第四期，武乙、文丁；第五期，帝乙、帝辛。董作賓作為第四期的部分甲骨，即所稱的啟、子、午組，本書將其全部集中，附於第一期武丁甲骨之後。在 13 冊中各期的分布是：第 1～6 冊為第一期，第七冊為第

一期附，第 8 冊為第二期，第 9～10 冊前半為第三期，第 10 冊後半～11 冊為第四期，第 12 冊為第五期，第 13 冊為摹本，摹本也按上述五期次第編排。

每期甲骨按其主要內容，從社會史的角度進行分類，全書共分為 4 大類，21 小類，其分法是：

第一，階級和國家：

（1）奴隸和平民；（2）奴隸主貴族；（3）官吏；（4）軍隊、刑罰、監獄；（5）戰爭；（6）方域；（7）貢納。

第二，社會生產：

（1）農業；（2）漁獵、畜牧；（3）手工業；（4）商業、交通。

第三，思想文化：

（1）天文、曆法；（2）氣象；（3）建築；（4）疾病；（5）生育；（6）鬼神崇拜；（7）祭祀；（8）吉凶夢幻；（9）卜法；（10）文字。

第四，其他。

通過分期使每一片甲骨都可落實到它所在的王世，從而時代清楚，分類則使同時代內容相同的甲骨卜辭類集一起，以便於比較研究。但在一片甲骨上往往契刻有多條卜辭而內容不同，為保持甲骨的完整性不允許將拓片割裂分開著錄，所以各類間的內容有不少彼此交叉的現象，致使其分類帶有一定的主觀性而不能盡善。

雖然如此，本書將甲骨文發現 80 年來，除《小屯南地甲骨》一書所收和後出的材料外，將現有甲骨文資料基本收齊，並經過辨偽、去重、斷片綴合、分期、分類的科學整理，為今後甲骨學的發展奠定了基礎。該書的出版是解放後我國歷史科學的重大成果之一。受到國內外學界的普遍重視。任何研究，資料先行，甲骨學、金石學、簡帛學及敦煌學皆是如此。

（四）陳夢家

陳夢家（1911～1966），浙江上虞人。1932 年於中央大學畢業後，先後在青島大學、燕京大學、西南聯大任教，後任清華大學教授、中國科學院考古所研究員。他早年本是新月派晚期重要的詩人，後轉攻古典，著述較富，主要有《殷虛卜辭綜述》《中國文字學》《尚書通論》《中國銅器綜述》《美國所藏中國銅器集錄（訂補本）》《西周年代考》《六國紀年》《老子今釋》《中國文獻學概要》等專著以及新詩集《夢家詩集》外，還將搜集陳夢家先生已刊和未刊的文章，分別輯為《夢甲室存文》（散文集）和《陳夢家學術論文集》。生平事蹟詳

見《陳夢家先生編年事輯》《陳夢家評傳》（陳改玲、牟利鋒著，中國社會科學出版社 2018 年版）。

　　陳夢家因研究古代宗教、神話、禮俗而治古文字，再由研究古文字而轉入研究古史及考古學。因過早辭世，未盡其才。他在甲骨學方面的主要成就集中體現在《殷虛卜辭綜述》一書。李學勤早年發表批判文章，後來裘錫圭在《文史叢稿》中也有專文紹介。

　　子儀編纂的《陳夢家先生編年事輯》2021 年 6 月由中華書局出版。四十餘萬字，近十年搜集資料和打磨，兩百餘通書信全文收錄，相關研究、報導、日記、訪談、回憶錄鉅細靡遺，真實史料，逐年條析，真切地描繪出陳夢家的人生軌跡，同時還揭示了他與聞一多、徐志摩、胡適、郭沫若、顧頡剛、朱自清、馮友蘭等眾多名人的交往脈絡。

四、甲骨二友：楊樹達與饒宗頤

（一）楊樹達

　　楊樹達（1885～1955），字遇夫，晚號積微翁，湖南長沙人。早年受業於梁啟超、葉德輝，晚年欲拜章太炎之門，已經將拜門帖子寄達，因太炎先生辭世而未能入門。楊樹達著述宏富，代表性的有《積微居甲文說・卜辭求義》《耐林廎甲文說・卜辭求義》《積微居金文說》《積微居小學述林》《詞詮》《中國文字學概要・文字形義學》等。生平事蹟詳見自撰《積微翁回憶錄》，據日記改寫而成。

　　楊樹達在《詞詮》序例中說：「凡讀書者有二事焉，一曰明訓詁，二曰通文法。訓詁治其實，文法求其虛。清儒善說經者，首推高郵王氏……虛實交會，此王氏之所以卓絕一時，而獨開百年來治學之風氣者也。」他遵循了王念孫虛實交會的治學方法，故能在古文字方面卓有建樹。裘錫圭、李學勤對他的觀點多有稱引，李學勤一再表彰其學：「以楊樹達先生為例，他研治小學多年，但直到抗日戰爭時避難湘西，才著手考釋金文。他所著《積微居金文說》，真是妙義紛呈，創獲獨多。推其本源，其功力和方法都是從文獻研究中得來的。」〔註16〕楊樹達的主要學術貢獻不在甲骨學方面，而在訓詁學與語法學方面，所以我們將他與饒宗頤並稱為甲骨學的兩大票友，合稱「甲骨二友」。

　　其重孫楊柳岸整理的《楊樹達日記》僅為其中的兩本，其他的日記整理本即將推出，有關楊樹達生平與學術的研究將迎來一個新的局面──《楊樹達年譜》《楊樹達評傳》《楊樹達傳》等書勢在必行。

〔註16〕李學勤等：《中國古史尋證》，上海科技教育出版社2002年版，第134頁。

（二）饒宗頤

　　饒宗頤（1917～2018），字固庵，號選堂，廣東潮州人。饒氏所有著述，季羨林、姜伯勤曾分為敦煌學、甲骨學、詞學、史學、目錄學、楚辭學、考古與金石學、書畫學凡八大類。至臺灣新文豐出版公司所刊《饒宗頤二十世紀學術文集》二十巨冊，更別為十三類：史溯、甲骨、簡帛、經術禮樂、宗教、史學、中外關係史、敦煌學、潮州學、目錄、文學、詩詞、藝術。他自評：「當代學術之顯學，以甲骨、簡帛、敦煌研究三者成就最高，收穫豐富，影響至為深遠，余皆有幸參與其事。他若《楚辭》與楚學之恢弘滋大，而垂絕復興之賦學與文選學，余皆曾致力，不無推動之績。至余所開拓之新業，如潮學，比較史前文字學與悉曇之學，則亦薄著微勞。」饒宗頤的學問是跟著熱點走的，是他帶動了熱點，所以號稱巨擘。

　　著名學者陳子展先生在評價早期的甲骨學家的時候，寫下「堂堂堂堂，郭董羅王」的名句，這一概括已為學界所廣泛接受。他這句話裏提到的郭董羅王，即郭沫若（鼎堂）、董作賓（彥堂）、羅振玉（雪堂）和王國維（觀堂）。因為他們的名號都有一個「堂」字。近來又有學者提出把饒宗頤（選堂）列為甲骨文研究「堂」裏，這樣「甲骨四堂」就變成了「甲骨五堂」。饒公著有《殷代貞卜人物通考》（香港大學出版社 1959 年版），因此榮獲法國儒蓮漢學獎。其自序云：「非徒考史，蓋以研經，冀循此途，參互證繹，庶幾經文可通，三禮辨秩。曾謂不明故訓，不甄典制，不通校勘，不嫻文例，而欲尚論三古，譬諸絕潢以蘄至海，其道奚由。天下方毀經，相率侈於言史，本根之學既蹶，則皮

傅奇邪之論滋起矣。」他主持編定的《甲骨文校釋總集》作為甲骨文研究的總結性大型漢字工具書，已由上海辭書出版社出版。此外，他還主編了《甲骨文通檢》。他的主要學術貢獻也不在甲骨學方面，而是在史學方面。

參考文獻

1. 李學勤：《古文字學初階》，北京：中華書局，1985 年版。
2. 裘錫圭：《文史叢稿》，上海：上海遠東出版社，1996 年版。
3. 宋鎮豪、劉源：《甲骨學殷商史研究》，福州：福建人民出版社，2006 年版。
4. 王宇信、楊升南主編：《甲骨學一百年》，北京：社會科學文獻出版社，1999 年版。
5. 王宇信、徐義華：《商周甲骨文》，北京：文物出版社，2006 年版。
6. 楊升南：《百年來的殷墟甲骨文研究》，《人民日報》1999 年 7 月 24 日第 6 版。
7. 張豈之主編：《民國學案》，長沙：湖南教育出版社，2005 年版。

推薦書目

1. 羅振玉：《殷虛書契考釋》，北京：國家圖書館出版社，2008 年版。
2. 王國維：《觀堂集林》，北京：中華書局，1959 年版。
3. 郭沫若：《卜辭通纂》，北京：國家圖書館出版社，2008 年版。
4. 唐蘭：《古文字學導論》，濟南：齊魯書社，1981 年版。
5. 于省吾：《甲骨文字釋林》，北京：中華書局，1979 年版。
6. 于省吾：《甲骨文字詁林》，北京：中華書局，1996 年版。
7. 楊樹達：《積微居金文說》，北京：中華書局，1997 年版。
8. 胡厚宣：《甲骨學商史論叢》，北京：國家圖書館出版社，2008 年版。
9. 饒宗頤：《甲骨文通檢》，香港：香港中文大學出版社，1988～1999 年版。
10. 島邦男：《殷墟卜辭綜類》，東京：汲古書院，1967 年版；1971 年增訂版。
11. 陳夢家：《殷虛卜辭綜述》，中華書局，1988 年版。
12. 姚孝遂：《殷墟甲骨刻辭摹釋總集》，中華書局，1988 年版。
13. 姚孝遂、肖丁：《殷墟甲骨刻辭類纂》，北京：中華書局，1989 年版。
14. 楊逢彬：《殷墟甲骨刻辭詞類研究》，廣州：花城出版社，2003 年版。

第二章　金石文獻

中國人自古就認為，文字要想流芳百世，必須借助於金石。《墨子》例證之也？子墨子曰：「吾非與之並世同時，親聞其聲，見其色也，以其所書於竹帛，鏤於金石，琢於盤盂，傳遺後世子孫者知之。」《天志中第二十七》云：「書於竹帛，鏤之金石，琢之盤盂，傳遺後世子孫。」《明鬼下第三十一》云：「古者聖王必以鬼神為其務，鬼神厚矣，又恐後世子孫不能知也，故書之竹帛，傳遺後世子孫，咸恐其腐蠹絕滅，後世子孫不得而記，故琢之盤盂，鏤之金石以重之。」《貴義第四十七》云：「古之聖王欲傳其道於後世，是故書之竹帛，鏤之金石，傳遺後世子孫，欲後世子孫法之也。」《呂氏春秋・求人》亦云：「五人佐禹，故功績銘乎金石，著於盤盂。」高誘注：「金，鍾鼎也；石，豐碑也。」金石銘功的觀念起源甚早，文獻足徵，《呂氏春秋》的說法並非如有的學者所說「只是當時以今例古的推論」〔註1〕。

鏤刻在金石上的文獻，就是我們現在能夠看到的鑄刻在青銅器上的文獻與石刻文獻。金石文獻，以金石為載體。金指青銅器，石指石刻，包括石片、玉片、石鼓、石碑、摩崖等。金石的共同特點是堅固耐久，用作記事的物質材料，能保持永遠。青銅器上的銘文又稱金文或鐘鼎文。石刻的銘文上又稱石文。

第一節　金石學源流

傳統金石學的研究內容，大體可分為古器物學與文字學兩部分。所謂古器

〔註1〕程章燦：《古刻新詮》，中華書局 2009 年版，第 209 頁。

物主要包括金與石，與之相對應的文字就是青銅器銘文與石刻文字。關於古器物的研究，材料很零碎，編輯為專書倒很早。梁代陶弘景作《古今刀劍錄》，虞荔作《鼎錄》，皆以古物與文獻資料雜出，體例不謹嚴。流傳既久，屢經竄亂，真偽參半，所以學術價值不高。〔註2〕《四庫全書總目》圖譜類中凡是記載古器物、雜器物、文具的皆入器物之屬，共著錄二十四部一百九十九卷，附錄一部三卷。著名者有：《古今刀劍錄》《鼎錄》《考古圖·續考古圖》《嘯堂集古錄》《宣和博古圖》《宣德鼎彝譜》《欽定西清古鑒》《奇器圖說》《文房四譜》《歙州硯譜》《硯史》《硯譜》《端溪硯譜》《欽定西清硯譜》《墨譜》等。此類多為文物考古圖譜。其時還是傳統的金石學居主導地位，現代的考古學還沒有輸入，所以四庫館臣還只能從傳統考據學的角度認識肯定此類書籍的重要性：「蓋著述之中，考證為難；考證之中，圖譜為難；圖譜之中，惟鍾鼎款識，義通乎六書，制兼乎三禮，尤難之難。」〔註3〕關於古代銘文的研究，古人也有一定的成績。漢宣帝時張敞能夠讀通美陽鼎銘，可以算是中國最早的古文字學專家。公元 100 年，許慎作《說文解字》，保存了大量的古文字信息，是從宋代以來學者通讀銘刻的唯一的鑰匙。〔註4〕

傳統金石學作為一門學問卻出現在宋代，乾嘉之後則步入鼎盛期。

一、宋代的金石學

對於金石學的發展，朱劍心寫到：「金石之學，濫觴於漢，極盛於宋，浸衰於元、明，而復興於清。」〔註5〕在宋朝之前，歷史上雖然也有關於前人對金石文獻進行研究的記載，如漢宣帝時，張敞對美陽所獲寶鼎的考論；北齊顏之推利用秦時鐵稱權校書；唐人韋應物、韓愈對石鼓的稱頌等，都是這方面的實例。不過，前人在這方面的工作畢竟是一鱗半爪，並不成系統。金石學作為一門學問卻出現在宋代。馬衡在《凡將齋金石叢稿》中講到：「有宋一代，始有專攻此學者，歐陽修《集古錄》為金石有專書之始。自是以後，呂大臨、薛尚功、黃伯思、趙明誠、洪适輩，各有著述，蔚為專家。鄭樵作《通志》，以金石別立一門，儕於二十略之列。而後金石學一科，始成為專門之學。」〔註6〕

〔註2〕張政烺：《張政烺文史論集》，中華書局 2004 年版，第 334 頁。
〔註3〕《四庫全書總目》卷一百十五《欽定西清古鑒提要》。
〔註4〕張政烺：《張政烺文史論集》，中華書局 2004 年版，第 334～335 頁。
〔註5〕朱劍心：《金石學》，文物出版社 1981 年版，第 59 頁。
〔註6〕馬衡：《凡將齋金石叢稿》，中華書局 1977 年版，第 2 頁。

　　關於金石學的創始人，施蟄存認為是歐陽修〔註7〕，王國維認為是劉敞〔註8〕，李零認為是僧湛泫。張政烺先生從唐、宋間學術風氣的新趨向出發，得出新結論：「劉敞、歐陽修，是宋代經學的開創者，同時也是宋代金石學的開創者。這關係一代學術上的風氣，決不是一件偶然的事情。」〔註9〕張政烺先生把宋代經學與金石學聯繫起來加以考察，推測「這關係一代學術上的風氣」，究竟是什麼樣的風氣呢？說到底就是宋代的疑古風氣。歐陽修正是宋代疑古風氣的始作俑者，他懷疑傳世文獻，甚至懷疑《十翼》與孔子的關係。他因為疑古，不相信紙質文獻，相信金石文獻。歐陽修在當時因為讀書少被學界同仁輕視，他開創的宋代疑古風氣影響深遠，他的金石學研究也是開先河的，可謂得失參半，不宜一筆抹殺。

　　張政烺先生的入室弟子李零把宋代金石學的發展分為四個時期〔註10〕，其中前三期為：

　　（一）前金石學的時代（960～999），又稱「《汗簡》《三禮圖》時代」。此學之興，有兩個學術上的準備，一是古文之學的研究，二是三禮名物的研究。前者以郭忠恕《汗簡》為代表，是宋代款識之學的背景；後者的代表作為五代末年聶崇義的《新定三禮圖》，則是宋代器物之學的背景。聶氏《三禮圖》是抄襲鄭玄等六家書的材料，沒有新出土的實物作佐證，自然不免有許多錯誤，引起宋代金石學者的攻擊。

〔註 7〕施蟄存：《金石叢話》，《文史知識》1987 年第 2 期，第 86 頁。
〔註 8〕王國維：《靜庵文集》，遼寧教育出版社 1997 年版，第 209 頁。
〔註 9〕張政烺：《張政烺文史論集》，中華書局 2004 年版，第 338 頁。
〔註10〕李零：《鑠古鑄今》，生活・讀書・新知三聯書店 2007 年版，第 65～99 頁。

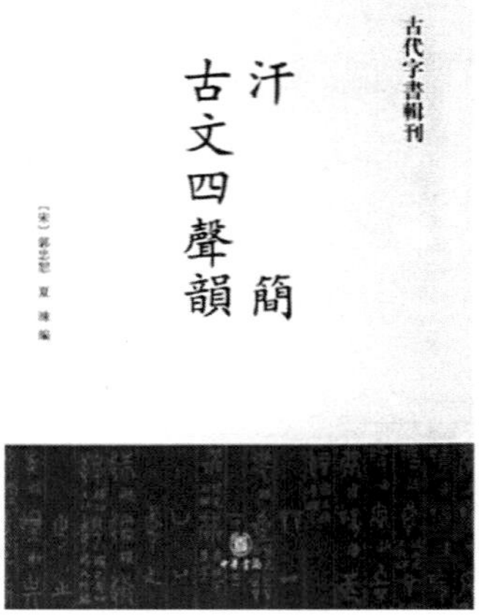

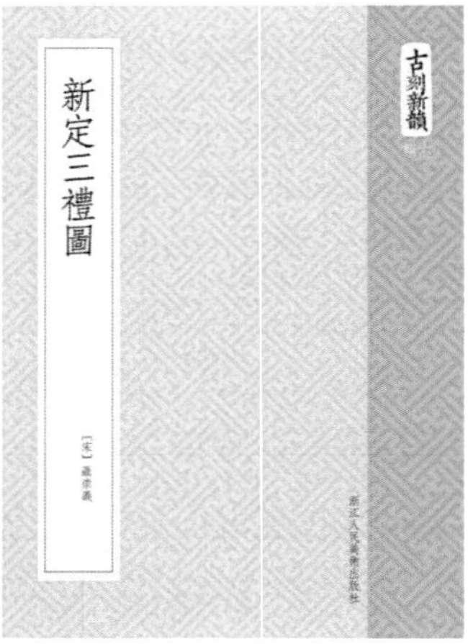

（二）金石學興起的時代（1000～1100），又稱「《考古圖》時代」。宋代的器物學和銘刻學研究，傳統上被稱為「金石學」。它最重視的東西，一是銅器，二是碑版，以及銅器、碑版上的文字。此期銅器出土甚多，開始形成收藏、著錄和研究的高潮。著錄、考釋著作有：僧湛洤《周秦古器圖碑》、楊元明《皇祐三館古器圖》、劉敞《先秦古器圖》、歐陽修《集古錄》（僅存跋尾）、胡俛《古器圖》、李公麟《考古圖》《周鑒圖》、呂大臨《考古圖》。劉敞《先秦古器圖》開創了中國歷史上私家著錄古器的先河。劉敞《先秦古器記》所謂「禮家明其制度，小學正其文字，譜牒次其世謚」，被後世金石學家奉為圭臬。呂大臨《考古圖》十卷，《續考古圖》五卷，出現最晚，唯一保持於世，大臨圖成於元祐壬申，在《宣和博古圖》之前，而體例謹嚴，有疑則闕，不似《博古圖》之附會古人，動成舛謬，是「圖錄類」的代表。歐陽修《集古錄》僅存跋尾，是「考釋類」的代表。其他各書皆亡佚。

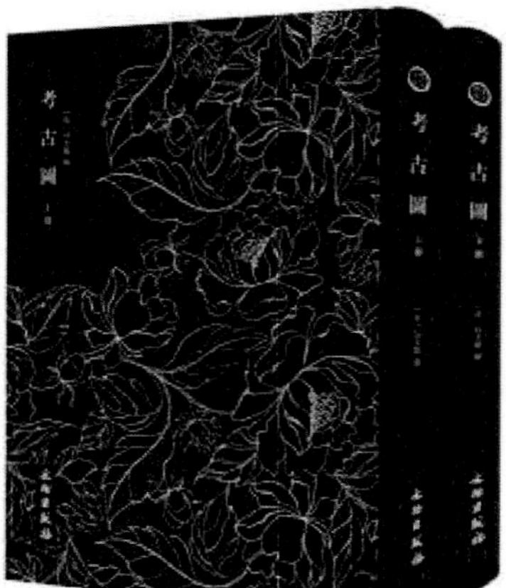

據蔡條《鐵圍山叢談》　卷四記載：

虞夏而降，製器尚象，著焉後世。由漢武帝汾睢得寶鼎，因更其年元。而宣帝又於扶風亦得鼎，款識曰：「王命屍臣，官此栒邑。」及後和帝時，竇憲勒燕然還，有南單于者遺憲仲山甫古鼎，有銘，而憲遂上之。凡此數者，咸見諸史記所彰灼者。殆魏晉六朝隋、唐，亦數數言獲古鼎器。梁劉之遴好古愛奇，在荊州聚古器數十百種，又獻古器四種於東宮，皆金錯字，然在上者初不大以為事。獨國朝來浸乃珍重，始則有劉原父侍讀公為之倡，而成於歐陽文忠公。又從而和之，則若伯父君謨、東坡數公云爾。初，原父號博雅，有盛名，曩時出守長安。長安號多古簠、敦、鏡、甗、尊、彝之屬，因自著一書，號《先秦古器記》。而文忠公喜集往古石刻，遂又著書名《集古錄》，咸載原父所得古器銘款。由是學士大夫雅多好之，此風遂一煽矣。元豐後，又有文士李公麟者出。公麟字伯時，實善畫，性希古，則又取平生所得暨其聞睹者，作為圖狀，說其所以，而名之曰《考古圖》，傳流至元符間。

由此可見宋人重視古器風氣之盛。

　　王國維在《宋代之金石學》一文中指出：「宋代學術，方面最多，進步亦最著。近世學術多發端於宋人，如金石學，亦宋人所創學術之一。宋人治此學，其於蒐集、著錄、考訂、應用各方面，無不用力。不百年間，遂成一種之學問。」〔註11〕又進一步分析原因：「金石之學，創自宋代，不及百年，已達完成之域。原其進步所以如是速者，緣宋自仁宗以後，海內無事，士大夫政事之暇，得以肆力學問。其時哲學、科學、史學、美術，各有相當之進步，士大夫亦各有相當之素養。鑒賞之趣味與研究之趣味，思古之情與求新之念，互相錯綜。其時對金石之興味，亦如對書畫之興味，一面鑒賞的，一面研究的也。漢、唐、元、明時人之於古器物，絕不能有宋人之興味，故宋人於金石書畫之學，乃陵跨百代。近世金石之學復興，然於著錄考訂皆本宋人成法，而於宋人多方面之興味，反有所不逮，故雖謂金石學為有宋一代之學無不可也。」〔註12〕

　　（三）徽宗仿古的時代（1101～1125），又稱「《博古圖》時代」。摹刻古銅器銘文在宋代錯誤成為一種風尚。北宋末年銅器出土越來越多，摹刻銘文的

〔註11〕王國維：《靜庵文集》，遼寧教育出版社1997年版，第208頁。
〔註12〕王國維：《靜庵文集》，遼寧教育出版社1997年版，第213頁。

也越來越多。《宣和博古圖》是宋徽宗敕撰的，成書於宣和晚年。其最大貢獻在器物的分類和名稱的考訂方面，頗能根據實物以訂正《三禮圖》的錯誤。

蔡絛《鐵圍山叢談》　卷四又載：

　　太上皇帝即位，憲章古始，眇然追唐虞之思，因大宗尚。及大觀初，乃效公麟之《考古》，作《宣和殿博古圖》。凡所藏者，為大小禮器，則已五百有幾。世既知其所以貴愛，故有得一器，其直為錢數十萬，後動至百萬不趐者。於是天下冢墓，破伐殆盡矣。獨政和間為最盛，尚方所貯至六千餘數，百器遂盡。見三代典禮文章，而讀先儒所講說，殆有可哂者。始端州上宋成公之鐘，而後得以作「大晟」。及是，又獲被諸製作。於是聖朝郊廟禮樂，一旦遂復古，跨越先代。嘗有旨，以所藏列崇政殿暨兩廊，召百官而宣示焉。當是時，天子尚留心政治，儲神穆清，因從瑣闥密窺，聽臣僚訪諸左右，知其為誰，樂其博識，味其議論，喜於人物，而百官弗覺也。時所重者三代之器而已，若秦、漢間物，非殊特蓋亦不收。乃宣和後，則咸蒙貯錄，且累數至萬餘。若岐陽宣王之石鼓，西蜀文翁禮殿之繪像，凡所知名，罔間鉅細遠近，悉索入九禁。而宣和殿後，又創立保和殿者，左右有稽古、博古、尚古等諸閣，咸以貯古玉印璽，諸鼎彝禮器、法書圖畫盡在。然世事則益爛熳，上志衰矣，非復前日之敦尚考驗者。俄遇偕亂，側聞都邑方傾覆時，所謂先生之製作，古人之風烈，悉入金營。夫以孔父、子產之景行，召公、散季之文辭，牛鼎象樽之規模，龍瓵雁燈之典雅，皆以食戎馬，供爨烹，腥鱗湮滅，散落不存。文武之道，中國之恥，莫甚乎此，言之

　　可為於邑。至於圖錄規模，則班班尚在，期流傳以不朽云爾。

　　宋人的金石學成就，歸納起來主要有兩點。第一，為後世保存了大量宋代出土金文資料（約 500 件）的原始信息，對商周古史研究具有重要的參考價值。第二，宋人創造的研究方法（如呂大臨的曆朔推定斷代法）及劃定的研究範圍（如所謂「禮家明其制度，小學正其文字，譜牒次其世諡」），對後世金石學的發展皆起到了重大的影響。〔註 13〕

二、清代的金石學

　　金石學勃興於宋代，元、明二代，比較冷落。石刻碑版方面，尚有人才，金文方面，卻是人才寥落。這可能與當時學者不易見到實物，也無拓本傳佈，不能取得研究資料有關。清代是金石學的復興時期。金石學勃興於宋代，宋自南渡以後，宣和殿器並為金人輦之而北，而紹興內府藏器亦未嘗不富〔註 14〕，但畢竟江河日下，日趨式微，元、明二代，比較冷落，不成氣候。石刻碑版方面，還有些人，金文方面，卻是人才寥落。這可能是當時學者不易見到實物，也無拓本傳佈，不能取得研究資料。清代是金石學的復興時期。乾隆年間，以清宮所藏為收錄對象，在「御纂」的名義下，編纂了《西清古鑒》《寧壽鑒古》《西清續鑒甲編》《西清續鑒乙編》等四書，共著錄青銅器 4074 件、銘文 1179 篇。在皇家的大力倡導下，沈寂數百年的金石學得以復興。

　　對於金石學感興趣者大有其人，如錢大昕、翁方剛、阮元、錢坫、曹載奎、吳東發、劉喜海、朱為弼、吳榮光、徐同柏、吳雲、潘祖蔭、張廷濟、吳式芬、吳大澂、孫詒讓、劉心源、方濬益、陳介祺等皆為一時之選。特別是在阮元的

〔註 13〕陳絜：《商周金文》，文物出版社 2006 年版，第 14 頁。
〔註 14〕王國維：《靜庵文集》，遼寧教育出版社 1997 年版，第 209 頁。

帶動下，金石研究蔚然成風，研究論著層出不窮，如吳大澂撰《恒軒所見所藏吉金錄》《愙齋集古錄》《十六金符齋印存》《字說》《說文古籀補》。又如孫詒讓著有《古籀拾遺》《古籀餘論》《籀廎述林》《名原》，證經補史，遠過宋人，不愧為清代古文經學之殿軍。至晚清時，傳統金石學步入巔峰期。

清代出現了研究金石學的人才輩出，如梁玉繩、黃宗羲、章學誠、陳介祺等。金石研究的範圍也全面擴大。從質地來分，有「金」有「石」又有磚瓦陶器等；從用途來看，有鍾鼎彝器、錢幣、璽印、兵器、玉器、鏡鑒和封泥等。研究體例，已臻完善。有存目、錄文、摹圖、摹字等環節的材料整理，又有通過書跋方式從內容上進行經史、小學、義例等方面的闡發；既有專門研究，又有通論；既有地域之分，又有通纂總括。

郭名詢在談到清代金石學發展概況時把清代金石學的發展分為四個時期〔註15〕：

（一）清初是金石學復興時期。清代思潮突破宋明理學的羈勒，以「復古」為主要標誌，其啟蒙人物如顧炎武、黃宗羲等。在他們的倡導下，金石學由頹靡轉為復興。金石之學在清代又彪然成為一學科，自顧炎武作《金石文字記》始，實為斯學濫觴。閻若璩在其《潛丘劄記》中就記述了他與傅山討論金石學的情形：「金石文字足為史傳正訛補闕，余曾與陽曲老友傅青主極論其事。傅山先生長於金石遺文之學，每與余語，窮日繼夜，不少衰止。」〔註16〕這一時期金石學作為清代樸學的重要基石，其主要功能體現在證經典之同異、正諸史之謬誤、補載籍之缺佚等方面，是為經史考證服務的。

〔註15〕郭名詢：《清代金石學發展概況與特點》，《學術論壇》2005 年第 7 期。
〔註16〕劉恒，《中國書法史　清代卷》，江蘇教育出版社 1999 年版，第 34 頁。

（二）乾嘉時期，金石學步入發展階段。由於文字獄嚴重，考據之學規模宏大，以長於考證、精通經史小學的錢大昕、王昶、阮元、翁方綱等是這個時期的代表學者。這個時期金石研究的盛況，可以作如下歸納：由於薄書期會至簡，許多朝廷大臣加入進來，「惟日夕閉戶親書卷，得間與同氣相過從，則互出所學相質」〔註17〕；收藏金石之風盛極，內務府集中了大量的金石古器，為金石學者提供了豐富的研究資料；對作為文字載體的金石本身的研究出現多元化趨勢，一些金石學者已開始從藝術角度考證金石流傳之緒脈、版本之異同。如翁方綱的《兩漢金石記》《焦山鼎銘考》等；金文研究成就顯著，阮元《積古齋鐘鼎彝器款識》收金文古器蔚為壯觀，吳榮光《筠清館金石文字》，劉心源《奇觚室吉金文述》，方濬益《綴遺齋彝器款識考釋》等。他們不僅對內府收藏的民間徵集的金石資料進行整理和摹錄，還進行了辨偽、考證和考釋。

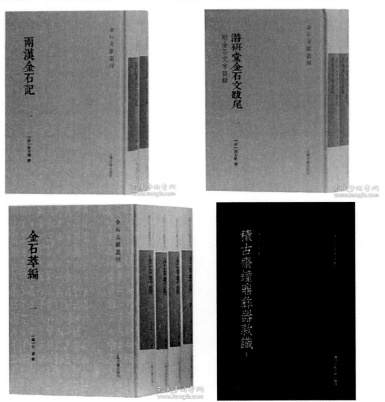

（三）道、咸以降，金石學進入鼎盛時期。這一時期從事專門收藏和研究

的金石學者的數量激增，考古活動及文物尋訪異常活躍。研究所涉及的範圍大大擴展：除鐘鼎彝器、碑版摩崖外，錢幣、鏡銘、璽印、兵器、墓誌、造像、陶文瓦當、磚文等都成為了金石學家搜集研究的對象。研究材料的拓展為金石研究增加了新的研究內容，這一時期金石研究的鮮明特色表現在以下幾個方面：金石研究方法多樣，開始向專門化領域延伸，且較為完善，形成輯佚、考據、錄目、鑒賞相結合與相互滲透的局面；內容上的新突破，文字方面，音韻、訓詁研究繼續發揮其影響，而對形體的研究全面展開，特別是對漢字形體的溯源、流變的研究異峰突起，呈現出「百家爭鳴」的景象。碑刻研究方面，不但研究隊伍擴大，而且研究趨向系統化；碑刻研究對書法藝術產生了重大影響。碑刻文字自其產生起，就與書學有著天然的聯繫，隨著金石學者對金石研究逐步深入，眾多碑刻文字所蘊含的藝術特質日益凸顯出來。如果說清初學者對此未予以足夠重視的話，那麼，在乾嘉以降，發掘書學內容已逐漸成為金石學研究的重要內容，至道咸時期，碑刻研究幾乎成為書學研究的基礎。總之，這一時期作為金石學發展的鼎盛時期，金石研究從資料的整理、摹錄、考證到書學觀念的發掘與深入都進入了一個科學化、系統化研究的軌道。成績卓著者如何紹基、楊沂孫、包世臣、陳介祺、趙之琛、姚配中等。康有為對此有過評述：「乾、嘉之後，小學最盛，談者莫不藉金石以為考證經史之資。專門搜輯著述之人既多，出土之碑亦盛，於是山岩、屋壁、荒野、窮郊，或拾從耕夫之鋤，或搜自官廚之石，洗濯而發其光彩，摹拓以廣其流傳，若平津孫氏，候官林氏、偃師武氏、青浦王氏，皆集成巨帙，遍布海內。其餘為《金石存》《金石契》《金石圖》、《金石表》《金石索》《金石聚》《金石續編》《金石補編》等書，殆難悉數。」〔註18〕

〔註18〕康有為：《廣藝舟雙楫》，《歷代書法論文選》，書畫出版社 2000 年版，第 756 頁。

　　（四）清末，金石學並沒有因清政府政治上的內外困而停滯不前，反而在前人取得的成果基礎上獲得進一步的發展。這個時期的金石學成就主要體現在石刻的系統研究方面。著名學者主要有楊守敬、葉昌熾、康有為、吳昌碩、沈曾植、鄭孝胥、曾熙、李瑞清等。此時石刻研究經歷了乾嘉以來較長時間的全面深入研究，進入到了鼎盛時期，並體現出兩個顯著特徵：一是，研究進入了總結階段。體現這一特徵的是葉昌熾所著《語石》的問世。該書不僅收錄甚富，而且所涉碑刻自三代至宋，時間跨度最長，它還擴展了石刻考察的範圍和詳盡地介紹了與石刻相關的知識。二是鼎盛的石學與書法藝術高度融合。在二者的影響下，「三尺之童，十室之社，莫不口北碑、寫魏體」〔註19〕。清末許多學者不僅在石刻的尋訪、整理和考證等方面有更多的收穫，而且他們中的絕大多數對於石刻有意識地進行書法創作。因此這個時期對石刻有過專門研究的學者，幾乎成為書法藝術大師。如楊守敬、吳昌碩、康有為、沈曾植等。尤為引人注目的是康有為所著《廣藝舟雙楫》，可謂以金石學為基礎而完成的書學著作。在該書中，他試圖建立「碑學」概念，並闡述了南、北書派、書風及其他各個時期碑刻的衍變、風格等與之相關的重大問題，將書學與尊碑觀念的結合推上顛峰。

　　清代的金石學研究包涵的內容是多方面的，形成了多種流派，一是作為文獻資料，一些金石著述只是登錄其目錄或碑刻文字內容，以備研究者採納，並未做任何研究。二是進行書法美術之研究。清代書家臨碑風氣甚濃，尤其道咸以降，如包世臣、趙之謙、康有為等人，專從書勢的視角研究金石碑版文字。

〔註19〕康有為：《廣藝舟雙楫》，《歷代書法論文選》，書畫出版社 2000 年版，第 756 頁。

三是作為一種文史義例加以研究。如黃宗羲撰有《金石要例》、梁玉繩撰《誌銘廣例》、吳鎬撰《漢魏六朝唐代志基金石例》、李富孫撰《漢魏六朝墓銘纂例》以及劉寶楠撰《漢石例》等。四是作為考古對象，如對造像、銅鏡、瓦當、空印、畫像以及像磚等進行研究。五是對金石碑勒進行鑒別，如翁方綱、黃小松、錢泳等人。但這些流派均非清代金石學之主流。清代金石學是受考據學推動而勃然興起的，所以金石學對學術的貢獻，首要是資經史考據之學，這是清代金石學的明顯特色。〔註20〕清代以金石文字考證經史也遠過前人。盧文弨說：「國朝以來，為金石之學者，多於前代。考證史傳，辨析點畫，以視洪、趙諸人，殆又過之。」〔註21〕

三、20世紀的金石學

正如程章燦教授在《文獻傳承與文化認同研究叢書總序》中所說的那樣：「雖然從宋代以來，金石學便已成為一種專門之學，但進入二十世紀以來，隨著世風和學風的轉變，關注石刻文獻的人越來越少，特別是對那些傳世石刻文獻，很多人似乎把它們遺忘了。實際上，不僅二十世紀新出土的石刻值得研究者注意，傳世石刻中也有許多意義空間有待發掘，有許多學術問題有待探索。」

在近、現代由於西方新學科的引入與中國教育制度的變革，金石學的發展越來越離開主流學問而日趨邊緣化，金石學的學問不斷被分解到現代新學科的各個分支中去，成為許多新學科成了的原點與支撐點，但金石學本身作為一個完整的學問卻慢慢遠離了中心。但在近、現代仍然有一大批學者，他們致力於金石學的研究和振興，如羅振玉、王國維、郭沫若、唐蘭、容庚、于省吾、陳夢家、馬衡、馬承源等。這裡僅選擇幾位做簡單介紹。

羅振玉（1866～1940），生平詳前。他自幼喜愛收集金石銘刻，並終生不輟。他整理彙集金石銘刻和古器物資料，編著有《秦金石刻辭》《貞松堂集古遺文》及《補遺》《續編》等。其中尤以《三代吉金文存》影響最大。該書收錄商周銅器銘文拓本4831器，資料豐富，易於查檢，為金文研究者所必備。羅振玉整理編集的石刻集錄，亦不在少數，出版有《昭陵碑錄》《唐三家碑錄》《西陲石刻錄》《漢熹平石經殘字集錄》《六朝墓誌菁華》《海外貞瑉錄》《三韓

〔註20〕暴鴻昌：《暴鴻昌文集——明清史研究存稿》，黑龍江教育出版社1998年版，第214頁。
〔註21〕畢沅：《關中金石記序》。

冢墓遺文》及芒洛、東都、鄴下、中州、襄陽、廣陵、吳中、山左等冢墓遺文，收錄了大量近代出土的墓誌等石刻文字。

馬衡（1881～1955），字叔平，別署無咎、凡將齋，浙江鄞縣人。著有《漢石經集存》《凡將齋金石叢稿》等。他畢生致力於金石學的研究，精於漢魏石經，其治學上承清代乾嘉學派的訓詁考據傳統，注重對文物發掘的現場考察。郭沫若認為：「馬衡先生是中國近代考古學的前驅。他繼承了清代乾嘉學派的樸學傳統，而又銳意採用科學的方法，使中國金石博古之學趨於近代化。」在金石學研究方面，他擴大了金石學的研究範圍，並對宋代以來的金石研究成果進行了比較系統的總結；從文字的演變和有關銘刻的對比，論定石鼓文是東周時期秦國的刻石；對漢魏石經資料作了收集、整理和全面研究。

唐蘭（1901～1979），生平詳前。發表多篇銅器銘文考釋論文，在字形的辨識、詞語的考證和銘文的解釋方面卓見迭出。晚年所著《西周青銅器銘文分代史徵》，將傳世資料與銅器銘文相結合，構建了新的西周銅器斷代體系。他所秉持的銅器銘文斷代的「康宮原則」，在學界影響至深。

第二節　金文文獻

羅振玉在《愙齋集古錄序》中說：「彝器文字，三古之載籍也；周秦兩漢之金石刻，雕版以前之載籍也。」把周秦兩漢鏤刻在金石上的一切文字都看成「載籍」，固然失之寬泛，但其中有不少經、史等方面的內容，那確是當時的文獻。

金文文獻是我們研究當時社會、經濟、政治、軍事等方面的第一手資料。如河北平山出土的戰國時代中山王墓的銅器銘文，可以排列出中山國王的世系，填補史書記載的空白。陝西扶風出土的西周時代的史牆盤銘文，記載了昭王伐荊楚的事，結束了伐荊楚的周王是成王還是昭王的爭論。西周王時代毛公鼎、康王時代的大盂鼎，都可與《尚書》的內容互證，有很高的文獻價值。像《宜侯夨簋》《大盂鼎》銘文都記載了周康王把大批奴隸賞賜給貴族的事實。《小盂鼎》銘文記載了周康王戰勝鬼方以及獻俘慶賞的歷史，是有關古代軍禮、官制和宗廟制度的寶貴資料。《散氏盤》銘文記載夨國和散國派員勘定疆界的事情，反映了當時土地制度的情況。春秋時代，晉、鄭兩國都曾把國家限制貴族特權的法律，全文鑄刻在鼎上。《左傳》記載昭公六年（前536）鄭國鑄刑鼎，昭公二十九年（前513）晉國鑄刑鼎。這些刑鼎，就是法律文獻。

一、金文資料的重大發現

西周貴族在青銅禮器上鑄銘，是維護宗法制度、加強禮制建設的具體反映。他們在銘文中稱揚先祖，實際上是貴族藉此確立、彰顯其既得的名分和地位，並傳之後世。西周銅器最大的特點是多銘文，且不乏長篇。傳世的及新發掘出土的有銘文的銅器，有三千件以上。清道光末年出土的毛公鼎銘文有499字，是現存銘文最長的。1976年出土於陝西扶風的史牆盤，銘文有284字，是現代發現的字數最長的。

西周有銘銅器的發現和研究，最早的記載見之於《漢書·郊祀志》，記漢宣帝時美陽縣（今陝西扶風附近）出土一件銅鼎，京兆尹張敞考釋銘文後，確

認這是西周時周王褒賜大臣，大臣子孫刻銘紀功藏於家廟的器物。東漢許慎在《說文解字》自序中說：「郡國亦往往於山川得鼎彝，其銘即前代之古文。」可見許慎已注意搜集、整理和研究銘文了。到了清代，西周的大盂鼎、小盂鼎、天亡簋、毛公鼎等的發現，為當時所提倡的證經補史和古文字研究提供了更多的材料。近代學者運用科學的方法、先進的理論，將這一研究帶入了新境界。

下面，我們簡要介紹 20 世紀金文資料的重大發現〔註22〕。

（一）20 世紀前期金文資料的重大發現

20 世紀前期的金文發現主要集中在二三十年代，其中具有重要學術意義的有：

新鄭彝器　1923 年秋天，在河南新鄭李家樓鄭公大墓發現春秋晚期鄭國銅器群，共有一百餘件。其中最具有代表性的器物是一對蓮鶴方壺，一收藏於北京故宮博物院青銅館，一收藏於河南博物院。

那年 8 月的一天，太陽像一烈火在燃燒，莊稼在乾渴中大片伏倒在地。世代居住在新鄭縣南街李家樓的士紳李銳，家中有一塊菜園，原本綠油油的菜苗由於乾旱而日見枯萎。見此情景，李銳心急如焚。這天，他頂著 40℃ 的高溫，焦急地在菜園中轉悠，無奈之中他決心打井灌溉，以解燃眉之急。令李銳意想

〔註22〕陳絜：《商周金文》，文物出版社 2006 年版，第 20～39 頁。

不到的是，他這一小小的舉動竟然引起舉世震驚的轟動。他在一處地勢較高的地段，用鑯頭畫出一個不規則的圓圈，準備在這裡開挖。這裡土質堅硬，同樣撒下種子，長出的菜苗總是稀稀拉拉的，沒有其他地方長勢茂盛，因此總是閒置著。翌日黎明，李銳雇用的幾個民工便如約而來。他們在李銳指定的地點，揮動鑯頭開始猛挖。這一天出奇地炎熱，太陽火辣辣地燒灼著人的皮膚。已經多日不見雨水，乾旱的土地，堅硬無比，一鑯頭下去也只是刨掉幾團土疙瘩，儘管如此，揮動大鍬、鑯頭的青壯民工，並不畏懼，他們以銳不可當之勢，在近中午時，終於穿越了地表堅硬的層面。穿越地表後，工程進度明顯加快，但是出乎意料的是，當挖到 2 米深時，出現一層紅色黏土，像鑄鐵一樣堅不可摧，根本無法向下穿透。他們只得把情況告訴園主李銳，請他決斷，是否另擇他處。李銳站在井口觀察了片刻，憂愁地掃視了一下自己菜園中枯萎的蔬菜，然後毫不猶豫地示意繼續向下挖。井下又傳出咚咚的響聲，天黑之前，約半米厚的堅硬土層，在幾條壯漢的輪番攻擊下，終於被鑿穿了。但是紅土層以下，並不像普通泥質那樣鬆軟易挖，仍然堅硬無比，像是夯打過一般。其實有經驗的考古工作者，一看便知這是一座大墓，他們所挖的是大墓中經過嚴密夯打的填土，而李銳和幾個幫工卻對此一無所知，誰也沒有想到，他們的腳下和他們正在奮力挖掘的竟然是一座 2000 多年前的古墓，他們以其獨特的方式叩響了這扇沉重幽秘的歷史之門。第二天傍晚，直徑 2 米的水井已經深入地下約 8 米，還是一滴水也沒有見到，土質仍然堅硬無比。這時李銳開始感到不安，難道是打到死線上了？幾天前他請人勘探時，那人分明告訴他這裡水源豐富，可以出水。第三天下午，當挖掘到 9 米深時，井下的民工一鍬下去突然碰到一件鐵一樣堅硬的東西。他感到有些奇怪，於是放慢速度，輕輕翻刨了幾下，而令他深感驚奇的是，在汽馬燈的輝映下，映入眼簾的不是磚頭瓦塊，而是一件周身帶有綠鏽的銅器。他扔下鐵鍬，連刨帶扒地在它的四周快速翻動著，很快一件大圓鼎露了出來。這件大鼎高約 50 釐米，口徑約 40 釐米，三條腿粗壯有力，鼎身鑄滿猙獰可怖的紋飾。李銳聞訊急忙趕來，順著繩梯下到井內，他被眼前的事實驚呆了。他很久沒有說話，只是臉上不斷地泛起驚詫、興奮、迷惑和難以辨析的複雜表情。他知道這件價值連城的大鼎會給他帶來什麼樣的運氣。井底光線很暗，他借助汽馬燈的光亮，親自動手向周圍繼續尋找，接著又發現兩件形制基本相同的大銅鼎。他發現井底周壁密密匝匝、東倒西歪盡是形制各異的青銅器物。掩飾不住的喜色在他臉上一閃而過，世代居住在這裡，他

竟然還不知道自家園子裏埋藏有如此豐富的寶物。興奮之餘他也深感擔憂,最怕的是引起盜匪的注意。他一再吩咐民工嚴守秘密,不許外傳,並不許他們離開半步,吃飯都由家人送到井下。李銳向四周拼命地挖,用鐵鑱把一件件寶物挖出來,李銳共獲大型器物 20 多件和一批小件玉器,其中大銅鼎 6 件,小鼎 3 件,鬲 6 件,壘 6 件,甑 1 件。經過一夜緊張的勞動,連李銳自己也熬不住了,但是地下埋藏的寶物似乎越挖越多。這時井底在挖掘中已經逐漸擴寬,口小底大,所以隨時有坍塌的可能。李銳不得已,只得招兵買馬擴大隊伍,準備大幹。消息不脛而走,並且很快傳遍全城,一群群圍觀者懷著極大的興趣,摩肩接踵,紛至沓來,把李家樓圍得水泄不通。聞風而動的大小文物販子,虎視眈眈,每天不斷上門窺探消息,並且有消息說這事已經引起當地土匪的注意,他們也在暗中活動,企圖伺機行動。當時正是軍閥混戰,天下大亂之時,面對這種局勢,李銳也陷入恐懼中。為了安全,李銳一邊挖,一邊暗中向文物商兜售。他將一件大鼎和兩件中型鼎賣給許昌文物走私商張慶麟,獲取 800 餘,這是有據可考者,暗地裏他究竟賣出去多少,始終不得而知。李銳鑿井挖出寶器的消息仍然使人震驚。官紳們相互函電相告,尤其對出土器物的歸屬問題表示出極大的關注。消息很快傳到新鄭縣知事姚延錦那裡,他認為埋藏數千年的古物忽然顯露,自然是一件令人振奮的事,而李銳私自掘賣不合常理,定會使其散失社會,後果不堪設想。於是他親自前往勸阻,但是遭到李銳的駁斥,他認為在自家園子裏挖掘理當歸己,無可非議,並令民工加快挖掘速度,不得延誤。姚延錦悻悻離去後,李銳心裏有一種說不出的煩亂,使他坐臥不寧。這天夜裏他趁家人入睡後,悄悄挑出幾件青銅方壺和中號圓鼎,用麻布包裹好藏在自家的柴房中,以防不測。

　　9 月 1 日,駐守鄭州的北洋陸軍第十四師師長靳雲鶚,因公務巡防至新鄭縣,當時新鄭縣街頭巷尾都在議論李銳家私掘古物一事。靳雲鶚是一位豁達明智的新派人物,一向重視古文化,並且盡力保護。他認為鍾鼎重器,尊彝寶物,為先代典型所寄,應該歸於公家,垂諸後世。於是他派副官陳國昌前往李銳家告訴他:「古物出土關係國粹,保存之責應歸公家。」李銳見事態已擴大,惟恐招致更大的麻煩,自己難以駕馭,只得欣然從命,表示願將自己所挖的 20 多件古器物全部上繳國家。為了不使文物四處流散,靳雲鶚派人四處打聽,把李銳賣出的 3 件銅鼎以原價購回,一併歸公,統一保存。

　　儘管李銳一再表示願把文物全部上繳,但是心中的遺憾和懊惱實難形容,

而令他略感寬慰的是，他早已有所準備。這天夜裏他悄悄來到柴房中，看到幾件銅鼎和一件編鐘躺在柴堆的隱蔽處酣然入睡，欣慰地笑了笑，而後才回房睡覺。

靳雲鶚速將此事電告吳佩孚，吳佩孚於9月5日電令靳雲鶚：「古代遺物，文化攸關，應宜妥善保存，以彰國粹，而供觀覽。查教育部於保存古物訂有專章，此次發見各古物，俟挖掘淨盡後，請即派妥員並責成縣知事，盡數運交督、省兩長、教育廳，轉付古物保存處什襲珍藏，永垂紀念。除切電督、省兩長暨教育廳查照外，特電奉覆，即希亮察。」9月7日，吳佩孚覆電令靳雲鶚：「古物搜挖完竣示知後，當派員赴鄭，會同運汴保存，以昭鄭重。」

同日，時任河南省督理張福來、省長張鳳臺也聯名致電靳雲鶚：「請貴師長轉飭陳副官，俟各古物挖掘淨盡，即便會同該縣知事，選派妥員，盡數運送來省，以資交付古物保存所珍藏，是為至盼。」

9月8日，吳佩孚再次電令靳雲鶚：「李銳處如尚匿有玉爵，自應全數追繳，酌量酬資。本署現派穆佐庭顧問於明日赴鄭，會同貴師委員將古物押赴汴垣，向各界宣布妥為保存，以垂久遠。」靳雲鶚接到吳佩孚的電令，便派人到李銳家中搜查，但是一無所獲。

9月5日，靳雲鶚命副官陳國昌會同新鄭縣知事姚延錦帶領數十名荷槍實彈的武裝士兵進駐發掘工地，在他們的晝夜警戒和保護下對古墓進行了大事發掘。發掘期間靳雲鶚也常常到發掘現場進行督察，對新鄭古器物的發掘和保護作出了重要的貢獻。

在此之前，國內各地也經常有古物發現，但是大多流散到國外，造成無法彌補的損失，因此，靳雲鶚的做法無疑是一種愛國行為。新鄭銅器出土後，在全國引起廣泛的關注。上至北洋政府，下及河南、湖北、湖南、天津、陝西、北京、綏遠等地的軍政要人，紛紛致電、致函靳雲鶚，以示祝賀和關注，並對於他積極保護古文化，將其所獲古器物全部歸公的義舉，給予高度的評價和頌揚。

9月20日，北洋軍政府國務院致電靳雲鶚：「近聞豫省發現古物甚多，最有歷史上之價值，茲由教育部部員高丕基、歷史博物館館員裘善元前往調查採集，先此電聞。」同日，吳佩孚又一次函令靳雲鶚：「所有新鄭縣先後掘出之古物，應悉數運送汴垣，妥為保存。」由此可以看出吳佩孚對此事的極端重視。

寶物出土後，有關它的去向，成為世人更為關切的問題。北京大學代校長

蔣夢麟電稱：「新鄭發現之古物，於我國文化史上極有關係，敝校研究所特派馬衡教授前來研究，並籌保存，祈招待。」至此，電函像雪片紛紛飛來，許多具有影響力的政府機構、學術團體都向靳雲鶚表示對其舉措的贊同與支持。由此而知新鄭古器物的發掘，在當時的影響之大。

　　新鄭彝器由於出土時間早於安陽殷墟的發掘，因此影響之大甚至超出了安陽殷墟。這是一座規模宏大，未經盜擾的雙墓道大墓，墓深 10 米餘，幅員 30 多米，這在鄭韓故城以後的發掘中也是為數不多的大墓之一。參加發掘的人員連同部隊和民工竟有百餘人，墓室挖出的土，堆積在墓室四周，如同一座座小山，把李銳家的菜園子全部覆蓋了。

　　進入 9 月下旬，文物出露，正當人們緊張地往外提取文物時，突然平地起風，一向炎熱乾燥的天氣，狂風肆虐，烏雲滾動，接著暴雨如注，傾盆而下，很快墓室中的積水淹埋了剛剛露頭的文物，挖掘工作被迫停止。大雨斷斷續續一連下了幾天，天空陰沉沉、灰濛濛的一片。雨終於停了，但整個工地上一片泥濘，每個人的身上、鞋上都沾滿了濕泥，走起路來沉重而艱難。由於大雨的連續沖刷，墓室四壁的泥土大塊大塊往下滑脫，形勢極其嚴重。副官陳國昌和新鄭縣知事姚延錦始終堅守在發掘工地上，不過他們都是首次承擔這樣特殊的任務，面對如此嚴峻的局勢，一點對策也沒有。挖掘工作被迫停止，進行墓口的擴寬和加固工作，此後挖掘進度異常緩慢。

　　墓室中的棺槨已經腐朽，由於破壞嚴重，棺中僅存幾塊墓主人的殘骸。墓主人究竟是誰，當時並沒有人關注，更吸引人的是槨與室之間堆放著的青銅器、美玉、珠寶、石雕等，這次共獲得銅鼎、圓壺、大方壺、編鍾、鎛鍾等大型禮樂器百餘件及玉器、瓦當、瓷器、骨器數百件……這批古物的出土，在商周考古史上具有劃時代的意義。

　　發掘期間，圍觀者每天數以千計，將墓室四周圍得水泄不通，甚至在陰雨霏霏的日子裏，仍不斷有人前往觀看，正像靳雲鶚立在發掘現場的碑文中所言，參觀者空巷塞途，擁擠不動。新鄭大墓發掘之時，雖有教育部高丕基、北京歷史博物館裴善元、北大教授馬衡及美國畢士博教授等專家在現場指導，但仍屬於非科學性的發掘，因為當時沒有記錄發掘時的坑位、器物所在的位置以及地層和墓葬的形制等，而這是由於當時缺乏考古知識所致。

　　實際上，李家樓大墓發掘時，中國考古學家李濟曾親自到過發掘現場。1923 年，李濟在美國哈佛大學獲哲學博士學位，回國後在南開大學任教。10

月中旬，他得知新鄭發掘的消息後，便與地質研究所的袁復禮在地質研究所所長丁文江的資助下一同趕到新鄭，而遺憾的是挖掘工作已近尾聲，他們只是在墓穴中採集到一些人肢骨和零星的碎銅片。他們本來想多逗留幾日，做一些地層學的解剖和勘察，然而突然傳來土匪擾亂的消息，他們被迫離去。以後李濟根據他對新鄭人骨的研究，撰寫出《新鄭的骨》一文，以英文發表在國外的學術刊物上。

10 月 17 日，挖掘工作全部結束，歷時 40 天。事後，靳雲鶚在出土地點立石碑一通，以示紀念，碑名為《河南新鄭古器出土紀念之碑》，全文曰：

> 華夏為文物古邦，開化最早，凡夫禮器之製作，在秦漢以前已粲然其美備。而乃宗社丘墟，故宮禾黍，運會遞嬗，時世變遷，致三代法物，不免有銅駝臥棘、鐵戟沉沙之歎！征諸典冊，雖歷朝以來時有出土，然一鼎一爵，視為禎祥，讚頌永歌，每極一時之盛。矧今河南新鄭古器出土之多乃至百數十事，蔚為空前絕後之大觀，誠國家之麻瑞有足紀者。盡中華民國十有二年，八月二十五日，新鄭邑紳李君銳，於縣治城南門內（即其宅之東南隅）鑿井掘地，發現周時鐘鼎。雲鶚適查防至此，聞其事，以古物出土，關係國粹保存之責，應歸公家，馳報洛陽巡使蓬萊吳公。奉命遣員會同縣紳繼續監掘，運汴保管。李紳深明大義，慨然允諾，備插從事者閱四十日，而寶藏盡焉。以監護周至，片銅寸瓦，幸未散佚，當運至汴垣。時仕女來觀者，空巷塞途。國徽燦爛與古器斑斕相輝映，識者咸嘖嘖稱羨，謂為鄭國宴享祭祀之器。雲鶚博考古籍，比擬形制，編有圖志三卷，將來纂如縣乘，足資考證，特再刻石紀事立碑其處，俾後之覽者，知神物數千年蘊藏地之所在，春秋佳日，觴永其間，未始非為新鄭縣邑增一名勝，多一韻事，豈第紀念云爾哉！中華民國十有二年雙十令節，任城靳雲鶚謹撰，古吳蔣鴻元謹書。

當年李銳家的菜園子，如今是新鄭縣豫劇團的所在地，當初發生在這裡的令世人震驚的故事，已隨歲月而飄逝，惟有靳雲鶚刻寫的這塊石碑，樹立在墓地邊緣，記述了事情的全過程。該碑現珍藏於河南省新鄭市博物館中。

馬坡彝器　1929 年位於洛陽北邙山南麓的馬坡村被大規模盜掘，並出土了大量銅器。截至目前，通過臺北「中央研究院」歷史語言研究所的「殷周金文暨青銅器資料庫」，可以檢索到 24 件相傳 1929 年出土於馬坡村的青銅器。

這些銅器中，一部分仍在中國國內，但大多流於海外。令方彝器影初次作為學術史料被介紹給學界，是在 1933 至 1935 年刊行的梅原末治《歐米搜儲支那古銅精華》一書中。之後，容庚的《商周彝器通考》（1940）、陳夢家的《美帝國主義劫掠的我國殷周青銅器集錄》（1962）等論著收錄了令方彝器影與銘文拓本。令彝、令簋記錄明公用牲於「康宮」及南征荊楚等重要內容。這批器物一經出土，就引發了曠日持久的學術大爭論。1934 年，唐蘭先生在令方彝出土後不久便發表了《作冊令尊及作冊令彝銘文考釋》一文，認為本器銘文中的「王」是《左傳》《漢書》中所言的「王城」，並認為這是「成周」「王城」並存的證據。該說至今仍有很大影響，陳夢家在《西周銅器斷代》中幾乎完全採用了唐氏之說，白川靜也詳細介紹了唐說。之後，對於唐氏之說，有一些學者提出了反對意見，但近年王輝又承襲唐說對令方彝銘文進行了釋讀，故而對於該問題的爭論仍未結束。

殷墟銅器　自 1928 年至 1937 年抗日戰爭爆發，中央研究院歷史語言研究所在殷墟地區展開了大規模的考古發掘，前後共 15 次，發現青銅禮器 170 餘件，其中最為著名的有鹿鼎、牛鼎等大型重器。

（二）20 世紀後期金文資料的重大發現

20 世紀後期，中國考古學取得了舉世矚目的成就，其中有相當數量的器物鑄有長達數百字的銘文，史料價值極高。

殷墟地區的商代銅器銘文　1969 至 1977 年在殷墟西區墓地的主體部分發掘出土青銅器 175 件，帶銘銅器 43 件，其銘文可與殷墟刻辭、傳世文獻以及周代金文互相參照。70 年代在婦好墓共出銅器 468 件，其中禮器 210 件，大都有銘文，不僅印證了卜辭中的相關記載，同時引發了殷墟卜辭分期斷代標準與歷組卜辭年代問題的激烈爭論。

陝西及河南洛陽地區所出的西周王朝銅器銘文　西周王朝包括岐周、宗周、成周。「岐周」為周朝的發祥地，西都「宗周」為王都和宗廟所在地，東都「成周」為軍事重鎮。岐周所出青銅禮器 280 餘件，如 1966 年發現史〔臣舌〕簋等重要銅器，史〔臣舌〕簋銘提及「乙亥王誥畢公」，可與《逸周書·和寤解》《史記·周本紀》等傳世文獻中的相關記載互為照應。

宗周所在地長安，歷年出土的金文資料也非常可觀，如 1954 年長安普渡村出土帶銘器九件，其中著名的有長由盉，有銘文 56 字，涉及西周的享禮與射禮等內容。

自 20 世紀 50 年代以來，陝西省共出土青銅器 3000 餘件，其中帶銘器在 600 件以上，除岐周、宗周之外，其他地區也有重要發現。如 1955 年眉縣李村發現盠駒尊、盠方尊、盠方彝，皆有銘文，所述內容如周王親臨「執駒」之禮，可與《詩經》《周禮》等文獻相照應，「六師」、「八師」、「王行」、「司土、司馬、司工」等記載，有助於西周官制研究。1965 年寶雞賈村出土的何尊，反映出武王滅周之後準備建都洛陽的設想以及成王遷都成周的事實。1976 年 3 月臨潼西段窖藏坑出土的利簋，是西周王朝早期的銅器，上面有 32 字，記載了武王在甲子朝伐紂的牧野之戰的時間和勝利經過，印證了《尚書·牧誓》《逸周書·世俘解》《史記·周本紀》等文獻中的相關記載，具有極其重要的史料價值。

成周所在地洛陽地區，一直有重要的西周銅器出土，此期有銘器 59 件，涉及周代貴族名號頗豐，有「太保」、「毛伯」、「康伯」、「蔡叔」等，為西周史研究提供了豐富的資料。

二、金文文獻的整理與研究

20 世紀的金文文獻的整理與研究，其實是一個金文材料史料化以及以此為基礎的先秦古史重建過程。大致分為三個階段。

前 20 年為第一階段。以羅振玉、王國維為代表的「廣義金石學」之下金文研究。羅振玉整理了《三代吉金文存》二十卷，導夫先路。王國維深化了考釋方法，他在《毛公鼎考釋序》中指出，銘文的考釋應該是「考之史事與制度文物以知其時代之情狀，本之《詩》《書》以求其文之義例，考之古音以通其義之假借，參之彝器以驗其文字之變化」〔註23〕。

30 年代初至 40 年代末為第二階段。該期的代表人物有：郭沫若、楊樹達、于省吾、唐蘭、容庚、商承祚、徐中舒等先生。郭沫若撰《兩周金文辭大系圖錄考釋》，建立了一套比較科學的體系，但在具體銘文的考釋上存在一些問題。楊樹達撰《積微居金文說》，創獲甚多。他在《積微居金文說》自序中介紹其研究金文的經驗：「每釋一器，首求字形之無牾，終期文義之大安，初因字以求義，繼復因義而定字。義有不合，則或用其字形，借助於文法，乞靈於聲韻，以通假讀之。」既繼承了高郵心法，又推陳出新，為後學奠定治學基調。于省吾在金文資料的搜集整理與考釋方面皆成績不菲。容庚著有《金文編》《商周彝器通考》。

〔註23〕王國維：《觀堂集林》，中華書局 1959 年版，第 294 頁。

50 年代以後為第三階段。該期的代表人物有：陳夢家、張政烺、朱德熙、饒宗頤、馬承源、周法高、于豪亮、李學勤、裘錫圭等先生。陳夢家早年為新月派代表性詩人，後來專攻古文字學，著述甚富，其中《西周銅器斷代》被認為是關於西周青銅器銘文斷代的傑作。張政烺先生治學嚴謹，不輕易發表文章，畢生只撰寫了百餘篇文章，結集為《張政烺文史論集》，由中華書局出版。其中《試釋周初青銅器銘文中的易卦》一文，拓寬了研究者的思路。李學勤著有《中國青銅器的奧秘》《新出青銅器研究》《中國青銅器概說》等書，裘錫圭著有《古文字論集》《古代文史研究新探》等書。李、裘二人在當今古文字學界享有盛名，或稱之為「雙子星座」，相比之下，李氏比較博大，裘氏比較謹嚴，各有千秋，各擅勝場。

下面我們簡要介紹幾種研究著作。

（一）《三代吉金文存》二十卷

羅振玉編。本書著錄傳世的商周青銅器銘文拓本 4835 件，其中絕大部分為清代以來的傳世器，也包括了一定數量的二三十年代出土的器物。這是 20 世紀 30 年代質量較高的集金文拓本之大成的金文合集。拓本多精品，鑒別亦較嚴，印刷精美。銘文均以原大拓本付印。從食器、禮器，樂器到兵器，分類按銘文字數多少排列，字少者居前，字多者列後，搜羅頗富，但除拓本和目錄外，有關器形、出土、著錄、收藏及考釋等說明均付闕如，分類亦欠恰當。1937年羅振玉編輯印行，1983 年中華書局出版。書末附孫稚雛《蘭代吉金文存辨正》，逐項討論本書有關問題並訂正訛誤。

（二）《兩周金文辭大系圖錄考釋》

郭沫若編纂。該書分三部：（一）圖編。是青銅器的器形花紋圖，共收 263

件器形；（二）錄編。是金文銘文的原件拓本或摹本。其中收西周器 250，春秋戰國器 261、除去一器銘文附見相重外，實收 324 器；（三）考釋。對 324 器銘文先釋成今字，加以標點句讀，然後考釋其文字，解說其文義。該書是郭沫若 1928 年旅居日本後撰寫的，1935 年由日本求文堂印行，分為《兩周金文辭大系圖錄》（全五冊）與《兩周金文辭大系考釋》（全三冊）兩書分別行世，尺寸大小亦不一致。1958 年科學出版社合為一書，題為《兩周金文辭大系圖錄考釋》出版。該書作者根據青銅器的器形、花紋、文字（包括文體和字體）三方面的特點，把青銅器劃分為 4 期：（一）濫觴期，大體相當於殷商前；（二）勃古期，殷商後期及周初成、康、昭、穆之世；（三）開放期，共懿以後至春秋中葉；（四）新式期，春秋中葉至戰國末年。郭沫若創造了標準器斷代法，在對兩周時期的有銘文銅器進行系統整理研究的基礎上，選定從銘文內容可確知年代的器物，以這些器物銘文中的人名事蹟線索、文辭體裁、文字風格及器物的花紋、形製作為標尺，對未知年代的器物進行斷代。而以同樣的方法對春秋戰國時各國銅器也各建立了一批標準器，並列出《列國標準器年代表》，研究者可據以推定東周器的別國和年代。作者根據所建立的標準，校正過去年代被訂錯的一批器物，如《毛公鼎》以往皆訂為周初成王或昭王穆王時期，郭沫若據銘文的時代氣息、銘文中的人名、用語、器物形制、花紋，判定應為宣王時期，為史學界所普遍接受。作者在該書中利用創立的斷代法，將所收器物分別王世和國別編次，把「一團混沌」的傳世銅器，第一次變成完整的體系，成為可供古史研究利用的科學資料。郭沫若創立的標準器比較法，至今仍為青銅器研究者所沿用。

（三）《金文編》

容庚編著。容庚早年研習《說文解字》，1913 年讀吳大澂《說文古籀補》等書，立志補輯。1922 年到天津，以《金文編》稿本向羅振玉請正。至 1925 年寫定印行，為初版。1938 年補訂重版，共收商周金文 1804 字，附錄 1165 字。1959 年印行校補本，科學出版社出版。作者晚年繼續增訂，其弟子馬國權、張振林先後協助。1983 年容庚逝世，書由張振林完成，新版於 1985 年由中華書局出版，共收 2420 字，附錄 1352 字。書中金文依《說文》部首排列。《說文》所無而見於其他字書的字，或有形聲可識的字，都附列於各部之末。圖形文字不可識的列為附錄上，有形聲而不可識的列為附錄下。

（四）《金文詁林》《金文詁林補》

周法高主編，香港中文大學 1974～1975 年出版。網羅眾說，極便查檢。但諸家異說紛紜，初學者又會目迷五色，感到無所適從。

三、金文文獻的彙編

（一）《國家圖書館藏金文研究資料叢刊》

徐蜀選編。國家圖書館出版社 2004 年出版。全二十二冊。金文即銘刻於青銅器上的文字，內容多涉及祀典、錫命、征伐、契約等，史料價值極高，是研究先秦尤其是商周歷史的重要文獻。國家圖書館收藏北宋至近代千年間歷代學人整理編撰的有關金文文獻數百種，達數千餘卷。內容包括歷代學者收集整理的金文目錄和對金文的分類、探源、考證疏釋等；歷代愛好者收藏編製的鍾鼎彝器目錄和對鍾鼎彝的分類、拓印、考釋等。既有吳其昌、吳式芬、孫詒讓、王國維、羅振玉、容庚等大家之作，也不乏少為人知的一般學者的金文著作。本《叢刊》共精選國家圖書館收藏的北宋至近代的 30 餘位學者整理編撰的金文著作 40 餘種。內容包括著名學者收集整理的金文目錄和對金文的分類、探源、考證疏釋等；著名專家收藏編製的鍾鼎彝器目錄和對鍾鼎彝器的分類、拓印、考釋等。如吳其昌所撰《金文氏族譜》、吳式芬所撰《攗古錄金文》、陳介祺所撰《簠齋藏古目》、孫詒讓所撰《古籀餘論》、王國維所撰《觀堂古金文考釋五種》、容庚所撰《金文續編》、阮元所撰《積古齋鐘鼎彝器款識》、張之洞所撰《壺公師考釋金文稿》等書。

（二）《金文總集》

嚴一萍編。臺北藝文印書館 1983 年出版。

（三）《殷周金文集成》

中國社會科學院考古研究所編，中華書局 1984 年初版，2007 年修訂版。本書收錄的多文資料，包括殷周、西周、春秋和戰國時期的各類器物，年代下限斷至秦統一以前。宋代以來各家著錄和國內外主要博物館藏品，力爭收集得比較齊全。各地新出土的發掘品和採集品，以各冊編成時已公開發表者為限。所收器銘的總數為 11983 件。書中採用拓本的主要來源有五：（一）考古所多年積累的舊拓本，（二）《考古學報》和《考古》的檔案，（三）編輯組同志前往有關單位新打製的拓本，（四）若干文博單位提供的現成拓本或拓本原大照片，（五）若干單位或個人借給的拓本。其中第（一）（二）兩項共計約五千器，第（三）薦將近三千器，第（四）項一千餘器，第（五）項為數不多。再有一定數量的器銘，因手頭缺少善拓或僅有摹本流傳，採取剪貼《三代吉金文存》、（商周金文錄遺）等書，或由該所技術室按比例複製其他著錄書，用兩種辦法將其補齊。

（四）《金文文獻集成》

中國社會科學院考古研究所編纂的大型文獻彙編。是繼《殷周金文集成》之後，對金文研究文獻的階段性全景式總結，是有關商周金文研究的大型研究文獻彙編。該書由中國社會科學院考古研究所編纂，所收文獻起自北宋元祐七年（1092）呂大臨所作《考古圖》，訖於公元 1989 年。全書分為「古代文獻」和「現代文獻」兩部分，裒輯古今中外學者數百人的研究論著二千餘種。除純資料性著錄如《三代吉金文存》，近代之文字編如《金文編》及集釋

性工具書如《金文詁林》等不予收錄外，凡金文研究、評述主要利用金文對商周歷史及有關學科進行研究，具有較高學術價值以及在該學科發展史上有重要影響的中外文專著、論文及報導資料等，均在收集之列。涉及領域有商周青銅器及其銘文的著錄研究、器銘考釋、文法韻讀、斷代曆法、金文與商周史研究、器銘辨偽及學術史研究等，是目前國內外最完備的有關商周金文研究的文獻總集。

分為古代文獻、現代文獻兩大部分。古代文獻部分收錄自北宋至清四朝學人的金文研究著述 200 餘種，務求珍本善冊，如宋人著作《考古圖》《鍾鼎款識》《金石錄》《東觀餘論》等，盡列宋刻宋抄，《博古圖錄》取明程士莊泊如齋本，《紹興內府古器評》取明毛氏汲古閣本。清代著作則多取初刻，如阮元、錢坫、曹載奎、吳東發、劉喜海、朱為弼、吳榮光、徐同柏、吳雲、潘祖蔭、張廷濟、吳式芬、吳大澂、孫詒讓、劉心源、方濬益、陳介祺等的著述也匯羅靡遺，可謂完備。現代部分收輯清以後學人論著千餘種，其中民國時期出版的珍稀著作近百種。包括王國維、羅振玉、郭沫若、馬衡、唐蘭、馬敘倫、容庚、商承祚、柯昌濟、于省吾、劉體智、孫海波、梁上椿、劉節、楊樹達、董作賓、陳夢家、張政烺、陳邦懷、李學勤、裘錫圭等人的論著。本書還收集西方及日本學者論著數十種，其中絕大部分為 20 世紀 50 年代以前出版的珍稀版本，印數甚少，國內學者閱覽不易。如法文版《盧氏所藏中國古代青銅器》、英文版《洛陽故都古墓考》、日文版稿本《殷金文考釋》、德文版《柏林博物館藏中國青銅器》等。

第三節 石刻文獻

一、石刻文獻概況

石刻作為人們最早使用的文字載體之一，在中國古代文化中具有重要的地位。石刻文獻的起源也比較早。除石刻以外，歷代墓誌、碑文的拓本，也都屬於金石文獻的範疇。拓本在形態上跟雕版印刷的文獻已很接近，可以說，石刻拓印是雕版印刷的前驅。關於石版文獻，有兩種，一種是鏤刻的，一種是毛筆書寫的。《大戴禮記‧保傅》和醫經《素問》都有「書之玉版」的話。

（一）岣嶁碑

舊傳所謂大禹治水之時所刻的《岣嶁銘》，載於《吳越春秋》。衡山岣嶁碑自古就被文人學士譽為「禹碑」或「神禹碑」，碑文無人能識，遂被視為「天書」。關於它的真偽，歷來存在較大的爭議，學術界一般傾向於是後人的偽託。宋張世南《遊宦紀聞》記何致初拓岣嶁碑始末：「何賢良名致，字子一，嘉定壬申遊南嶽，至祝融峰下。按岳山圖禹碑在岣嶁山，詢樵者，謂採樵其上，見石壁有數十字，何意其必此碑，俾之導前過隱真屏，復渡一二小澗，攀蘿捫葛，至碑所，為苔蘚封，剝讀之，得古篆五十餘，外癸酉二字俱難識，韓昌黎所謂『科斗拳身薤葉披，鸞飄鳳泊拏蛟螭』，而其形模果為奇特，字高闊約五寸許，取隨行市買歷碎而模之，字每摹二，雖墨濃澹不勻，體畫卻不甚模糊，歸旅舍，方湊成本。何過長沙，以一獻曹十連彥約，並柳子厚所作及書般舟和尚第二碑，以一揭座右，自為寶玩，曹喜甚，牒衡山令搜訪柳碑本，在上封寺，僧法圓申以去冬雪多凍裂之，禹碑自昔人罕見之，反疑何取之他處以誑曹，何遂刻之嶽麓書院後巨石，但令解柳碑來匣之郡庠而已。」《四庫提要》以為「足資考證」。明趙崡《石墨鐫華》於《岣嶁碑》《比干墓銘》之類皆持兩端。清林侗《來齋金石考》首列《夏禹岣嶁碑》，載其友劉鼇石說，謂當在祝融峰頂，《四庫提要》以為「未免失之好奇」。清江昱《瀟湘聽雨錄》辨衡山岣嶁碑一篇，《四庫提要》以為「考究詳明，知確出近時偽撰，尤足祛千古之惑」。清朱彝尊《曝書亭集‧書岣嶁山銘後》云：「古今雜體書勢，韋續述之，凡五十六種，只云夏禹作鍾鼎書，不言有岣嶁銘。然見於《吳越春秋》《南嶽記》《南嶽總勝集》《湘中記》。劉夢得寄呂衡州詩有云：『嘗聞祝融峰，上有神禹銘。古石琅玕姿，秘文螭虎形。』昌黎韓子謁南嶽廟，兼

賦峋嶁山詩，上言『峋嶁山尖神禹碑，字青石赤形模奇，科斗拳身薤倒披，鸞飄鳳泊挐虎螭』，下言『事嚴蹤跡鬼莫窺，道人獨上偶見之，千搜萬索何所有，森森綠樹猿猱悲』。是韓子僅得之道人之口，而銘文仍未之見也。地志稱，宋嘉定中有何賢良致於祝融峰下，樵子導之，至碑所，手模其文以歸，奉曹轉運彥約，時人未信，致遂刊之嶽麓書院。鄱陽張世南作記事，或有之。是銘考古家率以為偽，只因箋釋者太支離，故疑信相半，蒙著於錄，下配壇山之石，不亦可乎！」朱彝尊亦以為偽託。但浙江博物館館長曹錦炎近年破譯了「天書」，他在《文物研究》1989 年第 5 期發表《峋嶁碑研究》，旁徵博引文獻材料，論證峋嶁碑淵源分明，流傳有序，是可靠的先秦刻石，並非後人偽造，但也不是大禹時代的作品。他以越國鳥蟲書與峋嶁碑相互比較，斷定碑文屬戰國鳥蟲書系統。何琳儀認為：「儘管曹文對全篇碑文的考釋或有可議之處，然而其確定碑文屬戰國文字這一石破天驚的結論，已被大多數古文字研究者所認可。」〔註24〕

（二）石鼓文

現存最古的石刻文字，要算石鼓文。唐初，在天興（今陝西寶雞）出土了

〔註24〕何琳儀：《〈鳥蟲書通考〉讀後》，《考古》2000 年第 10 期，第 93 頁。

十塊鼓形石，每塊各刻四言詩一首，書體為秦始皇統一文字以前的大篆，即籀文石鼓文。原石現在北京故宮博物院。

唐人重視書學，對於石鼓文等古碑刻非常重視，模拓和研究的人很多。宋人收集和研究石刻從歐陽修開其風氣。從六朝以來，文人盛倡遊山玩水，訪求石刻成為雅事，唐宋八大家多有關於這方面的詩文。如唐代大文豪韓愈曾作膾炙人口的《石鼓歌》云：

張生手持石鼓文，勸我試作石鼓歌。少陵無人謫仙死，才薄將奈石鼓何。周綱陵遲四海沸，宣王憤起揮天戈。大開明堂受朝賀，諸侯劍佩鳴相磨。搜於岐陽騁雄俊，萬里禽獸皆遮羅。鐫功勒成告萬世，鑿石作鼓隳嵯峨。從臣才藝咸第一，揀選撰刻留山阿。雨淋日炙野火燎，鬼物守護煩撝呵。公從何處得紙本，毫髮盡備無差訛。辭嚴義密讀難曉，字體不類隸與科。年深豈免有缺畫，快劍斫斷生蛟鼉。鸞翔鳳翥眾仙下，珊瑚碧樹交枝柯。金繩鐵索鎖紐壯，古鼎躍水龍騰梭。陋儒編詩不收入，二雅褊迫無委蛇。孔子西行不到秦，掎摭星宿遺羲娥。嗟予好古生苦晚，對此涕淚雙滂沱。憶惜初蒙博士徵，其年始改稱元和。故人從軍在右輔，為我量度掘臼科。濯冠

沐浴告祭酒，如此至寶存豈多。氈包席裹可立致，十鼓只載數駱駝。薦諸太廟比郜鼎，光價豈止百倍過。聖恩若許留太學，諸生講解得切磋。觀經鴻都尚填咽，坐見舉國來奔波。剜苔剔蘚露節角，安置妥帖平不頗。大廈深簷與蓋覆，經歷久遠期無他。中朝大官老於事，詎肯感激徒媕娿。牧童敲火牛礪角，誰復著手為摩挲。日銷月鑠就埋沒，六年西顧空吟哦。羲之俗書趁姿媚，數紙尚可博白鵝。繼周八代爭戰罷，無人收拾理則那。方今太平日無事，柄任儒術崇丘軻。安能以此上論列，願借辯口如懸河。石鼓之歌止於此，嗚呼吾意其蹉跎。〔註25〕

天才文學家蘇軾《鳳翔八觀》中也有《石鼓歌》云：

冬十二月歲辛丑，我初從政見魯叟。舊聞石鼓今見之，文字鬱律蛟蛇走。細觀初以指畫肚，欲讀嗟如箝在口。韓公好古生已遲，我今況又百年後。強尋偏旁推點畫，時得一二遺八九。我車既攻馬亦同，其魚維鱮貫之柳。古器縱橫猶識鼎，眾星錯落僅名斗。模糊半已似瘢胝，詰曲猶能辨跟肘。娟娟缺月隱雲霧，濯濯嘉禾秀莨莠。漂流百戰偶然存，獨立千載誰與友。上追軒頡相唯諾，下揖冰斯同鷇鷇。憶昔周宣歌鴻雁，當時籀史變蝌蚪。厭亂人方思聖賢，中興天為生耆耇。東征徐虜闞虓虎，北伏犬戎隨指嗾。象胥雜沓貢狼鹿，方召聯翩賜圭卣。遂因鼓鼙思將帥，豈為考擊煩蒙瞍。何人作頌比崧高，萬古斯文齊岣嶁。勳勞至大不矜伐，文武未遠猶忠厚。欲尋年歲無甲乙，豈有名字記誰某。自從周衰更七國，竟使秦人有九有。掃除詩書誦法律，投棄俎豆陳鞭杻。當年何人佐祖龍，上蔡公子牽黃狗。登山刻石頌功烈，後者無繼前無偶。皆云皇帝巡四國，烹滅強暴救黔首。六經既已委灰塵，此鼓亦當遭擊剖。傳聞九鼎淪泗上，欲使萬夫沉水取。暴君縱慾窮人力，神物義不污秦垢。是時石鼓何處避，無乃天公令鬼守。興亡百變物自閒，富貴一朝名不朽。細思物理坐歎息，人生安得如汝壽。〔註26〕

關於這批石鼓的斷代，歷來爭論不休。有關石鼓文的研究在 20 世紀三四

〔註25〕宋王伯大：《別本韓文考異》卷五。
〔註26〕蘇軾：《東坡全集》卷一。

十年代興起熱潮，研究論著也很多，如羅振玉《石鼓文考釋》，馬敘倫《石鼓文為秦文公時物考》，馬衡《石鼓為秦刻石考》，郭沫若《石鼓文研究》，唐蘭《石鼓文刻於秦靈公三年考》。最近，徐寶貴撰《石鼓文整理研究》《石鼓文詁林》等。

（三）詛楚文

秦惠文王的《詛楚文》，刻在三塊玉石上，是公元前313年楚懷王伐秦，秦向神詛祝的文辭。原石早已亡佚，《絳帖》《汝帖》有拓本。蘇軾云：「碑獲於開元寺土下，今在太守便廳。秦穆公葬於雍橐泉祈年觀下，今墓在開元寺之東南數十步，則寺豈祈年之故基耶？淮南王遷於蜀，至雍道病卒，則雍非長安，此乃古雍也。」特為作《詛楚文》詩：

> 崢嶸開元寺，髣髴祈年觀。舊築掃成空，古碑埋不爛。詛書雖可讀，字法嗟久換。詞云秦嗣王，敢使祝用瓚。先君穆公世，與楚約相捍。質之於巫咸，萬葉期不叛。今其後嗣王，乃敢構多難。刳胎殺無罪，親族遭圍絆。計其所稱訴，何啻桀紂亂。吾聞古秦俗，面詐背不汗。豈惟公子卬，社鬼亦遭謾。遼哉千歲後，發我一笑粲。〔註27〕

郭沫若撰《詛楚文考釋》。

〔註27〕蘇軾：《東坡全集》卷一。

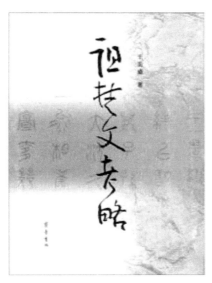
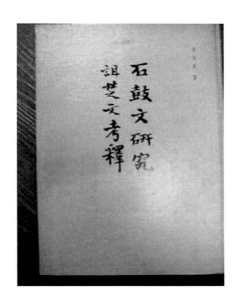

（四）秦刻石

秦始皇巡行東方，所到山、海勝地，多有刻石文字，如泰山、碣石等處所刻的文獻，都被司馬遷採入《史記》。

（五）石經

石經是把儒家經典刻在石板上的文獻。自東漢末年開始，有熹平石經、正

始石經、開成石經、五代後蜀王孟昶廣政元年「蜀石經」或「廣政石經」、北宋仁宗嘉祐「北宋石經」或「嘉祐石經」、南宋高宗「南宋石經」或「宋高宗御書石經」及清石經。

1. 熹平石經。刻於漢靈帝熹平四年（175），靈帝命令著名學者蔡邕等人用隸書寫成，內容包括《周易》《尚書》《魯詩》《儀禮》《春秋》和《公羊傳》七部書。石經立於首都太學的門外，作為經書的標準讀本。由於它只使用隸書這一種字體，後人又稱「一字石經」。劉節撰《漢熹平石經周易殘字跋》，王獻堂撰《新出漢熹平春秋石經校記》。

熹平石經據記有 46 碑，刻有《魯詩》、《尚書》、《周易》、《儀禮》、《春秋》、《公羊傳》、《論語》等七種經文。石經碑面無縱橫界格，係一字隸書直下行文，故也稱一體石經。每石行數、每行字數各不相同。經文自右至左，每經自為起訖，先表後里，每經的每篇小題在上，大題在下，占一行。根據王國維考證，每碑一面約 35 行，每行 75 字左右，為標準的四分體隸書，每 10 字約合「建初尺」一尺許。

董卓毀洛陽宮廟，太學荒廢，石經遭破壞。熹平石經東魏自洛陽遷鄴，北周又遷返洛陽，隋開皇年間復運入長安，以後被用作柱礎。民國時洛陽有殘石殘片出土。其大塊者現分別由上海博物館和西安碑林等處收藏。

2. 正始石經。三國魏曹芳正始年間用古文、篆文、隸書三種字體刻成的，後人又名之為「三體石經」，包括《尚書》和《春秋》。這兩部石經立在洛陽城南太學講堂前面。章太炎有《新出三體石經考》。王國維亦撰《魏石經考》，就魏三體石經的刻製經過、興廢情況、所刻碑文等皆有詳細考證。

3. **開成石經**。唐文宗開成二年（837）用楷書刻成的十二部儒家經典，立於長安太學。因為這部石經始刻於唐文宗大和七年（833），開成二年（837）完成。又稱「唐石經」「大和石經」。後來五代雕版刻印經書，就以它作為依據。自從雕版印刷事業發展起來，石經的作用相對下降。

原碑立於唐長安城務本坊的國子監內，宋時移至府學北墉，即今西安碑林。中國清代以前所刻石經很多，唯開成石經保存最為完好，是研究中國經書歷史的重要資料。1961 年國務院公布為全國重點文物保護單位。

4. **蜀石經**。又稱「廣政石經」。

《廣政石經》為儒家經典九經三傳，由於是以唐代大和本為底本，刻成後

為後蜀的官方版本，亦是中國著名的儒家石經。

《廣政石經》由於戰亂，南宋晚期石經已亡佚，即使流傳拓本也極為罕見。傳世最完整的一部，明初收藏於內府，鈐有朱元璋太子朱標的「東宮書府」印記，約在清中期流出宮禁，民國時為劉體乾所得，後遞藏於陳清華。吳昌碩、陸恢、林紓、顧麟士、蕭愻等著名書畫家在冊端繪圖，翁方綱、段玉裁、阮元、何紹基、王懿榮、羅振玉、王國維等著名學者及緇人題跋，1965 年中國政府重金由香港購回，即一直保存於北京圖書館，為流傳有緒的國家級重要文物。

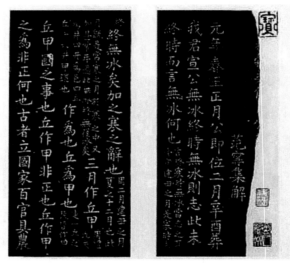

5. 北宋石經。北宋時有嘉祐石經。用篆、隸兩體刻寫，又稱「二字石經」。

6. 南宋石經。宋高宗御書石經。

南宋太學石經因最初刻立於南宋太學內而得名，為宋高宗和皇后吳氏手書，內容為儒家經典的四書五經，始刻於紹興十三年（1143），因稱「紹興石經」。淳熙四年（1177）宋孝宗建「光堯石經之閣」存放石經，故又稱「光堯石經」。

7. 清石經。乾隆年間有石刻十三經。

《十三經》碑林即《石刻十三經》碑。乾隆五十六年（1791）動工刻石，乾隆五十九年刻成。原立於國子監六堂。1956 年國子監辟為首都圖書館館址，《石刻十三經》碑群被遷出六堂，置於國子監與孔廟之間的夾道裏，後加蓋屋頂，對外開放。碑石有經文碑 189 通，共 63 萬餘字。其中《周易》6 通，《尚書》8 通，《詩經》13 通，《周禮》15 通，《儀禮》17 通，《禮記》28 通，《春秋左氏傳》60 通，《春秋公羊傳》12 通，《春秋穀梁傳》11 通，《論語》5 通，《孝經》1 通，《爾雅》3 通，《孟子》10 通。碑制均為圓首方座，高 305 釐米，寬 106 釐米，厚 31.5 釐米，額篆書「乾隆御定石經之碑」。碑文楷書，兩面刻，每面分 6 截寫。乾隆《刊石經諭旨碑》1 座，形制同經文碑。乾隆《石刻蔣衡書十三經碑序》碑 2 通，滿、漢文各 1 通，額篆書「乾隆御製石刻蔣衡書十三經於辟雍序」，首題「石刻蔣衡書十三經於辟雍序」，乾隆帝書。

（六）侯馬盟書

關於用筆墨書寫在石質上的文獻，最值得一提的，是 1965 年山西侯馬出土的大量盟書。那是戰國初年，用毛筆寫在玉石上的文書，筆劃是中間粗肥而末尾尖銳，形似蝌蚪，《說文解字》及《汗簡》等都有這樣的古文字，大概就是所謂蝌蚪文。盟書的內容，是晉國的趙敬侯同趙朔爭奪君權，趙朔失敗逃走，黨羽都被驅逐的歷史事件，事見《左傳·定公十三年》。從這些盟書中，可以看到當時的政治形勢和盟誓制度。山西省文物工作委員會編有《侯馬盟書》。

侯马盟誓遗址在侯马晋国遗址中的位置

二、石刻文獻的整理與研究

石刻文獻中有相當大的一部分不見於傳世文獻，因此具有傳世文獻所不可取代的史料價值。宋代以來的石刻學者已經注意到這一問題。明清以來，學者們在重新編纂前代文人別集以及搜集整理一代詩文總集的過程中，普遍意識到石刻文獻的重要性，其輯佚、校勘價值也日益受到重視。

石刻文獻研究專家程章燦教授指出：

> 在利用石刻文獻研究古代文學時，要想有所收穫，除了要具備充分的古代文學文化的基礎知識，掌握有關石刻文獻的目錄學知識，還要注意以下三個方面的問題：
>
> 首先，使用石刻文獻要注意真偽問題。自明以來，偽石偽刻偽拓之類屢見不鮮。近代以來，古代碑誌及拓本的市場價格行情日長，由於受商業利益的驅動，作偽之風愈演愈烈。根據偽石偽拓作出推論，只會以訛傳訛，差之毫釐，謬以千里。
>
> 其次，使用石刻文獻要注意版本問題，盡可能用善拓，或者盡可能將錄文釋文等與拓本乃至原石對校，特別是發現錄文有缺漏等問題的時候，更應當設法訪求善拓或原石以相對勘。
>
> 第三，前人的石學研究著作和石刻題跋中，有許多詩文評材料，更有與文學研究相關的真知卓見。至於金石例一類的著作，則自《四庫全書》以來，都歸入詩文評類。其中對碑誌文的體例條分縷析，材料豐富，更是研究這些文體的學者所不能忽略的。〔註28〕

這些意見都很在行，可以上升到方法論的高度，既不限於古代文學研究，也不限於石刻文獻研究。舉一反三，可以觸類旁通。

〔註28〕程章燦：《古刻新詮》，中華書局 2009 年版，第 205～206 頁。

唐開成石經和清石經較為完整，分別存於西安和北京，餘皆殘缺。自南宋學者王應麟始，注重石經之考釋研究。明清之際顧炎武撰《石經考》，清萬斯同、杭世駿、翁方綱、孫星衍、桂馥、阮元、嚴可均、丁晏、吳騫、瞿中溶等數十位著名學者均有關於石經考徵研究之作，或詳考石經之源流，或備釋石經之文字。清代學人曾將有關史料輯為《石經匯函》和《石經補考》（馮登府撰）等專題叢書。近代學者章炳麟、王國維、羅振玉、吳維孝、張國淦等均對石經之源流、文字等進行了新的考釋。所有這些，給今人留下了研究歷代石經十分寶貴的參考文獻，也為研究金石學與儒經提供了必不可少的原始資料。20 世紀，是中國古代石刻研究內容大大擴展、研究方法有了重大改變的一個世紀，也是古代石刻材料有大量出土發現，為學術研究做出重大貢獻的一個世紀。有關研究進展情況，可以參考趙超《古代石刻》一書。

下面我們簡要介紹幾種有關石刻文獻的整理研究的代表作品。

（一）《寰宇訪碑錄》十二卷

清孫星衍撰。為收錄石刻種類較多的一部石刻文獻目錄。全書依時代著錄周秦至元代石刻 8000 餘種，包括部分瓦當銘文。每件石刻注明撰人、書人、字體、立石年月和所在地，原石佚者則注明引用拓本藏家。據孫星衍自序，孫氏曾得邵晉涵集錄海內石刻名目副本，又親自拓錄所見石刻，並與王昶、錢大昕、翁方綱、馮敏昌、阮元、黃易、武億等金石收藏家互通有無，最後由邢澍訂補成書。作為一部全國性石刻總目，該書仍有遺漏。為之訂補者有：趙之謙《補寰宇訪碑錄》五卷、羅振玉《再續寰宇訪碑錄》二卷、《寰宇訪碑錄刊誤》一卷、劉聲木《續補寰宇訪碑錄》二十五卷、《寰宇訪碑錄校勘記》十一卷、《補寰宇訪碑錄校勘記》二卷、《再續寰宇訪碑錄校勘記》一卷。孫星衍收藏金石拓本豐富，曾與嚴可均合輯《平津館金石萃編》，以補王昶《金石萃編》之遺。洪頤煊又利用孫氏藏品撰《平津館讀碑記》。

（二）《語石》

十卷，清葉昌熾撰。這是一部筆記體的石刻通論性著作。自序云：「訪求逾二十年，藏碑至八千餘通，朝夕摩挲，不自知其耄。」又云：「上溯古初，下迄宋元……製作之名義，標題之發凡，書學之升降，藏弆之源流，以逮摹拓裝池，軼聞瑣事，分門別類，不相雜廁……但示津途，聊資談圃。」宣統元年三月自記云：「此書脫稿後越二月，即奉視學甘肅之命，度隴見聞，略有增益。丙午歸里，養痾澬川，再加釐訂，去其複重，距辛丑寫定又八年矣。」卷一以朝代為序，概述先秦至元代石刻；卷二以地域為別，論述各地及域外石刻；卷三、卷四論石刻內容及碑帖區別；卷五論碑刻以外各種石刻；卷六論碑文文體、撰人、書人、刻工等；卷七、卷八論碑刻書寫；卷九論碑文格式及避諱；卷十論石刻版本及傳拓裝池等。此書之於石刻學，猶葉德輝《書林清話》之於古書版本學，而精謹或過之。柯昌泗撰《語石異同評》，對《語石》多有補正，而體例不改，可以合觀。

（三）《漢魏南北朝墓誌集釋》與《漢魏晉南北朝墓誌彙編》

《漢魏南北朝墓誌集釋》十卷，補遺一卷，趙萬里撰。收漢魏至隋墓誌拓本 609 通，力求整紙初拓、足拓本，影印為圖版部分。每種墓誌記年月日、拓本尺寸、行字數、書體、出土地，並對有並史實加以考證，重要題跋選附於後。本書為隋以前墓誌拓本的集大成之作。1956 年科學出版社出版線裝本。1992年天津古籍出版社出版趙超編《漢魏晉南北朝墓誌彙編》，是趙萬里書所收墓誌的增訂錄文本。

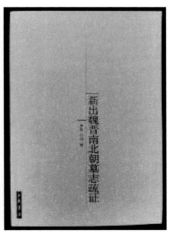

（四）《石刻題跋索引》

　　楊殿珣編。本書為檢索歷代石刻題跋出處的索引工具書。所收有關石刻題跋目錄 137 種，《凡例》稱：「本編所收書籍，以論石刻者為主，其專論金文者不錄；以有關考證者為主，其專評書法者不錄。凡只錄石刻文字者，雖無題識，而詳記行款字體，可資考核者，一併錄入。」全書分石刻為七類：墓碑、墓誌、刻經、造像、題名題字、詩詞、雜刻。各類之內，大體依時代先後排列。每件石刻大字列其題目，小字注其出處。同一件石刻有多人題跋者，則重複立目，排在一起。書後附有四角號碼條目索引。商務印書館 1941 年初版，1957 年增訂再版，1990 年影印增訂版。

三、石刻文獻的彙編

（一）《歷代石經研究資料輯刊》

　　賈貴榮輯。本輯刊是對歷代有關石經研究文獻 54 種進行整理，依通考、漢石經、魏石經、唐石經、後蜀石經、宋石經、清石經的順序排列，編為 8 冊，國家圖書館出版社 2005 年版。

目錄如次：

蜀石經校記　繆荃孫撰　四二五　蜀石經毛詩考異　清吳騫輯　四五七　北宋汴學二體石經記　清丁晏撰　五〇一　北宋汴學篆隸二體石經跋　清王秉恩五一九　欽定石經目錄　五三九　奏修石經字像冊　清蔡庚年撰　五四三奏修石經字像冊　清蔡廣年撰　五四三

（二）《古代石刻文獻斷代分編》

本書是一套上起先秦、下迄清末的大型石刻文獻彙編，集現存千餘種金石志書之大成。其中先秦秦漢魏晉南北朝卷全二冊、隋、唐五代卷全四冊、宋代卷全四冊、遼金元卷全三冊、明清卷全三冊。每篇不僅有石刻原文，還有歷代金石學家撰寫的考釋文字。本叢書具有以下特點：第一，搜羅宏富。全書 5 種合計收石刻文獻 17000 餘篇，從秦磚漢瓦到碑文墓誌，上下兩千年，內容涵蓋中國古代政治、經濟、軍事、民族、宗教、文學、科技、民俗、教育、地理等方面。第二，版本珍貴。各書所用版本皆是編者從國家圖書館數以百萬的藏書中優選而來，使讀者有機會欣賞到珍本的原貌。第三，編排合理。按朝代分編既保證了資料有序利用，又給學者的擇選利用提供了單種或多種購買的自由性。全書各種均精心編製了每編的目錄和索引，目錄置於每編第一冊之前，索引則附於每編末一冊之尾，便於讀者利用。

（三）《北京圖書館藏中國歷代石刻拓本彙編》

北京圖書館金石組編選。1988 年起由河南中州古籍出版社影印出版。收拓本約二萬種。大都是整紙拓本，凡經名家收藏、批校、題跋者，首先入選。

時代上自先秦，下至民國。每種拓本注明尺寸、真偽優劣及授受源流等。為一大型石刻資料彙編。

（四）《唐代墓誌彙編》

周紹良主編。1992年上海古籍出版社排印本。收出土唐代墓誌四千餘種，係錄文加標點斷句而成，附有較詳細的人名索引。

（五）《新中國出土墓誌》

中國文物研究所等編。收1949年以來新出墓誌，已出河南卷二冊、陝西卷二冊。時代上起先秦，下至民國初年。包括說明、圖版、錄文，為新出石刻資料之系統整理彙編，有特別重要的價值。

有學者指出，與現有的大量石刻資料相比，有關研究工作還顯得十分不足。首先，需要將全國現存的石刻材料進行全面完整的搜集、整理與彙編工作。

其次，有關的研究工作也需要繼續深入。目前對大多數石刻尚未做過深入細緻的研究考證。至於綜合性的研究，進行得更為不足。〔註29〕

第四節　金石文獻研究的代表著作

一、四庫著錄金石著作

四庫著錄金石著作三十六部，其中著名的有《集古錄》《金石錄》《隸釋》《隸續》《絳帖平》《金石文字記》《石經考》（顧炎武撰）、《石經考》（萬斯同撰）、《淳化秘閣法帖考正》《石經考異》。

《集古錄》十卷　宋歐陽修撰。修始採摭佚遺，積至千卷，撮其大要，各為之說。至嘉祐、治平間，修在政府，又各書其卷尾，於是文或小異，蓋隨時有所竄定也，修自書其後，題嘉祐癸卯（1063）。是書成於北宋嘉祐八年。自序云：「上自周穆王以來，下更秦漢隋、唐五代，外至四海九州，名山大澤，窮崖絕谷，荒林破冢，神仙鬼物，詭怪所傳，莫不皆有，以為《集古錄》。以謂傳寫失真，故因其石本，軸而藏之。有卷帙次第，而無時世之先後，蓋其取多而未已，故隨其所得而錄之。又以謂聚多而終必散，乃撮其大要，別為錄目。因並載夫可與史傳正其闕謬者，以傳後學，庶益於多聞。」從這段自序看，當時輯集金石拓本匯為《集古錄》（據佚名序，所集有千卷之多），又撮其大要別為《錄目》，又將可與史傳正其闕謬者（指題跋）一併記載。據其子歐陽棐記，與史傳正其闕謬者指歐陽修所撰跋尾。今存者為《集古錄跋尾》十卷四百多篇，

簡稱《集古錄》。其中金文跋二十餘篇，其他絕大部分為石刻跋尾。這是今存最早的金石學著作。

　　《金石錄》三十卷　宋趙明誠撰。是書以所藏三代彝器及漢唐以來石刻，仿歐陽修《集古錄》例編排成帙。是書成於北宋末。紹興中，其妻李清照表上於朝。自序云：「余自少小，喜從當世學士大夫訪問前代金石刻辭，以廣異聞。後得歐陽文忠公《集古錄》，讀而賢之，以為是正訛謬，有功於後學甚大。惜其常有漏略，又無歲月先後之次，思欲廣而成書，以傳學者。於是益訪求藏書，蓄凡二十年而後粗備。上自三代，下迄隋、唐五季，內自京師，達於四方，遐邦絕域，夷狄所傳，倉史以來古文奇字、大小二篆、分隸行草之書、鍾鼎簠簋尊敦甗鬲盤杅之銘，詞人墨客詩歌賦頌碑誌敘記之文章，名卿賢士之功烈治行，至於浮屠老子之說，凡古物奇器、豐碑巨刻所載，與夫殘章斷畫，磨滅而僅存者，略無遺矣。因次其先後，為二千卷。」又云：「若夫歲月、地里、官爵、世次，以金石刻考之，其牴牾十常三四。蓋史牒出於後人之手，不能無失，而刻辭當時所立，可信不疑，則又考其異同，參以他書，為《金石錄》三十卷。」又有政和七年劉跂後序，紹興二年妻李清照後序。李序云：「因憶侯在東萊靜治堂，裝卷初就，芸簽縹帶，束十卷作一帙。每日晚吏散，輒校勘二卷，題跋一卷。此二千卷，有題跋者五百二卷耳。」是書前十卷為銅器銘文及碑刻拓本目錄，依時代先後羅列，石刻各注立石年月，撰、書人名。後二十卷為題跋 502 篇。全書所收石刻一千九百餘種。歐、趙二家所集，皆墨本、目錄、題跋三者配合，後代則往往歧為三途：一錄文或彙集拓本影印，二目錄，三題跋。

《隸釋》二十七卷　宋洪适撰。正編成於乾道三年正月，續編成於當年十二月。共收漢碑碑文、碑陰等 258 種，魏晉石刻 17 種，附收漢晉銅鐵器銘及磚瓦文 20 餘種。先將隸書石刻文字用楷體寫出，異體字保留原狀。然後分別附加考釋，涉及史事、人物、形制、所在地及文字釋讀等。《隸釋》自第二十卷起附錄《水經注》《集古錄》《集古錄目》《金石錄》等書中有關漢代石刻的資料，便於考核。現存專門集錄、考釋石刻之書以此為最早，《四庫提要》稱「自有碑刻以來，推是書為最精博」。

《隸續》二十一卷　宋洪适撰。卷六、卷十三皆有關武氏祠及若干漢碑的著錄，其中卷六收武梁祠畫像較多，有伏羲女媧、祝融、神農、黃帝、顓頊、帝嚳、堯、舜、禹、桀；曾子母、閔子騫、萊子、丁蘭；出行；庖廚；吳王僚、曹沫劫齊桓公、管仲；出行，荊軻刺秦王；出行；無鹽醜女、聶政；車騎、梁高行；董永、邢渠、柏俞；義姑姊、秋胡；朱明、章孝母；宮室、衛將軍；休屠、李氏遺孤；梁節姑姊；魏湯、義漿羊公；京師節女、齊繼母；孝孫父；范且、藺相如；車騎；宴飲；賓客、車馬、射鳥。

二、晚近研究成果舉要

《金石萃編》一百六十卷　清王昶撰。書成於嘉慶十年。收周秦至宋、遼、金金石銘刻 1500 餘種，以石刻為主，銅器銅文僅十餘則，又兼及少量瓦當、泉範。全書依時代排列，每件銘刻文字都注明尺寸、出處等。自序云：「秦漢三國六朝篆隸之書多有古文別體，摹其點畫，加以訓釋。自唐以後，隸體無足

異者，仍以楷書寫定。凡額之題字，陰之題名，兩側之題識，胥詳載而不敢以遺。」又云：「至題跋見於金石諸書及文集所載，刪其繁複，悉著於編。前賢所未及，始援據故籍，益以鄙見，各為案語。」本書網羅宏富，且將金石目錄、錄文、題跋結合為一編，體例精嚴，故一向被視為清代金石學集大成者。查考石刻文字資料及相關考證成果，此係最常用之要籍。清嘉慶十年刻同治十年經訓堂重修本。該書記武梁祠畫像石出土情況及拓本舊藏情況多引自洪适《隸續》與黃易《小蓬萊閣金石文字》，而引文略有小異。

　　王昶另有《金石萃編未刻稿》三卷，收元代石刻 80 種，1918 年羅振玉影印行世。續補《金石萃編》者有孫星衍、嚴可均《平津館金石萃編》、黃本驥《金石萃編補目》三卷、方履籛《金石萃編補正》四卷、王言《金石萃編補略》二卷、陸耀遹《金石續編》二十一卷、陸增祥《八瓊寶金石補正》一百三十卷、劉承幹《希古樓金石萃編》十卷等。

　　《八瓊寶金石補正》一百三十卷　　清陸增祥撰。本書是《金石萃編》一書補充、訂正之作中較為豐富完備的一種。生前此書未得刊行，至 1925 年才由劉承幹出資刻成於天津，校刊者為王季烈、章鈺，歷時七年。章鈺序云：「其書就《萃編》原書補入後出各刻，計二千餘種。原書疏誤，則據舊本及精本訂正。體例差同，採校益慎。」《凡例》云：「第就所獲拓本，較其已錄之文，補其未錄諸刻。間於他處借錄，亦必目驗拓本，不敢據金石家書及友人錄寄之文率錄炫博。」所以本書體例之精嚴，採擇之廣博，均不在王書之下。書後所附

《金石劄記》四卷、《金石祛偽》一卷、《元金石偶存》一卷皆經心之作，並為世重。

　　《退庵所藏金石書畫跋尾》二十卷　清梁章鉅撰。章鉅字茝林，號退庵，長樂人。成書於道光二十五年（1845）。第一至五卷錄金石，六至十卷錄書法，十一至二十卷錄繪畫。總體來看，對於書法的鑒評詳於繪畫。每件作品附畫家小傳及品評，對收藏品源流所作的考證詳細審慎。

　　《小蓬萊閣金石文字》　清黃易編撰。嘉慶五年（1800）版。對所謂武梁祠畫像石的「唐拓」題跋云：「右唐拓武梁祠堂畫像凡十四，是左一石上半之二列。曾子一段，下段墨污，僅露筆劃。今拓轉勝於前，惟畫像面目剝損耳。石自宋人拓後，久埋土中，歷元、明至今始出土椎取，今拓即宋拓也。此本畫像比今拓較完，是宋以前所拓無疑。邊闌硬黃箋釋文，書體古雅，乃宋元之跡。舊藏武進唐氏。冊中只數印，無題識，冊首『漢鐫古帝王像』六楷字，不知誰書，疑明人筆。」容庚認為：「此所謂唐拓……為至正以後之明拓本無疑。」黃易於乾隆丙午秋（1786）八月查閱縣志，訪得漢碑，考定「堂乃武梁，碑為武斑」。九月親赴其地，在淤土填塞的石室內「次第剔出武梁祠堂畫像三石，久碎而為五，八分書四百餘字，『孔子見老子』畫像一石，八分書八字。掘深八九尺始見根腳，各露八分書『武氏祠』三大字，三面俱人物畫像，上層刻鳥獸，南闕有建和元年武氏石闕銘，八分書九十三字」。本書還輯有宋拓漢石經（殘字）、涼州刺史魏元丕碑、幽州刺史朱龜碑、成陽靈臺碑、小黃門譙敏碑、洛陽令王渙二石闕、圉令趙君碑、盧江太守範式碑、雙勾摹刻三公山碑等。

《金石索》十二卷　清馮雲鵬、馮雲鵷合編。上部六卷為「金索」，分為七類：鍾鼎、戈戳、量度、雜器、泉刀、璽印、鏡鑒；下部六卷為「石索」，分為二類：碑碣、瓦磚。所收器物自商周至元，又旁及外國古錢幣、日本古鏡，摹刻器物，附有考定文字，而偽作贋品亦有所竄入，繪刻器物都以木版雕治，故原作金石意味消失殆盡。

《漢武梁祠畫像錄》　容庚編著，函裝，分圖錄和考釋兩部分。開本22×33釐米。圖錄部分收有武梁祠畫像石三塊，「何饋畫像石（含柳下惠、程嬰杵臼）」一塊，前石室題字拓片84條，祥瑞圖48條，及「此金殘石」、「小石柱題字」。考釋部分有八節：一、畫像之起源；二、武梁祠畫像舊拓本之流傳；三、武梁祠原石之發見；四、武氏碑與武梁祠畫像之關係；五、石室之形制；

六、武梁祠畫像所載之故事；七、武梁祠畫像在美術上所佔之位置；八、武梁祠畫像之印行。考證精當，內容詳實。

參考文獻

1. 馬衡：《凡將齋金石叢稿》，北京：中華書局，1977 年版。
2. 朱劍心：《金石學》，北京：文物出版社，1981 年版。
3. 李零：《鑠古鑄今》，北京：生活・讀書・新知三聯書店，2007 年版。
4. 趙超：《古代石刻》，北京：文物出版社，2001 年版。
5. 程章燦：《古刻新詮》，北京：中華書局，2009 年版。

推薦書目

1. 葉昌熾：《語石》，北京：中華書局，2005 年版。
2. 郭沫若：《兩周金文辭大系圖錄考釋》，上海：上海書店出版社，1999 年版。
3. 楊樹達：《積微居金文說》，北京：科學出版社，1959 年版。
4. 于省吾：《雙劍誃吉金文選》，北京：中華書局，1998 年版。
5. 容庚：《商周彝器通考》，北京：哈佛燕京學社，1941 年版。
6. 容庚、張維持：《殷周青銅器通論》，北京：科學出版社，1958 年版。
7. 郭沫若：《殷周青銅器銘文研究》，北京：科學出版社，1961 年版。
8. 陳夢家：《西周銅器斷代》，北京：中華書局，2004 年版。
9. 張政烺：《張政烺文史論集》，北京：中華書局，2004 年版。

10. 李學勤：《中國青銅器概說》，北京：外文出版社，1995 年版。

11. 裘錫圭：《古文字論集》，北京：中華書局，1992 年版。

12. 裘錫圭：《古代文史研究新探》，南京：江蘇古籍出版社，1992 年版。

13. 馬承源：《中國青銅器》，上海：上海古籍出版社，2003 年版。

14. 張光直：《中國青銅時代》，北京：生活・讀書・新知三聯書店，1983 年版。

15. 張光直：《中國青銅時代二集》，北京：生活・讀書・新知三聯書店，1990 年版。

第三章　簡帛文獻

　　劉國鈞《中國書史簡編》（高等教育出版社 1958 年版）指出，我國最早的正式書籍是用竹片或木板做的。用竹做的叫作「簡策」，用木做的叫作「版牘」。錢存訓在金陵大學就學期間（1927～1932）曾選修劉國鈞的「中國書史」課。他在 1962 年以英文出版、後來用中日文等修訂再版的《書於竹帛：中國古代的文字記錄》一書中，與劉國鈞觀點略同。李零進而將早期的書分為三種：作為文字的「書」（包括銘刻等）、作為檔案的「書」（文書）、作為典籍的「書」（古書）。第三種「書」和第二種「書」關係很密切。第三種書可能與早期文獻中的「史官文化」，與史官典守的各類文書關係更大。比如，戰國時期年代最早的古書，如《詩》《書》《易》，就是直接選自古代的記府、樂府，來源是文書檔案（李零：《簡帛古書與學術源流》，三聯書店 2004 年版）。

　　簡帛，是對我國古代遺存下來的寫有文字的簡牘和帛書的概稱。簡牘之簡，早期指的是竹質的書寫材料，故言「書於竹者謂之簡」；牘，則專指木質的材料，故言「書於木者謂之牘」。與簡牘並行的書寫材料還有帛書，即白色的生絹。古書常合稱「書之竹帛」。在紙未被廣泛使用之前，簡帛一直是中國人書寫所用的主要材料。它上承甲骨卜辭、鍾鼎銘文，下啟紙張及印刷術的發明與運用，是中國文化的重要載體。

　　近代以來，全國各地相繼出土了大批珍貴的簡帛佚籍，這為我們研究古代文化提供了第一手詳盡的實物資料，彌補了文獻記載的不足和不正確之處。簡帛文獻的發現，對學術史的研究意義尤為巨大，使得古代學術史必須重寫。因此，簡帛研究成為了近代以來學術發展的新潮流。

第一節　簡帛文獻的考古發現

　　史籍記載我國最早發現簡牘是在漢代。《漢書·藝文志》言：「武帝末，魯恭王壞孔子宅，欲以廣其宮，而得古文《尚書》及《禮記》《論語》《孝經》凡數十篇，皆古字也。」這批簡牘文字在漢代已不流行，所以漢人稱之為「古文字」。孔子後裔孔安國知道後，對這批簡牘進行了整理、研究。晉武帝太康二年（281），「汲冢書」的出土，為古代簡牘文獻發展史上的一件大事。這批竹簡後來被官府沒收，官府集中當時著名學者如束皙、荀勗、傅瓚等進行了整理。到了宋代，也曾有古代簡牘被發現的記載。如《邵氏聞見錄》卷 27 記載，北宋崇寧初年（1102），在天都（今甘肅固原西北）挖地發現裝有「木簡札」的瓦器。令人可惜的是，由於當時人們對簡牘價值尚未充分認識，也沒有科學的方法保存，古代出土的簡牘大多數亡佚。而真正有目的地發掘和研究簡牘，則是從近代開始的。

魯壁出書

　　近代考古學的興起與發展，為簡牘學的創建奠定了基礎。1899 年，瑞典人斯文赫定在塔里木河下游古樓蘭遺址發現 120 多枚漢晉木簡，此後我國各地陸續出土了大量的簡牘帛書文獻，包括敦煌漢簡、居延漢簡、雲夢秦簡、懸泉漢簡、樓蘭簡牘殘紙文書、睡虎地秦墓竹簡、郭店楚簡、臨沂漢簡、長沙吳簡、張家山漢簡等，總數達幾十萬枚之多。縱觀一百多年來的簡牘發現，大致

可以分成兩個階段：第一階段，從 1900 年至 1970 年，主要是在我國新疆、甘肅、內蒙古等西北地方的長城沿線、邊塞烽燧遺址地區出土的兩漢時期的簡牘，內容多守邊、屯戍之行政文書。這一時期在長江流域發現的簡牘資料稀少。第二階段，從 1971 年起至今，除繼續在西北邊塞、郵驛發現的簡牘外，主要是長江流域的戰國秦漢墓葬中發現大批簡牘，內容亦大大拓展，尤以古代典籍和秦漢法律令世人矚目。就目前出土實物來看，簡牘年代起於戰國，下迄魏晉，內容非常豐富，其中有許多早已亡佚的古代書籍，尤其引人矚目。下面，我們綜合前人的研究成果，簡述近代以來幾次大的出土簡帛文獻。

一、北方出土簡帛文獻

（一）敦煌漢簡

　　敦煌漢簡，是指本世紀初以來在河西疏勒河流域漢塞烽燧遺址中陸續出土的竹、木簡牘，因最先發現於敦煌而得名。20 世紀初，英國考古學家斯坦因第二次中亞考察途中，於 1907 年，又新發現簡牘 708 枚，亦有作 704 枚、705 枚者。1913～1915 年，斯坦因第三次中亞考察時，又掘得漢簡 84 枚。同時，在安西、酒泉兩縣境內採得漢簡 105 枚。1920 年，有人在敦煌城外古陽關遺址下的古董灘上獲得簡牘 17 枚，其中一簡有東漢「元嘉二年」（152）字樣，可知這些簡牘的時代為西漢末至東漢初，後被周炳南收藏（現藏於敦煌研究院）。1944 年，前西北科學考察團歷史考古組赴河西地區進行考古調查時，夏鼐、閻文儒在敦煌西北小方盤城遺址附近掘得漢簡 49 枚，現藏臺北圖書館。上世紀 70 年代以來，敦煌地區先後出土多批簡牘。1977 年嘉峪關文物保管所在玉門花海農場採集簡牘 91 枚，部分簡牘資料被披露。1979 年，甘肅文物考古研究所在敦煌馬圈灣漢代烽燧遺址發掘簡牘 1217 枚。這是建國後在敦煌地區進行的第一次漢代烽燧遺址的科學挖掘，收穫比過去任何一次都多。1981 年，敦煌市博物館在黨河鄉酥油土漢代烽燧遺址採得簡牘 76 枚。1986～1988 年間，敦煌市博物館在後坑墩、小方盤城、小月牙湖墩、大坡墩以及甜水井漢代懸泉驛遺址等處採得簡牘 137 枚。1991 年，甘肅文物考古研究所將以上簡牘資料連同斯坦因所獲敦煌漢簡 897 枚、周炳南所獲敦煌漢簡 17 枚、西北科學考察團所獲敦煌漢簡 49 枚，共計 2480 枚，冠以《敦煌漢簡》的書名整理出版。「敦煌漢簡的發現，使後人對河西疏勒河流域的漢代邊塞風貌以及漢王朝

當年在西北邊郡艱苦經營的情形，有了真切的瞭解，從而為研究漢代敦煌、酒泉二郡的屯戍活動乃至兩漢時期的政治、經濟、軍事、中西交通和社會歷史，提供了一批珍貴的新史料，具有重要的學術意義。」〔註1〕

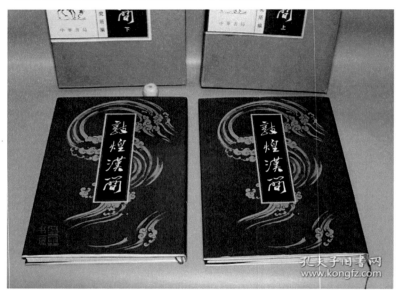

（二）居延漢簡

居延漢簡的出土地，在今甘肅額濟納旗居延地區。簡牘雖然稱之為「居延漢簡」，但就其出土來說，一半屬於張掖郡居延都尉，一半屬於張掖郡肩水都尉。陳夢家主張稱之為「張掖漢簡」〔註2〕。這裡我們仍以習慣稱之為「居延漢簡」。

1930～1931 年，中國與瑞典西北科學考察團在今額濟納河流域的漢代邊塞遺址中採集到 10200 枚漢簡。內容涉及西北邊塞地區的行政、邊防、郵驛、屯田及戍卒的日常工作和生活等許多方面。1972～1976 年，甘肅居延考古隊又在額濟納河流域，對破城子甲渠候官、甲渠塞第四燧和肩水金關遺址進行發掘，新獲漢代木簡 2 萬多枚，絕大部分是木簡，內容非常廣泛，它記錄了居延地區的屯戍活動，從而保存了一批從西漢中期到東漢初年的官方文獻資料。現存於甘肅省博物館。

〔註 1〕吳礽驤、李永良、馬建華釋校：《敦煌漢簡釋文》，甘肅人民出版社 1991 年版，《前言》第 3～4 頁。
〔註 2〕陳夢家：《漢簡綴述》，中華書局 1980 年版，第 1 頁。

（三）武威漢簡

　　1957 年 7 月至 1959 年 11 月間，甘肅省博物館在武威縣先後清理了 37 座漢代古墓，在磨咀子六號墓發現了 469 儀禮木簡以及 7 枚日忌木簡。

（四）銀雀山漢墓竹簡

　　1972 年 4 月，山東臨沂銀雀山發掘了兩座漢墓，分別編為 1 號和 2 號，這是兩座西漢前期的墓葬。其中 1 號墓出土了大批竹簡，共計 4952 枚，簡文的字體屬於早期隸書，估計是漢文帝至漢武帝初期這段時間內抄寫成的。銀雀山 1 號墓所出竹簡大部分為先秦古兵書，有《孫子兵法》（或稱為《吳孫子》）、《孫臏兵法》（或稱《齊孫子》）、《尉繚子》《晏子》《六韜》等較為完整的古籍，另有《墨子》《管子》等書的部分內容。2 號墓出土了 32 支竹簡，係西漢武帝時期我國最早最完整的古代曆譜——《元光元年曆譜》。這些竹簡的出土，對有關古籍的校刊、輯佚和辨偽等工作有重要意義。文物出版社於 1985 年出版

的《銀雀山漢墓竹簡》第一輯、吳九龍編的《銀雀山漢墓竹簡釋文》可供參考。

（五）尹灣漢墓簡牘

1993 年春，江蘇連雲港市東海縣溫泉鎮尹灣村發掘的西漢後期墓葬中，出土了一批竹簡，共計 17 種，大致包括：《集簿》《東海郡屬縣鄉吏員定簿》《東海郡吏員除名升遷簿》《東海郡吏員考績簿》《永始四年武庫兵車器集簿》《神龜占卜法》《元延元年、三年曆譜》《元延三年日書》《衣物疏》《賵贈名簿》《神烏傅（賦）》等，這是我國迄今發現最早的一批郡級行政文書檔案，為研究漢代上計制度、行政建置、吏員設置、官吏遷除、國家鹽鐵生產、國家兵器製造與貯存以及戶口、墾田等等，均提供了珍貴的第一手資料，可以用來補充訂正《漢書》《後漢書》等史籍記載的缺漏和訛誤，並據以判定前人有關研究的是非，具有重要的史料價值。

二、南方出土簡帛文獻

（一）長沙楚帛書與楚簡

　　長沙簡帛主要有四部分：長沙子彈庫楚帛書、五里牌楚簡、仰天湖楚簡、楊家灣楚簡。

　　1942 年 9 月，湖南長沙子彈庫出土了楚帛書，其中有一幅完整的帛書，是迄今見到的惟一的戰國古文帛書，計九百餘字。1944 年，蔡季襄發表《晚周繒書考證》，引起學界廣泛興趣。經專家研究，楚帛書可能是戰國時代數術性質的佚書，對探索古代歷史文化，特別是戰國文字，有很高價值。〔註3〕1951年，在湖南省長沙市近郊五里牌 406 號古墓中出土 37 枚戰國竹簡，內容為遣策。〔註4〕1953 年 7 月，湖南省長沙市南門仰天湖 25 號戰國漢墓出土竹簡 43枚，內容為遣策。〔註5〕1954 年，湖南省長沙市楊家灣 M006 號戰國墓出土竹簡 72 枚。〔註6〕上述楚簡的出土，相信楚文化的研究將開一新局面。

（二）馬王堆漢墓簡牘與帛書

　　1972 年，湖南省文物考古隊在長沙馬王堆 1 號漢墓發掘出竹簡 312 枚，

〔註 3〕詳見李零：《長沙子彈庫戰國楚帛書研究》，中華書局 1985 年版；饒宗頤、曾憲通：《楚帛書》，香港中華書局 1985 年版。

〔註 4〕詳見中國科學院考古研究所：《長沙發掘報告》，科學出版社 1957 年版。

〔註 5〕詳見《湖南省文管會清理長沙仰天湖木槨楚墓發現大量竹簡彩繪木桶等珍貴文物》，《文物參考資料》1953 年第 12 期；《長沙仰天湖第 25 號木槨墓》，《考古學報》1957 年第 2 期。

〔註 6〕詳見《長沙楊家灣 M006 號墓清理報告》，《文物參考資料》1954 年第 12 期；《長沙出土的三座大型木槨墓》，《考古學報》1957 年第 1 期。

3 號漢墓發掘出竹簡 402 枚（內含 3 枚殘簡）及 6 枚木牘，內容為記載隨葬物品的遣策。這是一批比較珍貴的文獻材料。遣策是在喪葬活動中專門記載有關喪葬事務的，為我們提供了漢代器物方面的多種資料，對於我們瞭解漢代的名物制度、生活習俗及喪葬禮俗等有十分重要的意義。此外，3 號漢墓中還有 200 枚竹簡，內容為醫書，有《十問》《合陰陽》《雜禁方》《天下至道談》。這些醫書為醫學研究提供了重要資料。

　　1973 年 12 月，長沙馬王堆 3 號漢墓出土了 28 件帛書，內容涉及古代思想、歷史、軍事、天文、地理、醫學等方面，共約 12 萬多字，包括近 50 種古籍。其中六藝類有《二三子問》《繫辭》《易之義》《要》《繆和》《昭力》《春秋事語》《戰國縱橫家書》《喪服圖》等 10 種，其中前六種是關於《周易》的材料。諸子類有《老子》甲乙本、《五行》篇、《九主》篇、《明君》篇、《德聖》篇、《經法》《經》《稱》《道原》等 10 種。兵書類有《刑德》甲乙丙三種。術數類有《五星占》《天文氣象雜占》《陰陽五行》甲乙篇、《出行占》《木人占》《相馬經》《「太一將行」圖》等 8 種，其中《五星占》是世界上現存最早的天文學著作。方技類有《足臂十一脈灸經》《陰陽十一脈灸經》甲乙本、《脈法》《陰陽脈死候》《五十二病方》《胎產書》《養生方》《雜療方》等 15 種。這些珍貴帛書，涉及戰國至西漢初期政治、軍事、思想、文化以及科學等各個方面，在文字學、訓詁學、音韻學等方面，也提供了豐富的研究資料，有著重要的學術價值。其中，《戰國縱橫家書》被學者認為是今本《戰國策》的原型。目前，這批帛書尚未全部公布，還有木簡 600 餘枚，其中 220 枚為醫書簡，一卷講養生，內容與《黃帝內經》相似，另一卷講房中術。

（三）睡虎地秦墓竹簡

對於秦代法律制度，以前所知甚少。自從 1975 年 12 月以來，考古工作者在湖北雲夢睡虎地發現大批秦簡後，就為研究秦代法制制度提供了豐富的資料。雲夢秦簡所載主要是墓主生前根據工作需要抄錄的戰果末期及秦始皇統一中國以後的法律令文書。秦簡共 1100 多字，其所載內容並非秦律的全部。根據睡虎地秦墓竹簡整理小組編的《睡虎地秦墓竹簡》〔註 7〕可知，竹簡中的法律文書分為以下四大類：其一，《秦律十八種》，是比較完整的律文。包括《田律》《廄苑律》《倉律》《金布律》《關市》《工律》《工人程》《均工律》《傜律》《司空律》《軍爵律》《置吏律》《效律》《傳食律》《行書律》《內史雜律》《尉雜律》《屬邦律》等，其內容相當廣泛。《田律》《廄苑律》是關於農田水利、山林保護、牛馬飼養方面的法律。《倉律》《金布律》對國家糧食的儲存保管和發放、貨幣流通、市場交易等作了規定。《傜律》《司空律》是關於傜役徵發、工程興建、刑徒監管的法律。其他《置吏律》《軍爵律》《效》和《內史雜》等是關於官吏任免、軍爵賞賜以及官吏職務方面的法律。《行書律》《傳食律》是有關郵送公文及郵傳中各種人供食的規定。總之，從傜役到交換、從經濟到政治等多方面的制度，在《秦律十八種》中均有反映。這些內容說明，秦封建地主階級為了維護自己的政治統治和經濟剝削，在極為廣泛的領域具體地使用刑罰手段對勞動人民實行壓榨。其二，《秦律雜抄》，是對律文的摘錄。存在的律名計有《除吏律》《遊士律》《除弟子律》《中老律》《藏律》《公交車司馬獵律》《牛羊課》《傅律》《敦表律》《捕盜律》《戍律》等十一種。《秦律雜抄》中許多律文與軍事有關，其中關於軍官任免、軍隊訓練、戰場紀律、戰勤供應以及戰後賞罰獎懲的法律條文，是研究秦兵制的重要材料。其三，《法律答問》，內容共一百八十七條，多採用問答形式，對秦律某些條文、術語以及律文的意圖作出明確解釋。其四，《封診式》，是關於審判原則、訴訟程序和案例等法律文書，它從一個側面具體地反映了秦代法律的階級實質。由此可知，秦律雖然尚沒有漢代的律、令、科、比和唐朝的律、令、格、式等繁多細緻的名稱，但已經具備了初步的雛形，為我國法律制度的豐富與全面奠定了很好的基礎。

〔註 7〕睡虎地秦墓竹簡整理小組編：《睡虎地秦墓竹簡》，文物出版社 1990 年版。

（四）張家山漢墓竹簡

　　1983 年底至 1984 年初，湖北江陵張家山 247 號墓出土竹簡 2787 餘支，內容包括《二年律令》《奏讞書》《蓋廬》《脈書》《引書》《算數書》《日書》、曆譜及遣冊等，內涵十分豐富，涉及西漢早期的律令、司法訴訟、醫學、導引、數學、軍事理論等方面的內容，對於研究西漢社會狀況和科學技術的發達具有重要的價值。其中《脈書》《引書》，有助於我們瞭解認識中醫古籍的源流。《二年律令》的發現，「不僅使秦漢法律的對比研究成為可能，而且對於系統研究漢、唐法律的關係及其對中國古代法律的影響也有重大的參考意義。」〔註8〕《奏讞書》，則是秦漢司法制度的直接記錄，從中可以瞭解秦漢律的實施情況。《算數書》，則是我國最早的數學著作，比較集中地反映了戰國晚期至西漢早期的數學發展水平。

〔註8〕沈頌金：《二十世紀簡帛學研究》，學苑出版社 2003 年版，第 616 頁。

（五）包山楚簡

1987 年 1 月，在距戰國楚都十六公里的包山楚墓，發現了 448 枚竹簡、1 枚竹牘。有字簡 278 枚，共 12472 字，按內容分為司法文獻、卜筮祭禱記錄、遣策三大類。

（六）郭店楚墓竹書

1993 年冬，湖北荊門郭店 1 號楚墓（屬戰國晚期），出土了 804 支竹簡，有字簡共 730 支，總字數約 13000 字。內容都是典籍，屬於道家作品的有兩種 4 篇，《老子》分甲、乙、丙三組，這是迄今為止所見年代最早的《老子》傳抄本。《太一生水》是一篇佚文，是對《老子》的解說引申，主要論述太一與天、地、四時、陰陽的關係。屬於儒家作品的有 11 種 14 篇，分別是《緇衣》《五行》《魯穆公問子思》《窮達以時》《性自命出》《成之聞之》《尊德義》《六德》《唐虞之道》《忠信之道》及《語叢》4 篇。此外竹簡還有《語絲》四組，雜抄百家之說，大約是教學用書，與漢初賈誼《新書》的《連語》《修政語》《禮容語》等相似。這批簡牘，對於研究先秦時期的學術發展脈絡，有重大學術價值。

（七）上博館藏楚竹書

上海博物館藏楚竹書，是近百年來所發現的戰國簡牘中數量最大、內容極為豐富的文物史料。約在 1993 至 1994 年間，在香港古玩市場出現了大批楚簡，上海博物館出鉅資購回，約 1200 支左右，字數在 35000 字左右。經中國科學院上海原子核研究所高精度測試，竹簡年代屬戰國後期，被學術界公認為國之重寶，具有震撼性的考古發現。這批竹簡總八十餘種，包括《易經》《孔子詩論》《情性論》《緇衣》《子羔》《孔子閒居》《彭祖》《樂禮》《曾子》《武王踐阼》《子路》《四帝二王》《顏淵》《樂書》《卜書》等古籍。其中《孔子詩論》記載了不見於世傳的孔子言論，還有一些不見於《詩經》的古詩。這些竹書全部是秦始皇焚書坑儒之前原始的戰國古籍，內容涉及歷史、哲學、宗教、文學、音樂、語言文字、軍事等，是極為珍貴的佚書，其文獻價值極高，是各個文化研究領域不可或缺的資料。

以上所舉的十二種簡帛文獻，僅為出土實物中的代表。自 20 世紀以來，幾乎每個時期都有重要收穫，出土的竹簡、木牘多得驚人。以楚簡為例，1949 年至文革前，先後在長沙五里牌、仰天湖和楊家灣，河南信陽長臺關，湖北江陵望山等地出土了七批 800 多枚戰國竹簡。自 1973 年到 1993 年，先後在湖北江陵藤店、天星觀、九店、雨臺山、秦家嘴，隨縣曾侯乙墓，荊門包山、郭店；湖南常德、臨澧、慈利；河南新蔡等地發掘了 12 批 5000 多枚竹簡、木牘。以秦代簡帛為例，解放前沒有發現過。從 1975 年至 1993 年，先後在湖北雲夢睡虎地和龍崗、沙市關沮、江陵楊家山和王家臺；甘肅天水放馬灘；四川青川等地的七座秦墓中發掘出 3200 多枚竹簡、木牘。以漢簡為例，從 1959 年至 2000 年先後在甘肅武威磨咀子、旱灘坡，青海大通上孫家寨，甘肅敦煌懸

泉，河北定縣八角廊，湖北江陵鳳凰山，安徽阜陽雙古堆，江蘇東海九尹灣、湖南沅陵虎溪山及湖北隨州孔家坡等地發掘出十萬多枚竹簡、木牘，內容涵蓋了兩漢社會生活的各個方面。此外，1996 年在湖南長沙走馬樓發現了總數達 10 萬枚以上的三國東吳禾嘉紀年簡牘。新世紀伊始，簡帛考古又有重大收穫。2002 年 4 月中旬，湖南省文物考古研究所對龍山縣里耶鎮沿河大堤涉及的里耶戰國秦漢古城進行搶救性的考古發掘，結果一次出土秦簡 2000 餘枚，總字數達 20 萬字。內容多為官署檔案，涉及當時社會的政治、經濟、文化的各個層面，有通郵、軍備、算術、記事、行政設置、民族等。在正史中，對秦行政制度的記載寥寥數語，社會生活的記錄不足千字。這批正在整理中的秦簡無疑將填補《史記》《漢書》中有關秦朝歷史的大片空白，為秦漢學術史研究增添了大量鮮活的材料。

第二節　簡帛文獻的整理與研究

大多數簡帛實物長期埋存地下，出土時重疊、黏連，有的腐蝕、朽爛，甚至簡牘斷折、碎裂；有的簡文模糊，根本難以識別上面的文字符號。對於這些簡帛文獻，我們一方面須用科學方法保護，不致使繼續朽爛，另一方面，我們要盡力恢復簡牘的原文，使殘段的得以綴合，編繩散亂的使之復原，並努力識別簡上的文字符號。這一系列的工作，就是對簡帛文獻的整理。

重視出土文獻，並把出土文獻與傳世文獻結合起來進行研究，是我國學術史上早就形成的一種優良傳統。從西漢時期「孔壁中書」的發現與研究，到西晉時期「汲冢書」的整理與編校，到 19 世紀末 20 世紀初殷墟甲骨文的發掘與考證，再到 20 世紀末荊門郭店楚簡的出土與詮釋，直到目前尚在清理中的多達二萬枚的湖南龍山秦簡及上千枚的湖北棗陽九連墩戰國楚簡，一直有不畏艱辛的學者以極大的熱情投身其中，並通過不懈的努力從而在學術上取得優秀的成就。二十世紀初，開一代學術研究風氣之先的羅振玉、王國維、郭沫若、聞一多等著名學者對出土文獻特別重視，並據此獲得重大的成果。此後，于省吾、姜亮夫、陳子展、湯炳正、陳直、孫作雲等專家把考古發現的新材料料運用到先秦兩漢文學研究中，取得了令人矚目的成績。直到現在，以饒宗頤、李學勤、裘錫圭、李零、李家浩、陳偉為代表的專家在簡帛的整理與考釋上也取得了突破性的成就。

武漢大學資深教授陳偉先生認為，與一般紙本古籍相比，簡牘文獻的整理具有自身的特徵或規律。這主要體現在以下四個方面：

第一，簡牘圖像的獲取、刊布極其重要。傳世典籍的整理通常是以已刊本作為工作的起點。簡牘整理則把盡可能獲取最清晰圖像並予以刊布作為基本任務。這是因為簡牘文獻屬於特殊形態的寫本，除釋文在文字層面準確與否以外，版式、留白、標識等特定表達也難以用文字一一轉述。簡牘上字跡或欠清晰，同時採用常規照片與紅外影像幾乎成為目前的標準配置。近年發現背面劃痕可能與編連關聯，背面即使未經書寫，也往往拍照、刊載。

第二，文本整理的環節更多、難度更大。傳世典籍的整理，主要是校勘、標點和注釋。簡牘文獻出自古人手筆，卷冊中的編繩大都朽敗無存，有的簡牘破碎嚴重，需要先通過文字辨識、簡牘碎片綴合、簡牘個體在卷冊中的次序重建，將文本恢復到書寫當初的面貌，然後才能進入紙本古籍整理的類似流程。

第三，工作過程曲折複雜。傳世典籍雖然已經過千百年持續的整理和研究，不免仍有這樣那樣的問題。簡牘文獻出土未久，文字、文本又往往充滿疑義，更不可能通過一兩次整理就達成文本復原的目標。需要在初始整理之後，再經過多次推敲修訂，才能逐漸臻於完備，達至善本。

第四，時間要求更為緊迫。簡牘出土後，容易變形、糟朽，是天然的「瀕危古籍」，需要及時處理。已出土簡牘未能整理妥當，新的資料又在不斷湧現，業界整體的工作壓力有增無減。〔註9〕

陳先生所言真是經驗之談，值得認真對待。

一、國內簡帛學的主要成果

（一）流沙墜簡

羅振玉、王國維合撰《流沙墜簡》。「流沙」指發現古簡的羅布泊、敦煌、居延海等地，「墜簡」的「墜」有遺失、散落的意思。《流沙墜簡》根據法國漢學家沙畹著作中的照片收錄英國考古學家斯坦因在中國敦煌等地盜掘的簡牘

〔註9〕陳偉：《自覺推進簡牘文獻整理工作》，《中國社會科學報》2022 年 7 月 1 日第2439 期。

及少量紙片、帛書等，共計 588 枚（件），按簡牘的內容和性質分為三大類：第一大類是小學術數方技書，涉及《蒼頡》《急就》《力牧》《曆譜》《算術》《陰陽》《占術》《相馬經》《獸醫方》等多種典籍；第二大類是屯戍文獻，按內容分為簿書、烽燧、戍役、廩給、器物、雜事等六項；第三類是簡牘遺文，彙集各式書信。第一、三類由羅振玉完成，第二類由王國維完成。賀昌群有《〈流沙墜簡〉補正》。

（二）居延漢簡

居延漢簡是內涵極其豐富的一批簡牘材料。對它的整理與分類過程也很漫長。1931 年運到北京後，先後由傅振倫、傅明德等人整理。同時，賀昌群完成了《居延漢簡釋文稿本》，馬衡完成了《居延漢簡釋文稿冊》《居延漢簡釋文箋》等著作。後來的整理工作主要由勞榦完成。1943 年，他根據手上的圖版底片，出版了《居延漢簡考釋·釋文之部》，共四冊；1944 年，又出版了《居延漢簡考釋·考證之部》，共二冊；1957 年，他在臺北繼續出版了《居延漢簡》，發表了圖版部分。1960 年，勞榦又出版了《居延漢簡考釋》修訂版。勞榦發表的資料，只是按照圖版順序編號，共計 10158 號。編排上採用了按照簡牘性質分類的方法。他歸納的類型大致有七種：簡牘之制、公文形式與一般制度、有關史實文件舉例、有關四郡問題、邊塞制度、邊郡生活。這種分類還比較粗略，有些分類標準也不是很準確。

　　1959 年，中國科學院考古研究所在陳夢家的主持下，依照馬衡保存的 148
版圖版，共 2500 多枚簡牘，整理出版了《居延漢簡甲編》一書。《甲編》所收
其中一部分簡牘，是勞榦的《考釋》所沒有的。以後，陳夢家又進行了一系列
的有關漢簡的研究，其研究成果集中反映在《漢簡綴述》一書中。如《實物所
見漢代簡冊制度》從材料、長度、刮治、編聯、繕寫、容字、題記、削改、收
捲、錯簡、標號、文字等方面探討，澄清了文獻學史上的很多問題。陳槃、陳
直、陳邦懷、于豪亮、裘錫圭等人都有考釋成果問世，陳槃在《漢晉遺簡偶述》
等一系列關於漢簡的文章亦有研究。陳直撰《居延漢簡研究》，其中的《居延
漢簡綜論》和《居延漢簡解要》對 1936 年出土的居延漢簡做了綜理。于豪亮
發表《居延漢簡釋叢》《居延漢簡叢釋》《〈居延漢簡甲編〉補釋》，裘錫圭發表
《漢簡零拾》《〈居延漢簡甲乙編〉釋文商榷（1～5）》等文。謝桂華、李均明、
朱國炤在前賢研究成果的基礎上重新考訂、編校，撰有《居延漢簡釋文合校》
〔註 10〕一書。甘肅省文物考古研究所等編有《居延新簡：甲第候官》〔註 11〕一
書。近年來，內蒙古自治區文物考古研究所多次到居延遺址考察，先後發掘、
採集了各類簡牘數百片，編為《額濟納漢簡》〔註 12〕。由初師賓主編，集合眾
多研究者編撰的《中國簡牘集成》（敦煌文藝出版社 2001 年標注本），其中第
5 至 12 冊為居延漢簡部分。這套書對出土並公布的兩批居延漢簡做了全面整
理工作，也包括對部分語詞的解釋。

〔註 10〕謝桂華、李均明、朱國炤：《居延漢簡釋文合校》，文物出版社 1987 年版。
〔註 11〕甘肅省文物考古研究所等編：《居延新簡：甲第候官》，中華書局 1994 年版。
〔註 12〕魏堅主編，內蒙古自治區文物考古研究所等聯合整理：《額濟納漢簡》，廣西師
　　　　範大學出版社 2005 年版。

（三）戰國楚簡

商承祚編纂《戰國楚竹簡彙編》。考古工作者先後在湖南長沙、河南信陽、湖北江陵等到地區出土了七批戰國竹簡，共 800 餘枚，4000 餘字，為研究楚文化提供了極為豐富的資料。這批資料由商承祚纂輯成《戰國楚竹簡彙編》一書。書中的圖版和摹本均為原大，收齊了綴合後的全部 500 餘枚竹簡；考釋部分則是對簡文的隸定和初步研究，涉及竹簡的時代、竹簡的形制及編組、竹簡的內容及竹簡的文字。齊魯書社 1995 年出版，2000 年重版。

（四）武威漢簡

1960 年，甘肅省博物館在中國科學院考古研究所的協助下，對武威漢簡（包括 6 號墓出土的 480 簡，18 號墓出土的王杖十簡，以及 4 號、15 號、22 號、23 號墓出土的樞銘四條）進行了整理和研究，撰寫敘論、釋文和校記三篇，中國科學院考古研究所、甘肅省博物館編為武威漢簡一書，作為《考古學專刊乙種第十二號》（文物出版社 1964 年版）。文物出版社 1975 年出版《武威漢代醫簡》。沈文倬先生對武威漢簡作了大量的研究。張煥君、刁小龍合著《武威漢簡儀禮整理與研究》（武漢大學出版社 2009 年版）。

（五）張家山漢墓竹書

張家山漢墓竹簡整理小組已將簡文整理出版〔註 13〕。該整理小組在《江陵張家山漢簡概述》（《文物》1985 年第 1 期）一文中詳細介紹了簡的情況和意義輪廓，尤其對有關漢律的《二年律令》和《奏讞書》做了說明，簡要介紹了《蓋廬》《脈書》《引書》《算數書》《日書》、曆譜、遣冊等簡的內容，並猜測墓主可能是專精法律的學者，但他的藏書除法律外，還有醫書、兵陰陽、數學等書籍及算籌，說明他是一個多才多藝之人。連劭名在《江陵張家山漢簡〈脈書〉校釋》（《文物》1989 年第 7 期）對《脈書》做了介紹，並對釋文進行校正〔註 14〕。高大倫先後著有《張家山漢簡〈脈書〉校釋》（成都出版社 1992 年版）和《張家山漢簡〈引書〉研究》（巴蜀書社 1995 年版）二書，系統闡述了張家山醫簡的價值和意義。彭浩對《奏讞書》中各案例的年代和文書格式作了說明，闡述了秦的乞鞫制度，西漢訴訟制度、錄囚制度、審訊程序等，並分析、梳理了秦代司法實踐

〔註13〕張家山二四七號漢墓竹簡整理小組：《張家山漢墓竹簡（二四七號墓）》，文物出版社 2006 年版。

〔註14〕連劭名：《江陵張家山漢簡〈脈書〉校釋》，《文物》1989 年第 7 期。

和西漢法律的實際執行情況〔註15〕。彭浩認定《算數書》實際成書年代公元前2世紀或更早一些時間；從《算數書》所記載對土地和租稅的管理、對倉儲的管理及對勞役和工程維修的管理三個方面，闡述了秦漢縣級政府的管理職責；認為《算數書》奠定了中國古代數學發展的基礎，系統總結了秦和秦以前的數學成就，對另一部數學巨著《九章算術》的產生有著直接的影響〔註16〕。他還著有《張家山漢簡〈算數書〉注釋》（科學出版社2001年版），對《算數書》作了詳細注釋與精深的研究。鄒大海通過分析《算數書》的體例和結構，對照《算數書》與《九章算術》，並結合其他文獻和社會背景進行考察，認為《算數書》不是一本精心編撰的數學專著，其性質屬於一部摭編問題、方法、標準等，至少有兩個來源的文集；它與《九章算術》沒有直接的文本影響關係，它們在方法和文本方面有相同之處，但也有相異的地方，在先秦可以追溯到共同的來源〔註17〕。

（六）尹灣漢墓簡牘

中華書局1997年出版了《尹灣漢墓簡牘》一書。1998年8月底，連雲港市舉辦了「東海尹灣漢墓簡牘學術研討會」，與會的40餘名專家學者從不同角度，分別就尹灣簡牘的釋文、尹灣簡牘對於校訂補正史籍的價值、尹灣漢簡所反映的西漢時期的武備建設、東海郡的建置沿革、西漢政治制度史等問題進行了認真而熱烈的討論，內容涉及到簡牘文義的理解、漢代的行政建置、上計制度、地方官吏仕進途徑、軍事武備、地理沿革、姓氏地名、數術等諸多方面，

〔註15〕彭浩：《談〈奏讞書〉中的西漢案例》，《文物》1993年第8期；《談〈奏讞書〉中秦代和東周時期的案例》，《文物》1995年第3期。
〔註16〕彭浩：《中國最早的數學著作〈算數書〉》，《文物》2000年第9期。
〔註17〕鄒大海：《出土〈算數書〉初探》，《自然科學史研究》2001年第20卷第3期。

都取得了一批研究成果。下面就尹灣漢墓簡牘的研究現狀做一簡要概述。卜憲群在《尹灣簡牘與漢史研究》（《光明日報》1999 年 4 月 2 日）一文中，總結了尹灣簡牘在漢史研究領域的六點價值：（一）揭開上計文書之謎；（二）為研究漢代地方吏員設置和漢代地方長吏升遷制度提供了活的範例；（三）為探討漢代武庫制度提供了突破口；（四）補正《漢書・地理志》之誤；（五）填補了漢賦乃至古典文學史上的一個空白；（六）為術數研究增添了新資料。此外，簡牘對書法史、檔案史、社會史、人口史等多學科也具有重要價值。

（七）楚地出土戰國簡冊研究

繼裘錫圭等整理了《郭店楚墓竹簡》（文物出版社 1998 年版）、李零等整理上海博物館藏楚簡之後，陳偉教授主持了重大攻關項目「楚簡綜合整理與研究」，近期推出了「楚地出土戰國簡冊研究」叢書，包括下列十種著作：

1.《新出楚簡研讀》，陳偉著。

2.《郭店楚竹書〈老子〉研究》，丁四新著。

3.《戰國楚竹書〈周易〉研究》，陳仁仁著。

4.《楚簡與先秦詩學研究》，曹建國著。

5.《上博館藏楚竹書〈緇衣〉研究》，虞萬里著。

6.《新蔡葛陵楚簡初探》，宋華強著。

7.《楚簡所見方術綜考》，晏昌貴著。

8.《戰國楚簡地名輯證》，吳良寶著。

9.《楚簡文字研究》，蕭毅著。

10.《戰國楚簡語法研究》，李明曉著。

　　內容既有某個領域的研究，如數術、地理、語言、文字與詩學，也有針對某種、某類簡冊的討論，如《周易》《老子》《緇衣》等。如蕭毅的《楚簡文字研究》一書主要研究應用型楚簡文字，重點在構形規律和地域標誌，材料豐富，功底紮實，實事求是，信而有徵。總之，這套叢書代表了目前簡帛研究的最新水平。

　　綜上所述，就其整理和研究的現狀來說，數量最大的是漢唐以來河西和西域發現的有關屯戍的文書檔案。20 世紀末又在內地的遺址和墓中發現秦漢至三國吳時期的官府文書檔案，數量之大出乎意料。然而就學術成果而言，卻遠遠不如所發現之古籍的整理研究。造成這種不平衡的學術研究狀況是有其歷史根源的，即古代簡帛古籍的發現多集中在經部和子部上，數量有限，而傳統古籍整理有雄厚基礎，在這兩項具有優勢的條件下，對新發現的簡帛古籍的整理研究在學術界能夠比較容易地取得成果。相反，官方邊疆屯戍和地方行政的文書檔案，從數量上遠遠超過古籍寫本的發現，整理和研究的速度也大大落後於古籍寫本的研究。這是目前客觀的實際情況。

二、海外簡帛文獻研究概況

　　簡帛的發現在中國，但簡帛的研究已屬於世界，特別是日本學者對簡帛研究做了大量工作〔註18〕。近年來，海外漢學界對中國出土簡帛的研究已漸與國內同步。綜觀海外學者的簡帛研究，大致在以下幾個方面。

〔註18〕趙超：《簡牘帛書發現與研究》，福建人民出版社 2005 年版，第 161～173 頁。

　　第一，郭店楚墓竹簡研究。郭店楚簡自 1993 年出土，目前已全部發表。竹簡發表當月，即在美國舉行了郭店《老子》國際學術研討會，使海內外學者看到了郭店竹簡的重要學術價值。此後，在海外研究基金的資助下每年都有以郭店楚墓竹簡為主題的大型國際學術會議召開，美國重要的學術出版機構一年之內相繼推出兩部郭店竹簡的研究專著，《中國哲學》的郭店楚簡研究專號再版重印，這一系列活動已經確立了中國簡帛學在古代中國研究領域的熱點地位。艾蘭與魏克彬編著的《郭店老子》已由美國古代中國學會出版。韓祿伯的郭店《老子》校箋已由哥倫比亞大學出版社出版，是目前西方郭店《老子》譯注最重要的成果。艾蘭著《世襲與禪讓》，研究堯、舜傳說，對《唐虞之道》學派的屬性有獨到的認識。杜維明強調郭店竹簡對於先秦學派橫向研究的意義，並積極關注其與子思、子遊學派的關係。

　　第二，馬王堆漢墓簡帛研究。1973 年馬王堆 3 號漢墓簡帛的出土後，海外學者就對中國出土簡帛表現了極大熱情，美國白蘭汀公司聘請韓祿伯主編《古代中國經典》叢書，將馬王堆、銀雀山等地所出的簡帛經典譯注出版。韓祿伯在美、英、法、德、中國大陸與臺灣等多種重要學術刊物發表帛書《老子》的研究論文十餘篇，他譯注的帛書《老子》，自 1989 至 1993 年間在歐美連出 7 種版本。劉殿爵譯注的帛書《老子》顯示出深厚的國學修養，所論《老子》有可與晚後出土的郭店楚簡《老子》對看之處。鮑則岳對帛書《老子》的文獻學研究，及其與想爾注本、王弼本與河上公本的比較分析，亦多卓見。池田知久、島邦男等也多帛書《老子》研究成果。帛書《周易》已由夏含夷譯成英文、多米妮·赫澤譯成德文。後者的工作更為細緻，並出版有研究專著。池田知久重點研究了帛書《周易》的《要》篇，近藤浩之則完成了全面紮實的資料工作，並在帛書《易傳》「龍」的問題上有所突破。此外，日本學者並對帛書《戰國縱橫家書》與《春秋事語》作有研究，如工藤元男、吉本道雅等。布蘭夫·烏米科也完成了《戰國縱橫家書》的博士論文。

　　第三，帛書黃帝書研究。帛書黃帝書是在馬王堆帛書《老子》乙本卷前附抄的一組經典，通常被認為具有黃老思想傾向。葉山的《古佚書五種：漢代的道、黃老與陰陽》則認為它們是陰陽家的作品。淺野裕一的黃老道研究與今枝二郎、內山俊彥等家之說，都是日本學者的相關成果。帛書《老子》甲本卷後附抄佚書的研究，以池田知久的《馬王堆漢墓帛書五行篇研究》最為重要。

第四，走馬樓吳簡研究。走馬樓吳簡公布後，日本學術界由明治大學、京都外國語大學、早稻田大學、東京大學等六所著名大學於 1999 年聯合成立了「長沙吳簡研究會」，定期開展活動，內容包括對吏民田家莂木簡、賦稅類竹簡、名籍類簡牘和官文書簡進行研討，展開對走馬樓吳簡的研究。2001年 7 月，「長沙吳簡研究會」出版了研究報告第一集《嘉禾吏民田家莂研究》，收入關尾史郎《試論吏民田家莂的性格及其功能》及《關於長沙吳簡中所見「丘」的諸問題》、阿部幸信《長沙走馬樓吳簡所見田地種類初探》、小鳩茂稔《試論「丘」》、安部聰一郎《嘉禾 4 年、5 年吏民田家莂中所見的倉吏和丘》、森本淳《嘉禾吏民田家莂所見同姓同名的考察》、滿田剛《長沙走馬樓吏民田家莂所見的姓》、伊藤敏雄《長沙走馬樓簡牘調查見聞記》等八篇論文，並有窪添慶文所寫的序言和伊藤敏雄編的附錄《長沙走馬樓簡牘關係文獻紀事一覽》，最後是長沙吳簡研究會活動記錄。在長沙三國吳簡暨百年來簡帛發現與研究國際學術研討會上，伊藤敏雄提交了論文《關於長沙走馬樓吳簡中的司法關係文書》，對編號為 J22-2540 木牘關於錄事掾潘琬在督郵的命令下複審許迪侵吞經營官方餘鹽所得穀物案件的報告書與所記為相同案件的文書，作為同一事件的史料進行分析研究，同時對公文書的傳達過程、司法案件的審理、覆核等具體情況作了研究考察，澄清了一些錯誤的認識。

趙超經過研究後發現：「歐美學者與日本學者研究簡牘的側重點有些不盡一致。日本學者更關注有關漢代政治、法律、經濟、軍事等方面的簡牘材料，其研究也多偏重於此。而歐美學者則對此簡牘中有關古代思想、風俗、宗教等方面的材料感興趣。」〔註 19〕

第三節　簡帛文獻與古代學術

出土簡帛古籍有很多都是價值極高的佚書，有些還是某一門類著作中迄今為止所能見到的最早的書。如雙古堆和居延、敦煌漢簡中的《倉頡篇》，是目前所能見到的最早字書。江陵張家山 247 號墓出土的《脈書》《引書》，是目前所能見到的最早的醫書。馬王堆三號漢墓出土的《五十二病方》是已知的最早醫方，《足臂十一脈灸經》《陰陽十一脈灸經》（甲本、乙本）、《脈法》《陰陽脈死候》是已知最早的經脈學著作，《十問》《合陰陽》《天下至道談》是已知

〔註 19〕趙超：《簡牘帛書發現與研究》，福建人民出版社 2005 年版，第 173 頁。

最早的房中術著作，《相馬經》是已知最早的相馬著作，《卻穀食氣》是已知最早的氣功文獻，《五星占》是世界上現存最早的天文學著作。睡虎地竹簡以秦律為主，張家山竹簡則以漢律為主，均為目前所能見到的最早的律令。張家山247 號墓出土的《算數書》是目前所能見到的最早的算術書，是考古發現中第一次整部出現的數學專著，比《九章算術》早一個半世紀以上，為追溯《九章算術》的淵源提供了依據，是數學史研究一次重大發現。尹灣漢墓出土的《神鳥賦》是一篇完整的賦，該賦用擬人手法，通過雌鳥遭遇盜鳥傷害，臨死與雄鳥訣別的故事，表現夫婦之間和母子之間的真摯感情，是目前所能見到的最早的一篇俗文學作品。

地不愛寶，八方獻珍，百餘年間，出土文獻層出不窮。可以毫不誇張地說，20 世紀是一個發現的世紀。簡帛文獻與殷墟甲骨、敦煌文書、明清大內檔案一起，被譽為 20 世紀中國考古學界的四大發現，它們的可靠性與其包含的豐富史料，使之成為 20 世紀乃至 21 世紀考古學與古文字學、歷史學等學科的重要研究課題。四大發現對於中國學術均產生了極大的推動作用。殷墟甲骨文的發現，改寫了商代的歷史；敦煌藏經洞的發現，使得敦煌學成為國際顯學；敦煌和樓蘭漢晉屯戍簡牘檔案的發現，提供了漢代開通西域和設立河西四郡的新史料；明清內閣大庫檔案的發現，對明清史研究的意義不言而喻。其他幾大發現，研究的空間已經不太大了，至今已呈強弩之末之勢。惟有簡帛學，方興未艾，蒸蒸日上，在新世紀可謂一枝獨秀。有人甚至預言，21 世紀將是簡帛的世紀。

一、簡帛文獻改寫學術史

李學勤認為：「簡帛佚籍的發現，對考古學、古文字學、古代史等學科都有很大的影響，但我以為其影響最大的乃是學術史的研究。傳統的觀點以為考古學發現的僅是物質的文化……如今通過出土簡帛的整理研究，竟使被認為最『物質』的考古學同最『精神』的學術史相溝通，這或許是有希望的研究方向。」〔註 20〕他曾將簡帛佚籍對學術史的影響歸為十個方面〔註 21〕，我們在此基礎上做進一步的解說。

〔註20〕李學勤：《簡帛佚籍與學術史》，江西教育出版社 2001 年版，第 2 頁。
〔註21〕李學勤：《新發現簡帛對學術史的影響》，《道家文化研究》第 18 輯，生活·讀書·新知三聯書店 2000 年版，第¥頁。

（一）對古書形成過程的瞭解

簡帛文獻有助於重新認識古書的形成過程。流傳到今天的古書，在流傳過程中往往經過了若干變化。因此，我們在探討古書體制的時候，必須考察其形成過程。

從古籍編纂史看成書過程：就編撰者而言，先秦圖書以彙編整理為主，一書編撰者多非一人，而是成於眾手；成書時間較長，一書往往集中了數十年甚至數百年眾多學者的群體智慧。

從簡帛古籍看成書過程：古代子書往往是某一學派傳習的資料彙編，其中既有老師的著述、言論，也有弟子、後學增益的內容。出土簡帛古籍在這方面提供了許多新的實例。如銀雀山竹書中的有些篇跟《管子》有密切關係，尤其是《王兵》篇，其內容分別見於《管子》的《七法》《參患》《地圖》等篇，通過比勘，發現是《管子》襲用、割裂《王兵》篇。這對瞭解《管子》成書過程有重要意義。

李學勤將簡帛佚籍與傳世古書比較後得出了十例：佚失無存、名亡實存、為今書一部、後人增廣、後人修改、經過重編、合編成卷、篇章單行、異本並存、改換文字。〔註22〕李零在余嘉錫《古書通例》的基礎上作了新的歸納：（1）古書不題撰人；（2）古書多無大題，而以種類名、氏名及篇數、字數稱之；（3）

〔註22〕李學勤：《簡帛佚籍與學術史》，江西教育出版社 2001 年版，第 29～32 頁。

古書多以單篇流行，篇題本身就是書題；（4）篇數較多的古書多帶有叢編性質；（5）古書往往分合無定；（6）古書多經後人整理；（7）古書多經後人附益和增飾；（8）古人著書之義強調「意」勝於「言」，「言」勝於「筆」〔註23〕。他們的研究不僅有助於重新認識古書的形成過程，也些條對於古書真偽的鑒別也頗有啟迪作用。

（二）對古書真偽鑒別的認識

出土簡帛佚籍保持了書寫時的原始狀態，其在文獻學上具有二重功能：辨偽與證真。曾幾何時，疑古之風很有市場，疑古派學者認為流傳下來的古書特別是先秦子書很多都是偽書。隨著 20 世紀 70 年代以來大量先秦秦漢簡帛的出土，疑古學者的論定一個一個地被證偽。

今本《孫子兵法》被疑古學者認為不是孫武原作，而是孫臏偽作。宋代葉適等人甚至懷疑孫武其人的真實性，《孫子兵法》即《齊孫子》（《孫臏兵法》）。山東臨沂銀雀山漢墓同時出土了《孫子兵法》殘簡與《孫臏兵法》殘簡，解決了長期以來懸而未決關於這兩部兵書的作者問題。銀雀山同時出土的《孫子兵法》現在已經整理出 300 餘枚簡〔註24〕。傳世本中的十三篇內每篇都有文字在簡中出現，而且其篇名與宋刻本《十一家注孫子》基本相同。《孫臏兵法》已經整理出 440 餘枚簡，約有 11000 字〔註25〕。其中有一些記載與《史記·魏世家》等文獻記載有所不同，如未提及馬陵之戰，而記載龐涓於桂陵之戰中即已被擒獲。〔註26〕

今傳《尉繚子》《晏子春秋》等書，被疑古派認為不是《漢書·藝文志》著錄的原本，而是漢代以後人的偽作。在漢武帝早期的銀雀山一號漢墓中發現了這些書中一些篇章的抄本，內容與今本基本相合。駢宇騫對《晏子春秋》作了校勘整理〔註27〕。根據古代書籍流傳的規律，這些書無疑應為先秦古書。

《易傳》又稱《十翼》，傳統上認為是孔子所作，《史記》《漢書》均有明文記載。宋歐陽修對《十翼》的作者問題提出疑辨。疑古學者一般認為《周易》晚出，與孔子沒有關係。馬王堆漢墓出土的帛書《周易》經傳，其中有《要》

〔註23〕李零：《出土發現與古書年代的再認識》，《九州學刊》1988 年 3 卷 1 期。
〔註24〕李零：《孫子古本研究》，北京大學出版社，1995 年版。
〔註25〕張震澤：《孫臏兵法校理》，中華書局，1984 年版。
〔註26〕銀雀山漢墓竹簡整理小組：《銀雀山漢墓竹簡》，文物出版社，1985 年版。
〔註27〕駢宇騫：《晏子春秋校釋》，書目文獻出版社，1988 年版。

一篇，所述內容與傳世文獻如出一轍，這就擺脫了自宋代以來疑古派的責難。

《六韜》長期以來被懷疑為偽書，定州中山懷王墓竹簡《六韜》的面世，不僅糾正了《六韜》偽書說，同時也為我們研究太公的思想提供了珍貴的第一手材料。

《春秋左傳》曾被一些人認為是偽書，但馬王堆帛書中《春秋事語》，約2000餘字，分為16章，每章各記一事。所記史事，上起魯隱公被殺，下至三家滅之氏。據專家推測，它可能是從《左傳》中摘錄而形成的。如果此說成立，「劉歆偽造說」就不攻而破。

《老子》的成書年代問題一直爭論不休，疑古學者認定《老子》晚出，而郭店楚墓出土的《老子》簡，將《老子》晚出說證偽。

《文子》的情況比較複雜。此書舊題周人辛計然撰。相傳文子姓辛名鈃，號計然，為老子弟子，范蠡曾師事之。此書《漢志》著錄為九篇，班固注引劉向語曰：「老子弟子，號孔子並世；而稱周平王問，似依託者也。」在八角廊簡本《文子》出土以前，有關《文子》的辯論集中在真偽問題上，大致有三派觀點：第一，駁書說。柳宗元《辨文子》始創此說：「然考其書，蓋駁書也。其渾而類者少，竊取他書以合之者多。」〔註28〕主要從校勘角度辨偽，通過與他書比勘，發現《文子》一書真中有偽。宋濂《諸子辨》云：「是書非計然之所著也！予嘗考其言，壹祖老聃，大概《道德經》之義疏爾。蓋老子之言宏而博，故是書雜以黃、老、名、法、儒、墨之言以明之，毋怪其駁且雜也。計然與范蠡言皆權謀、術數，具載於書，絕與此異。」〔註29〕宋濂據思想學說斷定此書非計然所著，對徐靈府偽作之說亦持否定，認為是文姓之人祖老聃而託之。胡應麟《四部正訛》云：「自柳子厚以為駁書，而黃東發直以注者唐人徐靈府所撰。余以柳謂駁書是也，黃謂徐靈府撰則失於深考。自漢歷隋至唐固未嘗亡，而奚待於徐氏之偽！惟中有漢後字面，而篇數屢增，則或李暹輩潤益於散亂之後與？」〔註30〕從流傳、文字、篇數等方面考察。清姚際恒《古今偽書考》將《文子》列為「有真書雜以偽者」，在引用柳宗元、晁公武、陳振孫之

〔註28〕柳宗元：《辨文子》，《古籍考辨叢刊》第一集，社會科學文獻出版社2010年版，第52頁。

〔註29〕宋濂：《諸子辨》，《古籍考辨叢刊》第一集，社會科學文獻出版社2010年版，第625頁。

〔註30〕胡應麟：《四部正訛》，《古籍考辨叢刊》第一集，社會科學文獻出版社2010年版，第175頁。

說後，他發表了自己的看法：「其書雖偽，然不全偽也。謂之駁書，良然。其李暹為之歟？」第二，偽書說。章炳麟《菿漢微言》云：「今之《文子》，半襲《淮南》，所引《老子》，亦多怪異，其為依託甚明。」〔註31〕晁公武、陳振孫、梁啟超等人也都認為《文子》是偽書。第三，真書說。宋葉大慶《考古質疑》卷二對於《文子》的時代有所探討：「大慶近觀《文子》一書，凡一十二篇，謂之《通玄真經》，猶《莊子》所謂《南華真經》《列子》所謂《沖虛真經》也。其書大率多載老子之言，或謂之老子弟子，是也。」〔註32〕《四庫提要》稱：「宗元指是書為駁書，譏其渾而類者少，凡孟子輩數家皆見剽竊，疑眾為聚斂以成書。然其理道深至，筆力勁練，非周秦間人不能為，與《關尹》《亢倉》偽作者迴別。」孫星衍《問字堂集》卷四《文子序》云：「柳宗元疑此駁書，所謂以不狂為狂者歟？」〔註33〕吳全節、杜道真等人也從不同角度論證今本《文子》不偽。1973年在定縣八角廊出土的漢簡中，有1000餘字與今本《文子》的《道德》篇相似，另外有少量竹簡與《道原》《精誠》《微明》《自然》等篇相似。然而，有些內容簡本《文子》有而今本無，或今本有而簡本無，說明簡本和今本均不是完整本。從今本的內容看，後人可能在殘缺不全的古本中加進了一些內容。因此，整理小組通過簡本與今本的對比研究後認為，「今本《文子》是經過改竄的」，「確是駁雜不純」。近年，葛剛岩撰《〈文子〉成書及其思想》（巴蜀書社2005年版），認為原本《文子》當成書於戰國後期至西漢之初，成書者將該書託為周平王時的文子所作；《淮南子》抄襲簡本《文子》，今本《文子》抄襲《淮南子》。張豐乾撰《出土文獻與文子公案》（社會科學文獻出版社2007年版），認為簡本《文子》最有可能是漢初的道家作品；《淮南子》有可能稱引而不是抄襲了古本《文子》，傳世本《文子》卻大量抄襲了古本《淮南子》。

　　總之，簡帛古籍的大量發現，有力地推動了文獻辨偽學朝著正確的方向發展。

（三）文化傳流問題

　　春秋戰國時期諸子百家爭鳴的繁榮局面，隨著六國被秦兼併而宣告終結。秦始皇在稱皇帝之後，不久就接受了李斯的建議，禁燬《詩》《書》、百家語，

〔註31〕章炳麟：《菿漢微言》，《菿漢三言》，遼寧教育出版社2000年版，第46頁。
〔註32〕《四庫全書》第851冊第27～28頁。
〔註33〕孫星衍：《問字堂集·岱南閣集》，中華書局1996年版，第88～89頁。

頒布了《挾書律》（即禁止持有書籍的法令）。到漢惠帝時才撤消挾書令。從秦代到西漢初年這半個世紀的時間裏，文化傳流的狀況如何，過去的瞭解是很少的。1975年在湖北雲夢睡虎地發現大批秦簡，所載主要是法律文書，《日書》則是卜筮一類的書。長沙馬王堆出土的秦代帛書也是醫藥、術數之書。這也可說明，《挾書律》是發揮了相當的作用的。秦統治者為什麼要禁絕《詩》《書》、百家之學呢？其一，企圖以秦國的傳統文化統一中國的文化。然而，睡虎地秦簡表明，秦國的文化傳統實際上在很多方面都要落後於六國。從三代到春秋戰國，先民們創造了燦爛輝煌的中華文化，各種原典大都開始廣泛流傳。秦國雖然統一了天下，他們在短時期內不可能創造出可觀的文化成果，也無法取代六國文化。秦朝滅亡以後，《詩》《書》、百家之學就紛紛出現了。可見，秦朝的禁令和秦漢之際的動亂，所造成的只是學術文化暫時的低潮，並沒有真正截斷中國古代文化的傳流。〔註34〕一個落後民族的文化往往被先進民族的文化所同化，信然。其二，企圖把活的自由思想斬絕。封建專制主義者從來就不允許人民有自己的思想，所以他們大力推行愚民政策。正如《中國思想通史》所說的：「秦代的焚《詩》《書》，廢古語，和漢代的注《詩》《書》，尊經師，其形式雖相反，而其實質則相一致，都是把活的自由思想斬絕。」李斯雖殺韓非，又以韓非的法家學說亂秦。漢雖取秦而代之，雖緣飾以儒術，仍然是推行愚民政策。

（四）關於儒家

長沙馬王堆出土的帛書《周易》，六十四卦的排列順序與傳世本完全不同，文字也有很大的不同。郭店竹簡屬於儒家作品的有11種14篇，分別是《緇衣》《五行》《魯穆公問子思》《窮達以時》《性自命出》《成之聞之》《尊德義》《六德》《唐虞之道》《忠信之道》及《語叢》4篇。這批簡牘，對於研究先秦時期儒家學術發展脈絡具有重大學術價值。在孔子與孟子之間，七十子具有承上啟下的重要作用。郭店楚簡正好補充了這一缺環，因而重新認識儒家學術的傳承過程。

（五）道家的新認識

《黃老帛書》又稱《黃帝四經》，具體包括長沙馬王堆出土的《道德經》乙本卷前的《經法》《十六經》《稱》及《道原》四篇，內有黃帝之學，外與《道

德經》相合。學術界由此對古代的黃老之學產生了新的認識。過去以為黃是黃石公，而現在可以認定為黃帝。黃帝是率領中華民族由史前蒙昧時期進入文明時期的一位傑出的氏族部落的領袖。黃帝的思想流傳下來，到戰國時期形成了兩部經典：《黃帝內經》和《黃老帛書》（或《黃帝四經》）。《黃帝內經》不僅是最古老的醫學經典，也是重要的道學經典。《黃老帛書》起源於戰國，盛行於西漢初期，曾是百家學術中最重要的經典之一，至漢初仍是貴族子弟必讀的書籍，但到後來就慢慢失傳了，後人一直無法瞭解黃老之學的本來面目。直到1973 年，它才在湖南長沙馬王堆三號漢墓中出土，引起極大的轟動。

（六）關於墨家

有關墨家的新材料雖然不多，但信陽長臺關 1 號楚墓的第一組簡應是《墨子》佚篇。這座墓的年代與墨子所處時代距離不遠，而同這一佚篇近似的《墨子》若干篇章，前人都以為較晚，其觀點應當修正。另外，銀雀山漢簡的《守法》曾襲用《墨子》裏的《備城門》與《號令》。《墨子》全書的成書年代應比過去推測的要早一些。

從先秦到西漢初年，孔、墨並稱，儒、墨並為顯學。孟子排斥墨子甚力，至漢武帝「罷黜百家、獨尊儒術」之後，墨子淪為異端，長期無人問津。值得幸運的是，道教徒編纂《道藏》時將其收編。直到清中葉，汪中、畢沅、武億始校理《墨子》，王念孫《讀書雜志》遍校群書，也對《墨子》的疑難問題作了探討。晚清古文經學的最後一位大師孫詒讓也撰《墨子閒詁》（中華書局 1958年版），但此書並非其代表作，張仲如《墨子閒詁箋》、李笠《墨子閒詁校補》、劉再庚《續墨子閒詁》、吳毓江《墨子校注》等書對《墨子閒詁》的錯誤、疏漏之處多有匡補。20 世紀隨著科學主義的興起，《墨子》研究日益成為顯學，梁啟超、胡適等均有論著，其他代表性著作有：方授楚撰《墨學源流》（中華書局 1937 年版），錢臨照撰《論墨經中關於形學、力學、光學的知識》（《科學通報》第 2 卷第 8 期），楊向奎撰《墨經數理研究》（山東大學出版社 2000 年版），楊俊光撰《墨經研究》（南京大學出版社 2002 年版），王煥鑣撰《墨子集詁》（上海古籍出版社 2005 年版）。有關研究狀況，可參考鄭傑文的《20 世紀墨學研究史》（清華大學出版社 2002 年版）。

《墨子》最後《備城門》以下二十篇，是專論守城技術的著作。《四庫提要》稱：「第五十二篇以下，皆兵家言，其文古奧，或不可句讀，與全書為不類。疑因五十一篇言公輸般九攻、墨子九拒之事，其徒因採摭其術，附記其末。」

馮友蘭說：「第五組從《備城門》至《雜守》，共十一篇。這十一篇是講防禦戰術和守城工具的著作。墨家反對戰爭。他們認為反對侵略戰爭的一個有效辦法，就是守禦。因此，他們對於防禦戰術很有研究，並且還能製造在防禦戰爭中使用的器具。」〔註35〕有學者在注釋秦簡的過程中發現，《墨子》書內《備城門》以下各篇，文字與簡文近似，有許多共同點，從而推定其為戰國後期秦國墨家的作品。〔註36〕

（七）關於縱橫家

新發現的簡帛中有不少材料與縱橫家有關，特別是馬王堆出土的帛書《戰國縱橫家書》，對於縱橫家的研究意義重大。經過簡帛對照，《鬼谷子》的一部分也被證真。縱橫家至18世紀編纂《四庫全書》時僅剩《鬼谷子》一書，並被併入雜家類中。

（八）兵家的再估價

新發現的簡帛佚籍，屬於兵家的不少，如銀雀山漢簡《吳孫子》《齊孫子》《尉繚子》《六韜》等，為重新認識兵家提供了有用材料。尤其《孫臏兵法》與《孫子兵法》的同時出土，結束了長期以來關於這兩部書的一些懸而未決的爭議。

（九）陰陽數術時代的提早

新發現的簡帛術數類有《五星占》《天文氣象雜占》《陰陽五行》甲乙篇、《出行占》《木人占》《相馬經》「太一將行」圖等8種，其中《五星占》是世界上現存最早的天文學著作。過去認為陰陽數術盛行於漢代，現在可以推到戰國中晚期。此類書籍的大量發現，為古代學術史研究開闢了新的研究空間。

（十）方技類圖書的大量發現

《漢志》中的方技類圖書幾乎全部亡佚，新發現的簡帛中有大量的醫書，如《足臂十一脈灸經》《陰陽十一脈灸經》甲乙本、《脈法》《陰陽脈死候》《五十二病方》《胎產書》《養生方》《雜療方》等15種。

此外，關於楚文化的歷史作用問題。《史記》《漢書》所載學術傳流，多側重北方，對南方楚地的文化史涉及甚少。20世紀70年代以來，在楚地發現了

〔註35〕馮友蘭：《中國哲學史史料學》，江蘇教育出版社2006年版，第34頁。
〔註36〕李學勤：《簡帛佚籍與學術史》，江西教育出版社2001年版，第120頁。

大量珍貴簡帛，在一定程度上彌補了這一缺環，學術界對此也有了一些新的認識〔註37〕。

二、簡帛研究的展望

百年來，簡帛學不論在出土、整理還是研究方面都取得了巨大成就，這是有目共睹的。與此同時，簡帛研究中也存在諸多有待改進的地方，比如資料公布不及時、研究條件滯後、基礎研究工作不紮實等。整理、研究簡牘帛書資料，利用簡牘帛書資料促進古代史研究，現在只是開始，可以說是方興未艾，其深入發展還有待於將來。今後，這一領域發展的主要趨勢是：

第一、加快簡帛文獻資料的整理和出版，縮短從簡帛出土到全部公布之間的週期。目前，許多重要的簡帛資料已出土很長時間，有的長達二十年，卻由於種種原因，遲遲不見公布，嚴重影響了簡帛研究的進程。希望各方人員通力協作，克服孤軍奮戰的局面，使出土簡帛資料早日公諸於眾。為了使大多數學者都能接觸到簡帛資料並應用於研究，每一批簡帛資料除了出版包括圖版、釋文的精裝本外，也應出版只有釋文的簡裝本。另外，如同編纂《甲骨文合集》與《殷周金文集成》，簡帛學界應考慮編纂包括秦漢簡帛在內的《簡帛集成》〔註38〕這樣的大型資料彙編，為人們對分散的簡帛資料進行比照和綜合研究提供便利。

第二、借助現代高科技手段，改善研究條件。其一，採用紅外線設備，提高簡帛文字釋讀的準確率。其二，加快簡帛資料數據庫建設，使所有簡帛資料都能上網進行圖版檢索和全文檢索。這種方式比起手工翻檢來，無論檢索速度還是檢索效果，都要優越得多。

第三、加強簡帛資料研究的基礎工作。主要包括發掘報告的撰寫、簡帛文字辨釋、殘碎帛片的拼接、斷簡綴合、簡冊復原、簡帛內容考訂、資料索引等。這方面的工作細微、瑣碎，但它是研究的基礎。有了翔實的發掘報告，有助於綜合研究的開展。文字釋讀準確，內容理解無誤，研究的結論才可靠。而殘簡碎帛的拼合與簡冊的復原，可以化腐朽為神奇，使無法利用的片言隻語成為一

〔註37〕李學勤：《簡帛佚籍與學術史》，江西教育出版社2001年版，第17～26頁。
〔註38〕《長沙馬王堆漢墓簡帛集成》由復旦大學出土文獻與古文字研究中心、湖南省博物館編纂，中華書局出版。作品將馬王堆漢墓簡帛文獻首次集中完整公布。《集成》共分七冊，前兩冊為整理圖版，中間四冊是釋文注釋，第七冊是原始圖版。

句或一段有價值的資料。完備的資料索引，有助於研究者全面掌握每個課題的研究狀況。

第四、加強實證研究，改進簡帛研究的方法。尤其是對居延、敦煌漢簡之類的檔案文書來說，應運用古文書學方法，根據簡牘的形狀、書寫格式、出土地點和內容類別，建立起古文書學體系，充分掌握每支簡牘的性質，然後作相關研究。應努力綜合所有簡帛資料，與傳世文獻結合，進行更深更廣的綜合性研究。

第五、簡牘帛書資料是寶貴的，但不應孤立地進行研究，必須加強不同學科之間的交流、合作、融合。20 世紀發現的簡帛不僅為歷史學研究帶來了一股活力，而且也促進了相關學科的發展。簡牘帛書資料的內容涉及到歷史學、考古學、古文字學、古文獻學、文書檔案學、中醫藥學、數學、天文曆法、法律等多種學科，借助於簡帛新材料，可以解決一些千古疑案。每一位研究者應盡可能的做跨學科研究，不要侷限於一個領域，同時加強不同學科的專家交流、合作，共同提高。

參考文獻

1. 張家山二四七號漢墓竹簡整理小組：《張家山漢墓竹簡》，北京：文物出版社，2006 年版。
2. 陳偉：《包山楚簡初探》，武漢：武漢大學出版社，1996 年版。
3. 睡虎地秦墓竹簡整理小組：《睡虎地秦墓竹簡》，北京：文物出版社，1990 年版。
4. 謝桂華、李均明、朱國炤：《居延漢簡釋文合校》，北京：文物出版社，1987 年版。
5. 甘肅省文物考古研究所：《居延新簡：甲第候官》，北京：中華書局，1994 年版。
6. 魏堅主編：內蒙古自治區文物考古研究所等聯合整理：《額濟納漢簡》，桂林：廣西師範大學出版社，2005 年版。
7. 李零：《長沙子彈庫戰國楚帛書研究》，北京：中華書局，1985 年版。
8. 饒宗頤、曾憲通：《楚帛書》，香港：香港中華書局，1985 年版。
9. 吳礽驤、李永良、馬建華：《敦煌漢簡釋文》，蘭州：甘肅人民出版社，1991 年版。
10. 裘錫圭等：《郭店楚墓竹簡》，北京：文物出版社，1998 年版。

11. 陳偉：《秦簡牘合集》，武漢：武漢大學出版社，2015 年版。

12. 陳偉：《里耶秦簡牘校釋》，武漢：武漢大學出版社，2018 年版。

推薦書目

1. 陳夢家：《漢簡綴述》，北京：中華書局，1980 年版。

2. 趙超：《簡牘帛書發現與研究》，福州：福建人民出版社，2005 年版。

3. 沈頌金：《二十世紀簡帛學研究》，北京：學苑出版社，2003 年版。

4. 李學勤：《簡帛佚籍與學術史》，南昌：江西教育出版社，2001 年版。

第四章　敦煌吐魯番文獻

第一節　敦煌吐魯番文獻的發現與盜掘

一、敦煌文獻的發現與盜掠

敦煌文獻的發現與盜掠，是中華學術史上最為沉重的一頁。陳寅恪曾經喟歎道：「敦煌者，吾國學術之傷心史也。」〔註1〕

（一）敦煌文獻的發現

1. 王道士對敦煌文獻的發現

王道士（1849～1931），湖北麻城人。少時家貧，外出覓食。光緒初年受戒為道士，光緒二十三年（1897）前後抵敦煌莫高窟。後來他在清理石窟時，無意中發現了敦煌藏經洞，裏面有 5 萬餘件從十六國到北宋時期的漢文、胡語寫本以及絹畫、石碑等文獻資料，時在光緒二十六年五月十六日（1900 年 6 月 22 日）。

王道士不能判斷這些文獻資料的價值，但他卻選取了一些保存完整的寫本與精美的絹畫獻給敦煌縣的官紳及安肅道道臺兼兵備使廷棟等人，但他們對這批寶貴的敦煌文獻並未加以重視。真正開始發現藏經洞的這些文獻資料學術價值的是葉昌熾。

〔註 1〕陳寅恪：《陳垣敦煌劫餘錄序》，《陳寅恪史學論文選集》，上海古籍出版社 1992 年版，第 503 頁。

2. 葉昌熾對敦煌文獻的初步關注

葉昌熾（1849～1917），字鞠裳，號緣督，江蘇蘇州人。為清末著名金石學家。光緒二十八年（1902）三月，葉氏出任甘肅學政。清末民初著名的金石學家、藏書家，又是晚清政壇上頗有影響的史官和學者。其著作《語石》《藏書紀事詩》享譽海內外，其《緣督廬日記》為晚清四大日記之一。

葉昌熾任甘肅學政期間，除敦煌縣縣長汪宗翰和玉門縣訓導王宗海饋贈敦煌文物外，另有二人也曾向葉君持贈敦煌碑拓，而且時間早於汪宗翰和王宗海。其一為沈模（號少襄、少薌），「其父曾作敦煌令，有惠政。」〔5〕〔七·P3954〕他曾於光緒二十九年（1903）正月饋隴上碑拓一包，其中包括敦煌《楊

公碑》和《索公碑》（碑陰），葉昌熾稱此為「度隴以來墨林第一快事」：

> 日前在浙館，沈少薌遍數隴上石刻。今日饋拓本一包……敦煌
> 學宮古碑兩紙，簽題「索靖碑」。發視乃一碑兩面刻，其陽《唐□□
> 都督楊公碑》，年月諱字已泐；其陰《歸義節度使索玉裕碑》，景福
> 元祀立，篆額皆完好。孫趙未錄，南北亦從未見。拓本一變已足，
> 度隴以來墨林第一快事。（光緒二十九年正月廿九日《緣督廬日記》）
> 〔6〕〔七・P3961〕

　　第二位向葉昌熾饋贈敦煌碑拓者是敦煌貢生朱璠（號荊山），光緒二十八年（1902）七月敦煌朱璠以「五屬歲考生正場」唯一正取者考取拔貢〔7〕〔六・P3764〕。葉昌熾此次按試酒泉，還以考題的形勢向考生打探河西碑刻遺存狀況，在七月初五日的復生古場，考題為：「問安肅兩州如有宋元以前石刻，見在何地、撰書姓名、立碑年月，各舉所知以對。」〔8〕〔六・P3766〕次年九月，朱璠專程到省城蘭州拜謁葉昌熾並貽敦煌碑拓：

> 敦煌貢生朱璠（號荊山）來，執贄，並貽千佛洞唐碑兩通，元
> 碑兩通。去歲科考所拔第一人也。（光緒二十九年九月十一《緣督廬
> 日記》）〔9〕〔七・P4250〕

　　兩年後（光緒三十一年）又以「莫高窟唐碑全分」見饋。〔10〕〔八・P5026〕

　　當時的敦煌縣令汪宗翰利用職權獲得一些藏經洞的寫本和絹畫，於光緒二十九年十一月及三十年四月和八月，先後送與葉昌熾，這其中就有《楊公碑》《索公（勳）紀德碑》《李太賓造像碑》《李氏再修功德記碑》《大中五年洪䛒碑》等拓片，以及《大般涅槃經》寫本及《水陸道場圖》絹畫。此後，葉昌熾還收集到了《水月觀音像》《地藏菩薩像》絹畫及梵文《開益經》《大般若經》寫本等。對於這些珍貴的文獻及藝術品，葉昌熾都做了記錄，並對其書法及內容做了考訂，便很快認識到這些敦煌文獻的價值，但是他提出的由甘肅藩臺將這批文獻運省保藏的建議卻因運費的問題而落空，而改由汪宗翰運縣封存的命令也因汪的不負責任改由王道士就地保管。而此後，這批寶貴敦煌文獻的劫難也就開始，外國的探險家和各類學者也便紛紛登場了。

（二）敦煌文獻的盜掠

1. 斯坦因的「敦煌之行」

　　斯坦因（A. Stein，1862～1943），原為匈牙利人，後入英國國籍。曾在英屬印度政府供職。雖不懂漢語，但因精通考古學、地理學，曾四次到我國新疆、

甘肅、內蒙古等地盜掘文物、文獻。1902 年，他從同鄉好友、地質學家拉喬斯・洛克齊（Lajos Loczy）那裡得知敦煌文獻的消息。1906 年，他便沿絲綢南路北上，開始了這次收穫頗豐的「敦煌之行」。

1907 年 3 月，斯坦因等到達敦煌。斯坦因稍費周折便以幾塊馬蹄銀，從王道士手中騙買了 24 箱各類敦煌寫本，五箱紙畫、絹畫及絲織品等。斯坦因根據此次中亞探險的收穫，1921 年出版了著名的五卷本考古報告《西域考古圖記》。1914 年 3 月，當斯坦因第三次中亞探險途經過敦煌時，王道士又將私藏的 570 餘件敦煌文獻以 500 兩銀子的價格賣給了斯坦因。因此，斯坦因是大規模盜掠敦煌文獻的第一人，也是盜掠文獻數量最多的人。

在大英博物館所藏的敦煌文物中，有一件來自敦煌藏經洞的唐代刺繡格外精美，這件製作於 8 世紀的刺繡，由五尊佛像構成，上部是華蓋和飛天，下方是眾多的供養人像。佛陀上方在青色華蓋遮蔽的蓮華寶座上，扁桃形的身光圍繞著身體。曼陀羅的背後佛陀偏袒右肩，右手垂直下放，左手執衣襟。

《釋迦牟尼瑞像圖》，刺繡，唐代，8世紀，207×157cm

　　該刺繡中兩尊菩薩像有部分破損，幸運的是主尊釋迦牟尼保存完好。斯坦因曾在《西域》一書中分析說，造成這種破損的原因是畫上弔繩折疊放置時，破損部位正好處在折線上。據斯坦因描述，在藏經洞中發現它時，佛陀邊的兩尊弟子像就已幾乎散失，但通過殘存部分仍能辨別出大體容貌，左右二尊菩薩基本保存完好。該刺繡作品被認為為初唐時期作品。因為在初唐時期，無論是繪畫還是雕刻都開始注重表現空間感和體量感。

2. 伯希和的「再次造訪」

　　伯希和（P. Pelliot，1878～1945），法國人。精通漢語和漢學。1906年6月，時任法國組織的中亞考察隊隊長的他率領考察隊，從巴黎向中亞進發；1907年10月，到達烏魯木齊，得知了敦煌藏經洞發現古代寫本的事情，便於1908年2月趕到敦煌莫高窟，對洞窟進行考察，並開始與王道士交涉。不久，王道士就讓伯希和進入了藏經洞，並允許他檢閱。伯希和看到琳琅滿目的各類文獻興奮不已，便以每天約1000件的速度，將所有文獻翻閱一過，並將有紀年、藏外佛教及少數民族的文獻檢出，經三周始畢。最後，以500兩白銀騙買了6000餘件種類文獻及佛畫，而這些多為敦煌文獻中的精品。因此，伯希和是盜掠敦煌文獻精品最多的人。

3. 中國學者對敦煌文獻的搶救

1909 年 7 月,伯希和受法國國立圖書館的委託,到中國購買書籍,來到北京,便將隨身攜帶的一些敦煌文獻精品,如《尚書釋文》《沙州圖經》《敦煌碑贊合集》《慧超往五天竺傳》等,公開展示,吸引了眾多中國學者參觀。羅振玉、王仁俊、柯劭忞等中國學者,為這些國寶落入外人之手而大為震驚;於是他們上書清朝學部,請求馬上採取措施,搶救劫餘的敦煌文獻。但由於王道士的「事先準備」和清點、押運的官吏的不負責任,疏漏、遺失不少;而抵京之後,這批文獻又遭到個別官吏的瓜分,並流向書肆之中,以至這批寶貴的文獻入藏京師圖書館時,僅剩不到 9000 件(號)。

4. 對敦煌文獻最後的搜刮

在清政府對敦煌文獻的搶救之後,還是有部分文獻仍保留在王道士及當地居民的手中。

王道士私藏的敦煌文獻,一部分則於 1911～1912 年間賣給了日本西本願寺第 22 代宗主大谷光瑞的大谷探險隊的成員橘瑞超、吉川小一郎,總數至少也有 700 件。

而在 1914～1915 年間,俄國東突厥斯坦考察隊考察敦煌時,隊長奧登堡(S. Oldenburg)仍從當地居民手中收購 200 餘件較完整的寫本,並對藏經洞進行進一步挖掘,獲得約 1800 件文書斷片。

(三)敦煌文獻的新收穫

所謂敦煌文獻,有狹義、廣義之分。狹義的敦煌文獻,專指藏經洞文獻,而這些文獻,是有一定數量的。在 1915 年奧登堡離開敦煌之後,狹義的敦煌

文獻就很難再有新的收穫了，但廣義的敦煌文獻，也就是包括莫高窟在內，整個敦煌地區出土的文獻，卻經常給人們帶來新的驚奇。

1. 土地廟遺書

1944 年 8 月 30 日，敦煌藝術研究所修建宿舍，在莫高窟中寺後園土地廟殘塑像內發現一批寫本經卷。關於此次發掘，常書鴻撰寫了《國立敦煌藝術研究所於民國三十三年八月三十日發現藏經初步檢驗報告》〔註 2〕：

> 本所因修建職員宿舍，於八月三十日上午十一時，在後園土地祠（該廟為清末中寺主持王喇嘛所修）殘塑中發現六朝殘經多卷……共計得六朝殘經雜文等六十六種，碎片三十二塊。其中有題記年號者，計北魏興安三年五月十日譚勝寫《彌勒經》、北魏太和十一年五月十五日寫《佛說灌頂章句拔除罪過生死得度經》及北魏和平二年十一月六日唐豐國寫《孝經》殘頁三種，此外尚有六朝職官名冊殘頁，均甚名貴……此次發現，實為史坦因、伯希和等盜竊藏經後敦煌之創聞。本所成立於盜竊俱空之際，有此意外收穫，致使震動世界之「敦煌學」又增加若干研究資料，亦中國文化之幸也。

「土地廟遺書」全部為漢文文獻，沒有西域文字及少數民族文字，更沒有夷教文獻，因此作出判斷：土地廟不是王道士所修，五尊殘塑中所出經卷也不是王道士藏納的，當然這宗遺書也不是藏經洞散出之物。〔註 3〕土地廟遺書可與藏經洞文獻綴合，應原為藏經洞所藏。〔註 4〕

2. 敦煌地區文獻的出土

除了歷年發現的數量眾多的供養人題記及漢晉簡牘之外，敦煌地區所出文獻，大致有以下這些方面的收穫：〔註 5〕

（1）1907 年在敦煌長城烽燧遺址發現 8 件西晉粟特文書信；

（2）1931 年前後在敦煌某寺發現一件東晉寫本《三國志·吳書·步騭傳》殘卷；

（3）1944 年在敦煌大方盤城發現 1 方西晉樂生碑；

（4）1965 年在敦煌莫高窟第 125～126、130 等窟發現北魏廣陽王發願文

〔註 2〕蘇瑩輝：《敦煌學概要》，臺北五南圖書出版公司 1988 年版，第 259 頁。

〔註 3〕李正宇：《土地廟遺書的發現、特點與入藏年代》，《敦煌研究》1985 年第 3 期。

〔註 4〕施萍婷：《敦煌研究所藏土地廟寫本源自藏經洞》，《敦煌研究》1999 年 2 期。

〔註 5〕王素：《敦煌吐魯番文獻》，文物出版社 2002 年版，第 63～64 頁。

和康那造五色幡文等文獻；

（5）1929～1981年在敦煌三危山、岷州廟、元代土塔發現4件梁及北涼石塔銘文；

（6）1944～1987年在敦煌佛爺廟、新店臺、祁家灣等地晉至十六國時期墓葬發現大量斗瓶鎮墓文等文獻；

（7）1990～1992年在敦煌漢效谷縣懸泉置遺址發現漢晉時期3件帛書和5件紙文書；

（8）1988～1994年在敦煌莫高窟北區發現一些用漢、藏、西夏、回鶻、蒙古、敘利亞等文字書寫和印刷的文書、告身、佛經、《聖經》等。

二、吐魯番文獻的發現與盜掘

吐魯番出土文獻的價值並不遜於敦煌出土文獻，它是高昌歷史的秘密資料庫，是西域文化的地下博物館，還是研究中國中古歷史與文化的百科全書，並且也形成了具有獨特魅力的學科體系——吐魯番學。

吐魯番文獻的發現與盜掘，同樣是中華學術史上令人痛惜的一頁。但由於吐魯番文獻主要埋於地下遺址，盜掘較難，不像敦煌文獻主要藏於地上石窟，盜掠較易。因此，吐魯番文獻雖也屢經盜掘，但其主要部分卻仍保存在國內。

（一）吐魯番文獻的發現

由於吐魯番地區的氣候原因，墓葬和城窟遺址中所埋藏的文獻，大部分都能夠得到完好保存，但對吐魯番文書的發現過程，學者卻有不同的見解。近年來，不少學者通過進一步研究，指出最早發現吐魯番文獻的人，應該是當地土著。德國柏林國家博物館所藏《涼王大且渠安周造寺功德碑》，就是由當地土著挖掘後賣給德國探險隊的，而且在新疆地方文獻《新疆圖志》《新疆訪古錄》中對當地土著發現吐魯番文獻都有一定的記載，此觀點基本已成定論。

（二）吐魯番文獻的盜掘〔註6〕

1. 俄國考察隊的盜掘

俄國考察隊對吐魯番文獻的盜掘主要有三次：

第一次在1898年，即由俄國科學院派遣，克列門茲（D. A. Klementz）率領。他們考察高昌故城，發掘阿斯塔那墓葬，測繪伯孜克里千佛洞，獲得了一些漢文

〔註6〕此部分內容主要參考王素《敦煌吐魯番文獻》（文物出版社2002年版）。

文書和幾件梵文、回鶻文印本佛典，還發現了不少帶有中亞婆羅謎文和回鶻文題記的壁畫。後來，出版了《1898 年聖彼得堡俄國科學院吐魯番考察報告》。

第二次在 1906～1907 年，由俄國皇家地理學會派遣，科卡諾夫斯基（A. I. Kokhanovsky）率領。他們主要通過考察古代遺址時，收集一些出土文獻，其中包括 9 件漢文文書、1 件梵文寫本、2 件藏文寫本和印本、1 件蒙古文印本、3 件回鶻文寫本、2 件漢文和回鶻文雙語文書，以及幾件粟特文摩尼教文書。

第三次在 1909～1910 年，由俄國委員會派遣，奧登堡（S. F. Oldenburg）率領。他們考察和部分發掘了勝金口、阿斯塔那、高昌故城、交河故城、伯孜克里克等眾多墓葬和遺址，獲得很多梵文和回鶻文寫本，成果較前二次更為豐富。

2. 德國考察隊的盜掘

德國考察隊對吐魯番文獻的盜掘也有三次：

第一次在 1902～1903 年，由柏林民俗學博物館委託，印度藝術史專家格倫威德爾（A. Grünwedel）率領。他們在勝金口、木頭溝及高昌故城進行了多次發掘，獲得了 44 箱古代藝術品和出土文獻。出土文獻包括漢文、梵文、藏文、突厥文、回鶻文、蒙古文寫本和印本。後來，出版了《1902～1903 年亦都護城及周邊地區考古工作報告》。

第二次在 1904～1905 年，由德國皇家派遣，東方考古專家勒柯克（A. von Le Goq）率領。他們到達吐峪溝、伯孜克里克，獲得了 200 箱古代藝術品和出土文獻。據說出土文獻包括 24 種文字書寫的 17 種語言的文書。後來，發表了名為《普魯士皇家第一次新疆吐魯番考察隊的緣起、行程及收穫》的簡報。

第三次在 1906～1907 年，仍由德國皇家派遣，格倫威德爾、勒柯克率領。他們由庫車、焉耆進入吐魯番，沿途考察和發掘，也獲得了 200 餘箱古代藝術品和出土文獻。後來，出版了《新疆古代佛教聖地——1906～1907 年在庫車、焉耆和吐魯番綠洲的考古工作》和《新疆古希臘化遺跡考察記——德國第二、三次吐魯番考察報告》。

3. 日本大谷探險隊的盜掘

日本大谷探險隊對吐魯番文獻的盜掘也有三次：

第一次在 1903～1904 年，由西本願寺大谷光瑞委託，渡邊哲信、堀賢雄率領。他們發掘阿斯塔那和哈拉和卓墓葬，獲得了一些出土文獻。

第二次在 1908～1909 年，橘瑞超、野村榮三郎率領大谷探險隊到達木頭溝、吐峪溝、交河故城、伯孜克里克等遺址，獲得了大量出土文獻。

第三次 1912～1913 年，吉川小一郎、橘瑞超率領大谷探險隊發掘了不少墓葬，獲得了大量出土文獻。

4. 英國探險隊的盜掘

在 1913～1915 年，斯坦因進行了第三次中亞探險。在阿斯塔那、丫頭溝、吐峪溝、木頭溝、交河故城、高昌故城等遺址進行盜掘，僅在阿斯塔那就盜掘了 34 座墓葬，獲得了 100 餘件出土文獻，後來，他出版了《亞洲腹地——在中亞、甘肅和東部伊朗考察的詳細報告》。

5. 其他散失情況

在 1898 年至 1915 年這近 20 年的時間裏，吐魯番一直遭受著外國考察隊的挖掘，致使大量吐魯番文獻外流；而與此同時，本地土著的盜掘，更是沒有停止過，並且各國的考察隊還從他們的手中收購了不少文獻，這就更加劇了吐魯番文獻的外流。

此外，我國考古學家黃文弼在吐魯番從事科學發掘時，也曾從當地土著手中收購過一些盜掘的出土文獻。而其他一些畫家和記者等，也通過不同的渠道，在吐魯番獲得了一些文書和墓誌。

（三）吐魯番文獻的科學發掘

1. 20 世紀前期的發掘

20 世紀前期對吐魯番文獻進行科學發掘，始於二三十年代的黃文弼。他隨瑞典斯文·赫定（Sven Hedin）率領的中瑞西北科學考察團，於 1928 年和 1930 年兩次到吐魯番，以交河地區為中心，發掘了眾多墓葬，獲得了大批墓磚，並從當地土著手中購得一些文書。後來黃文弼出版了《吐魯番考古記》以及考察日記等。

2. 20 世紀後期的發掘

新中國成立以後，新疆已自行培養了專業考古工作者，所以此後對吐魯番古代墓葬和遺址的多次清理和發掘，取得了豐碩的成果。主要有：

（1）1956 年對交河故城、寺院及雅爾湖古墓進行發掘，獲得幾方墓磚。

（2）1965 年對安樂故城遺址進行清理，獲得一些古籍、佛經及少數民族文字寫本。

（3）1959～1975 年對阿斯塔那、哈拉和卓及烏爾塘、交河故城等古代墓葬和遺址進行十三次大規模清理和發掘，共清理和發掘近 500 座墓葬和 1 處遺址，其中 205 座墓葬出土了文書，1 座墓葬出土了木簡，還出土大量墓磚和墓誌。

（4）1976 年對採坎 5 座古墓進行清理，獲得一方墓磚。

（5）1976 年對阿拉溝東口古堡進行發掘，獲得 20 多件文書。

（6）1979 年對阿斯塔那二座墓葬進行發掘，獲得一些文書（包括帛書）。

（7）1980～1981 年對伯孜克里克千佛洞進行清理，獲得 800 多件古籍、佛經及少數民族文字寫本。

（8）1981 年對吐峪溝千佛洞進行清理，獲得幾件文書和古籍寫本。

（9）1984 年對哈拉和卓村東唐北庭副都護高耀墓進行發掘，獲得一合墓誌。

（10）1986 年對阿斯塔那 8 座墓葬進行發掘，獲得較多文書和墓誌。

（11）1994～1996 年中日合作對交河故城溝西墓地進行發掘，獲得一些墓磚和墓誌。

對敦煌吐魯番文獻的發掘取得了巨大的成果，但我們仍面臨著很大的挑戰——對這些文獻的科學整理以及對它們從整體上、并結合傳世文獻進行的研究。〔註 7〕

第二節　敦煌古籍的整理與研究

敦煌古籍的整理與研究，是一個傳統而熱門的項目。敦煌古籍品種、數量繁多，國內外研究者不少。為了推進敦煌學的研究，對這些出土文獻的分類整

〔註 7〕王素：《敦煌吐魯番文獻》，文物出版社 2002 年版，第 71～72 頁。

理是必須要做的工作。本節主要通過對敦煌文獻的分類來介紹其整體情況，並就所見介紹其相應的整理和研究情況。

對於敦煌出土文獻，我們將從以下幾個方面加以分類，希望可以對敦煌文獻的整體整理與研究情況作出一個簡要的勾勒。

一、經部

在敦煌出土文獻中，屬於經部文獻的有《周易》《尚書》《毛詩》《禮記》《春秋左傳》《春秋穀梁傳》六種，多為六朝及唐抄寫本，在經學史上佔據著重要的位置，在輯佚、校勘、文字音韻學、版本學等方面都有著重要的學術價值。〔註8〕

（一）《周易》

敦煌出土文獻中發現的寫本《周易》，主要是王弼的《周易注》，而未發現鄭玄的注本。在這些出土的共 23 號寫本之中，共有 20 號為王弼《周易注》，可綴合為 9 件，而其他 3 號寫本包括孔穎達《周易正義》1 號，陸德明《周易釋文》2 號（可綴合為 1 件）。

王弼《周易注》 此 9 件寫本，共涉及《周易》中 33 卦（其中 21 卦為完整）的內容，所佔比例不算太小；而其中王弼的注文，是現存最早的，對於糾正後來傳本的訛誤，探究王本的原貌有著重要的作用。

孔穎達《周易正義》 傅圖 188071，現存唯一的唐五代時期的單疏本《周易正義》，起《賁卦·彖辭》正義「以亨之與賁相連而釋」的「連」字，止於《六五》正義「亦無待士之文」的「之」字，共 32 行，行 40 字左右，並且此寫本在版本學上對探究「正義」類典籍的格式問題也起著重要作用。

陸德明《周易釋文》 S.5735+P.2617，此寫本是現存最早的《經典釋文》的材料，抄寫於唐玄宗開元二十六年，時間較早，而且所存內容占《周易釋文》總體的六分之五，其中 S.5735 件內容較少，共 7 行，且有殘損，而 P.2617 件共 326 行，起《大有卦》音義，至卷末，尾題「周易經典釋文一卷」。黃焯先生已將此寫本匯校於《經典釋文匯校》一書之中，對寫本與今本的差異做了對比，可參考。

〔註 8〕此部分主要參考了許建平《敦煌經籍敘錄》（中華書局 2006 年版）。

羅振玉、劉師培、王重民、陳鐵凡等先後對敦煌《周易》寫本中部分文獻進行了整理、斷代及考釋，可參考。

（二）《尚書》

敦煌出土文獻中發現的寫本《尚書》，主要是孔安國的偽孔傳，以及陸德明的《尚書釋文》。今所見《尚書》寫本的 49 號中，僅有 2 號為《尚書釋文》，其他均為《尚書》偽孔傳（此 47 號偽孔傳共可綴合為 24 件），涉及到《尚書》58 篇中的 34 篇，其中完整者有 22 篇，將近全書內容的一半。

偽孔安國《古文尚書傳》 這些寫本來源於梅賾隸古定本系統，是迄今所見時間最早、數量最豐富的隸古定《尚書》，內容除包括《尚書》的大部分篇章外，還有《古文尚書傳（序）》（P.4900A）及《古文尚書》篇目（P.2549）。

陸德明《尚書釋文》 P.3315、P.3462A 兩種，其中 P.3315 件起《堯典》「光被四表」句音義「表」字條，訖《舜典》篇末「稾飫」句音義「秕」字條，共 103 行，前 16 行上半截殘損，詞目單行大字，注文雙行小字；P.3462A 件為小殘片，小題「竄三苗於西裔沙州也」，正文共 7 行，行約 15 字。

蔣斧、羅振玉、劉師培等較早對其中「隸古定」本進行整理，定為天寶三載衛包改字前寫本。王重民則對「隸古定」和「今字」二本都進行過整理，指出：「隸古定」本在衛包改字後仍有遺留，「今字」本在衛包改字前業已流行。姜亮夫、饒宗頤等對孔傳也曾進行整理及探討。陳鐵凡則在前人的基礎上，對孔傳進行了全面整理與研究。

顧頡剛和顧廷龍窮數十年之精力，整理出《尚書文字合編》，將敦煌、吐

魯番和日本傳存的抄本影印對照，所利用敦煌寫本有 35 件，可參考。

（三）《毛詩》

敦煌出土文獻中發現的寫本《詩經》，全部是《毛詩》，而未發現齊、魯、韓三家詩。在這些出土的共 42 號寫本之中，共有 16 號為《毛詩》白文本（可綴合為 10 件），21 號為毛亨、鄭玄《毛詩傳箋》本（可綴合為 17 件），2 號為孔穎達《毛詩正義》本，而其他 3 號寫本為《毛詩音》（可綴合為 2 件）。在這 42 號寫本中，共涉及《詩經》225 首詩，其中 201 首保存完整，佔了《詩經》的絕大部分內容。

白文本《毛詩》 此類寫本雖為白文，有詩而無注，但都是根據《毛詩傳箋》本所抄錄而來，寫本上時有小題「毛詩故訓傳　鄭氏箋」即是明證。

毛、鄭《毛詩傳箋》 寫本較多，內容涉及《周南》《邶風》《齊風》《魏風》《豳風》《小雅》《大雅》《周頌》等內容。

孔穎達《毛詩正義》 Дx.09328、S.498 兩種，其中Дx.09328 寫本件有 4 殘行，存 28 字，為《大雅‧思齊》第三章「雝雝在宮，肅肅在廟」箋「宮謂辟廱宮也。言得禮之宜」句的孔疏；S.498 件寫本傳、箋起止朱書，正義墨書，共 37 行，行 22 字左右，單行書寫，為唐代單疏本《毛詩正義》，可用以探討孔穎達《五經正義》原本的格式。

佚名《毛詩音》 S.2729B+Дx.01366、P.3383，六朝時寫本，均以《毛詩傳箋》為底本而摘字為音。S.2729B+Дx.01366 件寫本，其中 S.2729B 件中共 129 行，前 2 行上截殘泐，末 9 行上截亦殘泐，且末行僅存半邊，詞目單行大字，注文雙行小字；Дx.01366 件起《齊風‧載驅》「行人儦儦」句注音「儦」字條，訖《秦風‧駟驖》「舍拔則獲」箋「拔，括也」句之注音「括」字條，共 17 上半行。

羅振玉、劉師培、陳邦懷、王重民、姜亮夫、蘇瑩輝、陳鐵凡等先後對部分鄭箋進行了整理及斷代。潘重規則在前人的基礎上，對鄭箋進行了全面整理及研究，可參考。近年已整理出版《全敦煌詩》（張錫厚主編，作家出版社 2006 年版），此書卷一至卷十五均為詩經的內容。

（四）《禮記》

敦煌出土文獻中發現的寫本《禮記》，共有寫本 14 號，可大致分 7 類：

白文本《禮記》 共 2 號，可綴合為 1 件，Дx.02173V→Дx.06753V，二

者行款、字體相同，行間均有界欄，應為同一寫本，但二者之間約殘損 20 行，不能直接綴合，其中Дx.02173V 件起《曲禮上》「敦善行而不怠，謂之君子」的「謂」字，至「介冑則有不可犯之色」的「介」字，共 15 行，第一行僅存半字；Дx.06753V 件起《曲禮上》「君車將駕」之「車」字，至「介者不拜」，存 9 上半行，且前 3 行及末行上端有殘泐。

鄭玄《禮記注》 共 5 號，P.2500、P.2523p2、S.2590、P.3380、S575，內容依次為《檀弓下》（2 件）《月令》《大傳、少儀》《儒行、大學》（各 1 件），經文大字，小注雙行。

孔穎達《禮記正義》 共 3 號，S.1057、P.3106B、S.6070，內容依次為《禮運》（共 10 行，行 20 字）、《郊特牲》（共 14 行，末 2 行有殘泐，行 22 字）、《郊特牲》（共 6 上半行，僅存疏文 53 字）。

《御刊定禮記月令》 共 1 號，S.621，為唐玄宗時李林甫等所注《禮記·月令》，前為李林甫等《進御刊定禮記月令表》，起「以齊七政」的「政」字，至《月令》「天子居青陽左個」注「則闔門左」，共存 23 行，其中進表 13 行，《月令》10 行，前 4 行下截有殘損，行有界欄，表文、經文大字，注文雙行小字，大字每行約 26 字。

佚名《月令節義》 共 1 號，P.3306V，內容是對李林甫注釋的《御刊定禮記月令》所作的注，解釋「正月之節，日在虛，昏昴中，曉心中」的內容，共 20 行，行 20 餘字。

佚名《禮記音》 共 1 號，S.2053VA，起《樂記》「毛者孕鬻」句注音「孕」字條，至《緇衣》「惡惡如《巷伯》」鄭注引《詩》「取彼讒人，投畀豺虎」句注音「讒」字條，180 行，詞目單行大字，注音雙行小字。

陸德明《禮記釋文》 共 1 號，BD09523，起《檀弓上第三》「玉從」條注「又如字」的「又」字，至《檀弓下第四》「入見」條，共 25 行，第 1 行僅存注文 1 字半，其他完整，詞目單行大字，注文雙行小字。

羅振玉、王重民、林平和等先後對部分鄭注進行了整理、斷代及考釋，王重民還對 S.621 號《御刊定禮記月令》進行了整理及研究，均可參考。

（五）《春秋左傳》

敦煌出土文獻中發現的寫本《春秋左傳》，全部是杜預《春秋左氏經傳集解》系統的寫本。在這些出土的共 50 號寫本之中，共有 41 號為杜預《春秋左氏經傳集解》（可綴合為 21 件），其他有 1 號為魏徵《群書治要·左傳》，有 6

號為《春秋左氏經傳集解節本》（可綴合為 4 件），另有 2 號位孔穎達《春秋左傳正義》（可綴合為 1 件）。

杜預《春秋左氏經傳集解》 此類寫本較多，共涉及到桓公二年、十二年、僖公五年至十五年、二十一年至二十二年、二十五年至二十六年、二十八年至三十三年、文公十四年至十七年、宣公二年、十四年、成公十五年、十六年、襄公十八年、昭公五年、六年、七年、九年、十三年、十五年、十六年、二十四年、二十七年至二十八年、二十八年至二十九年、定公四年至六年、哀公十四年的相關內容。字行之間多有界欄，多為傳文大字，小注雙行。

魏徵《群書治要‧左傳》 S.133，起《襄公四年》傳「獸有茂草」的「草」字，至《襄公二十五年》傳「今吾見其心矣」，共 127 行，前 2 行中間殘缺，內容僅傳文和集解，而無經文，且多有刪節。王重民認為「多取嘉言懿行，蓋用以諷誦或教童蒙者」〔註 9〕。

佚名《春秋左氏經傳集解節本》 許建平認為這些寫本是敦煌土著仿《治要》體例而作的《左傳》的節本，以作教學之用，此系列《節本》涉及到僖公十六年、二十二年、二十三年、十九年至三十年、成公七年、九年、襄公十八年至十九年的內容。

孔穎達《春秋左傳正義》 P.3634V+3635V，這兩個寫本字體、行款均一致，應該是一卷所裂，只是兩者之間約殘泐 6 行，不能直接綴合。其中 P.3634V 起《哀公十二年》傳「昭公娶於吳，故不書姓」集解「諱娶同姓，故謂之孟子若宋女」之孔穎達《正義》「傳言昭公娶於吳」，至《哀公十三年》傳「秋七月」章正義「賈逵等皆云，董褐，司馬寅也」的「董褐」字。P3635V 起《哀公十三年》傳「秋七月」章正義「何得以二臣為吳晉之臣」的「二臣」，至《哀公十四年》經「十有四年，春，西狩獲麟」正義「象有武而不用」的「象」字（注疏本作「示」），共 51 行。

羅振玉、劉師培、越致、王重民、陳鐵凡等先後對杜氏集解進行了整理、斷代及考釋，可參考。

（六）《春秋穀梁傳》

敦煌出土文獻中發現的寫本《春秋穀梁傳》文獻共有 6 號，可分為兩類：

范甯《春秋穀梁傳集解》 共 4 號，其中 BD15345、P.2536、P.2486 三件

〔註 9〕王重民：《敦煌古籍敘錄》，中華書局 1979 年版，第 57 頁。

均為唐高宗龍朔三年由秘書監組織抄寫的，為同一書的不同部分，涉及到桓公十七年、十八年、莊公十九年至閔公二年、哀公六年至十四年的內容；而 P.2590 件寫本起莊公十九年，至閔公二年末，包括「莊公下第三」與「閔公第四」的內容，共 262 行。此類寫本經文大字，小注雙行，大字每行 13 或 14 字，行有界欄，行款疏朗，書法精美。

佚名《春秋穀梁傳解釋》　共 2 號，可綴合為 1 件，P.4905+2535，起《僖公八年》「言夫人而不以氏姓」的「以」字，至《僖公十五年》末，尾題「春秋穀梁經傳解釋僖公上第五」，共 169 行，經文大字，小注雙行，大字每行約 14 字。

羅振玉、劉師培、王重民、田宗堯、陳鐵凡等先後對范氏集解進行了整理及斷代。

二、史部

敦煌史部可分正史、古雜史、方志地理等類。〔註10〕

（一）正史

主要有《史記》《漢書》《三國志》《晉書》。

《史記》　1 號，P.2627，存《燕召公世家》《管蔡世家》兩世家和《伯夷列傳》一列傳：其中《燕召公世家》起「作《甘棠》之詩」，訖昭公卒年；《管蔡世家》起「蔡侯怒，嫁其弟」，訖卷末；《伯夷列傳》起「太史公曰：余登箕山」，訖卷末。

《漢書》　共有 10 號，內容如下：P.5009——《項藉傳》，P.2973B——《蕭何曹參張良傳》，S.2053、P.2485——《蕭望之傳》，P.2513——《王莽傳》，P.3557、3669——《刑法志》，S.10591——《王商史丹傳喜傳》，S.20——《匡衡傳》，羅振玉《敦煌石室碎金》本——《匡衡張禹孔光傳》。共有蔡謨《集解》、顏師古注、顏遊秦注三個注本，其中《蕭望之傳》（S.2053）即為蔡謨《集解》本，《蕭望之傳》（P.2485）《王莽傳》即為顏師古注本。

《三國志》　敦煌研究院 0287 號，內容為《吳書·步騭傳》，晉寫本，殘存 25 行。尾崎雄二郎、劉忠貴、李永寧等對它進行了整理、斷代與研究，可參考。

〔註10〕此部分內容主要參考了李錦繡《敦煌吐魯番文書與唐史研究》（福建人民出版社 2006 年版）。

《晉書》 共有 3 號，即 P.3481、P.3813、S.1393，其中，S.1393 有 3 個斷片，斷片 1 存 85 行，內容為《傅玄傳》《向雄段灼閻纘傳》；斷片 2 存 35 行，為部分《庾峻郭向庾純傳》；斷片 3 存 38 行，為部分《陸機傳》。王重民對部分《晉書》進行了整理及斷代。

（二）古雜史類

主要有《漢紀》《晉紀》（P.2586）《晉陽秋》（P.5550）《春秋後語》《闕外春秋》《帝王略論》《天地開闢以來帝王紀》等。

《春秋後語》 共有 13 號，其中 P.T.1291 號為藏文寫本，其餘十二號（P.5523V、P.2702、P.3616、P.2872、P.2589、P.2569、P.5034V、P.5010、S.713、S.1439、羅振玉舊藏本，北圖新 865）為漢文寫本，其中 S.1439 為《春秋後語釋文》，存《魏語》第七後半，《楚語》第八，《齊語》第九，《燕語》第十，共 119 行，前 2 行首尾殘損，此為唐人注本，也是現存唯一注本。鄭良樹有《孔衍〈春秋後語〉試探》《〈春秋後語〉輯校》《〈春秋後語〉研究》系列專著，王恒傑有《〈春秋後語〉輯考》一書，可參考。

《闕外春秋》 P2501、P2668，李荃撰，其中 P2668 件存卷一和卷二上半部分，內容為周秦和秦漢之際，P2501 件存卷四、卷五，內容為兩漢，與班固、范曄前後《漢書》時有出入。

《帝王略論》 P.2636，虞世南撰，原題《帝王論》，前有序，卷一起三皇訖秦二世，卷二起漢高祖訖元帝，以下殘損；對於歷代聖王暴君均略述起行事，然後下己論，以褒貶之。

（三）方志地理

主要有《沙州圖經》《沙州都督府圖經》《沙州志》《沙州伊州地志》《沙州歸義軍圖經略抄》《敦煌錄》《壽昌縣地境》以及《西州圖經》《天寶十道錄》《貞元十道錄》《諸道山河地名要略》《大唐西域記》《慧超往五天竺國傳》等。

《沙州圖經》 存 S.2593、P.5034 兩種，其中 S.2593，僅抄寫六行，為全書起首部分，即卷一；P.5034 首尾俱殘，存 181 行，為此書卷五內容。

《沙州都督府圖經》 P.2005，現存 513 行，屬綱目式地志。

《沙州志》 S.788，首尾俱殘，存 18 行，正文大字，注文小字雙行，內容為沙州敦煌縣地志後部和沙州壽昌縣地志前部。

《沙州伊州地志》 S.367，首殘，尾全，共 86 行，前 28 行為沙州壽昌縣

地志後部，第 29～79 行為伊州地志，第 80～84 行為河西、庭州、西州地志的摘抄，最後兩行為題記。

《沙州歸義軍圖經略抄》 P.2691，前部殘缺，首行不可辨認，內容為沙州及所屬敦煌、壽昌二縣地理等。

《敦煌錄》 S.5448，原件為冊頁裝，首殘尾全，共存 79 行，內容在敦煌名勝古蹟及寺廟、山水等。

《壽昌縣地境》 原本為祁居溫所藏，已不可見，現有呂少卿錄本，向達整理本，正文大字，注文小字雙行，列正文下。

李正宇對以上八種地志進行整理研究，有《古本敦煌鄉土志八種箋證》一書可參看，此書對每種地志都列有圖錄、引言、釋文和箋證。

《諸道山河地名要略》 P.2511，存 202 號，羅振玉指出「其體例，前述建置沿革，次事蹟，次郡望地名，次水名，次山名，次人俗，次物產，為後世地方志體例所自昉」〔註11〕。

另外，鄭炳林《敦煌地理文書匯輯校注》（甘肅教育出版社 1989 年版）、王仲犖《敦煌石室地志殘卷考釋》（中華書局 2007 年版）等書亦可參看。

三、子部

敦煌子部可分諸子、小說等類。

（一）諸子

主要有儒家《孔子家語》、兵家《六韜》、雜家《說苑》《劉子新論》《治道集》等。

《孔子家語》 S.1891，三國魏王肅重編本，存《郊問》第二十九末 12 行和《五行解》全篇。王重民對它進行了考校。

《六韜》 P.3454，北宋刪定前原本，殘卷存 200 行。周鳳五對該書進行了綜合整理與研究。

《說苑》 李永寧對《說苑》（反質篇）（敦研 0328 號）進行了校釋，可參考。

《劉子新論》 北齊劉晝撰，有 P.3562、P.2546、P.3704、P.3636、S.12042、羅振玉舊藏本、劉幼雲舊藏本等，林其錟、陳鳳金合著《敦煌遺書劉子殘卷集

〔註11〕王重民：《敦煌古籍敘錄》，中華書局 1979 年版，第 111 頁。

錄》（上海書店 1988 年。）羅振玉、傅增湘、王重民、許建平等對《劉子新論》
進行了校釋，可參考。

《治道集》 王重民考證了 P.3722、S.1440 號為李文博《治道集》。

（二）小說

　　這裡的小說主要指和魏晉南北朝時的那些志人志怪小說和唐代傳奇小說
體式相同的作品。主要有以下幾種：

　　《啟顏錄》 S.610，一部笑話集，形式短小、情節單一，但卻變現了某種
深刻的思想和辛辣的諷刺，還極富幽默詼諧的意味。

　　《搜神記》 散 920 等，經過民間流傳過程中的潤色、增飾，故事更加生
動形象，更具文學色彩。

　　《還冤記》 （P.3126），顏之推著，一部在佛教因果暴飲思想下形成的有
15 個冤鬼所報故事構成的短篇故事集。

　　除了這些作品以外，還有一些「準小說」，它們是一些佛教感應記式的小
說和一些非感應故事小說。

四、集部

　　敦煌集部文獻可分別集、文賦、詞曲、變文等類。

（一）別集

　　主要有《東皋子集》《甘棠集》《陳子昂集》《高適詩集》《王梵志詩集》等。

　　《東皋子集》 P.2819，唐王績著。首尾殘缺，共載賦三篇，起《遊北山賦》
之後半，《元徵賦》全，訖《三月三日賦》之前半，是後來呂才所編五卷本《王

續集》的最早寫本。

《甘棠集》P.4093，晚唐劉鄴著。寫本共 30 葉，分作四卷，存文八十八首，卷一無前題，卷四後半已缺，不著撰人姓名。基本保存了全書的內容。〔註 12〕

《陳子昂集》P.3590，僅存卷八《上西蕃邊州安危事》之末，至卷十終，末尾又附錄盧藏用所撰《陳氏別傳》，卷尾題「故陳子昂遺集十卷」。

《高適詩集》P.3862，起《答侯少府》，至《同呂判官從大夫破洪濟城回登積石軍七級浮圖作》，共有三十六題，詩若干首，僅首尾兩篇有殘缺。

《王梵志詩集》P.2718、P.3266、P.2914 等等，其寫本多達 30 多個，張錫厚整理出版《王梵志詩校輯》（中華書局 1983 年版），所載達 300 餘首，在內容上反映了當時賦稅徭役的繁重、貪官污吏的猖獗、貧困農民的悲苦等。

（二）文賦

敦煌文獻中所存文賦有四十餘篇，還有一些故事賦，如《晏子賦》《韓朋賦》等，他們重要講述故事，而文賦則重在詠志、抒情、狀物。

重要的文賦有《登樓賦》（P.3480）、《兩京賦》（P.2528）、《吳都賦》（蘇藏 L.1451）、《遊北山賦》（P.2819）、《三月三日賦》（P.2819）、《龍門賦》（S.2049）、《月賦》（P.2555）、《子靈賦》（P.2621）等，其中有些賦已見前面別集、總集之中。

鄭振鐸最早注意到敦煌文賦的價值。陳祚龍、饒宗頤對王粲《登樓賦》（P.3480）進行了研究，饒宗頤認為該賦非《文選》原本。

〔註 12〕趙和平：《敦煌本甘棠集研究》，臺北新文豐出版公司 2000 年版。

（三）詞曲

敦煌詞曲內容豐富，有表現邊塞生活的，有抒發閨情思念的，有吟詠時事政治的，有描寫民俗風情的，還有一些詠物詞和詠佛道的詞。

主要的作品有《雲謠集雜曲子》云：S.1441、P.2838，這兩種寫本，均不全，S.1441 本存十八首，P.2838 本存十四首，除去重複，共有三十首，多為懷念征人、抒發怨望之情的作品。

其他還有單個的作品，如《河滿子》（S.5637）、《望遠行》（P.4692）、《感皇恩》（P.3428、P.3128）、《獻忠心》（S.2607）、《浣溪沙》（S.2607、P.3821）、《樂世詞》（S.6537）、《婆羅門·詠月》四首（S.4578）等。〔註 13〕

（四）變文

「變文」的名稱由鄭振鐸在《敦煌的俗文學》（原載《小說月報》第 20 卷第三號）中最早提出，而對它的理解卻有十餘種之多，而在一般意義上，我們可以把它理解為敦煌地區說唱文學作品的通名，也可以看作後來「話本」的前身，它的主要內容可大致分為佛教故事、歷史故事、民間傳說、寓言故事、時事故事等，而這類文獻在敦煌的文獻中的大量存在。

主要的變文作品有《破魔變》（P.2187）、《降魔變文》（S.5511，S.4398）、《伍子胥變文》《李陵變文》《王昭君變文》（P.2533）、《張淮深變文》（P.3451）等。〔註 14〕

五、宗教部

敦煌宗教可分儒教、道教、佛教、景教、摩尼教和祆教等六類。

（一）儒教

1.《論語》

敦煌出土文獻中關於《論語》的寫本有 92 號之多，可大致分為以下 6 類：

白文本《論語》 共 6 號，可綴合為 4 件，此類寫本雖有經無注，其實都是據何晏《論語集解》抄錄而來，內容涉及到《述而》《泰伯》《子罕》《鄉黨》《先進》《顏淵》等 6 篇。

鄭玄《論語注》 共 7 號，可綴合成 5 件，內容涉及《八佾》《雍也》《述

〔註 13〕任半塘：《敦煌歌辭總編》，上海古籍出版社 2006 年版。
〔註 14〕黃征、張湧泉校注：《敦煌變文校注》，中華書局 1997 年版。

而》《鄉黨》《顏淵》《子路》等 6 篇。

何晏《論語集解》　共 74 號，可綴合為 60 件，何晏《集解序》及《論語》二十篇內容均有涉及，由鄭玄與何晏兩家的對比，可以看出在當時何晏的《集解》大量流行，而鄭玄《論語注》卻逐漸式微。

皇侃《論語疏》　1 號，P.3573，起《學而》「學而時習之」句疏「故《學記》云：發然後禁」，至《里仁》「事父母幾諫」章疏「則貽累父母之憂也」，共 647 行，存《學而》《為政》《八佾》《里仁》4 篇的內容，經文單行大字，其他雙行小字，每章經文皆提行頂格書寫。

佚名《論語摘抄》　1 號，Дx.02174，共 17 行，第 1～2 行不全，每行 24 字，內容涉及《學而》至《子罕》共九篇，基本上是摘錄《論語》經文，但第 3 行有一處摘錄了何晏《集解》之文，可知它是依據《論語集解》摘錄而來。

佚名《論語音》　共 3 號，可綴合為 2 件，L0739+北殷 42 為《論語鄭注音義》，內容涉及《八佾》《里仁》《公冶長》3 篇。P.3474p2V 為《論語集解音》殘片，前 2 行共 3 個直音，被注字經考證為《論語集解·先進》經、注中字。

羅振玉、王國維、王重民、向達、陳鐵凡、月洞讓、金谷治、王素、榮新江等先後對 P.2510 號、日本書道博物館藏本及 S.3339、6121、7003B、11910 號等鄭玄《論語注》進行了整理、斷代及考釋。王重民對 S.800 號何氏集解進行了整理及斷代。陳鐵凡對部分何氏集解的異文進行了整理及考釋。李方則對敦煌本何氏集解進行了全面整理與研究〔註 15〕。

2. 《孝經》

敦煌出土文獻中有 41 號為《孝經》寫本，可大致分為 6 類：

白文本《孝經》　共 26 號，可綴合為 21 件，這其中又分為有鄭玄《孝經序》的白文和無序白文，但二者之間極少歧異，都應該是鄭氏經文，其內容也對《孝經》各章都有涉及。

鄭玄《孝經注》　共 9 號，可綴合為 7 件，其中 P.3428 起《開宗明義章》「終於立身」的注文，至「廣揚名章第十四」子目，共 88 行；P.2674 起《廣揚名章》首句，至卷末，共 34 行，二者可綴合為 1 件，是最長的鄭玄《孝經注》寫本，占全部內容的四分之三；其他寫本多嚴重殘缺。

唐玄宗《孝經注》　1 號，S.6019，此為開元間初注本，起《聖治章》「夫

〔註15〕李方：《敦煌〈論語集解〉校證》，江蘇古籍出版社 1998 年版。

聖人之德」，至「不敬其親而敬他人親者」注「其親然」，共 10 行，末 3 行上截殘缺。

佚名《孝經注》 共 3 號，可綴合為 2 件，且三者實為一書，只是抄寫者不一而已。S.6177+P.3378 件涉及《孝經注》中《開宗明義章》《天子章》《諸侯章》《卿大夫章》《士章》《庶人章》《三才章》的內容，P.3382 起《三才章》「地之義」注，至《聖治章》「聖人因嚴以教敬」注，共 74 行，前 10 行及末 4 行下截均殘泐。潘重規認為這類文獻是仿變文而作的《孝經》講經文。

佚名《孝經鄭注義疏》 1 號，P.3274，起《開宗明義章》「教之所由生也」注「言教從孝而生」的「生」字，至《喪親章》末，共 404 行，卷末有題記「天寶元年十一月八日於郡學寫了」1 行。

佚名《孝經疏》 P.2757V，9 行，字跡潦草，幾乎無法句讀，為《喪親章》之文。

林秀一、陳鐵凡對敦煌本《孝經》進行了全面整理與研究。

3. 書儀

周一良、趙和平將書儀分為三小類：第一類為《朋友書儀》。第二類為綜合類書儀，亦即吉凶書儀，如《書儀鏡》《新定書儀鏡》《吉凶書儀》《新集吉凶書儀》《大唐新定吉凶書儀》《新集諸家九族尊卑書儀》。第三類為表狀箋啟書儀，如《甘棠集》《記室備要》《新集雜別紙》《刺史書儀》。

郭長城對《朋友書儀》進行了探討。王重民對杜友晉《吉凶書儀》（P.3442號）進行了解說；那波利貞對杜友晉《吉凶書儀》與《元和新定書儀》進行了比較研究。王重民認為張敖《新集吉凶書儀》係刪篡《元和新定書儀》而成。王重民考證 P.4093 號為劉鄴《甘棠集》，張錫厚、吳其昱、徐俊曾就王氏考證及集中有關人事展開討論。王重民認為郁知言《記室備》（P.3723 號）具有書儀性質。陳祚龍認為 P.3449、3864 號不同於一般書儀，趙和平考證應為《刺史書儀》。

（二）道教

除了道教的原始經典《老子道德經》外，主要分藏內道經和藏外道經。前者主要有《太平經》《上清經》《靈寶經》等，後者主要有《老子化胡經》《太上洞真上清開山經》《太玄真一本際經》等。此外，還有一些道教的類書。

《老子道德經》 它是道教最根本的典籍，敦煌文獻中有大量白文、注疏

以及相關抄本，其中有白文寫本 53 號（可綴合為 35 件），前或有葛玄《老子道德經序訣》、後或標明章節字數等；注疏有 6 家（河上公注、想爾注、李榮注、成玄英疏、唐玄宗注疏、佚名注），共 23 號（可綴合為 15 件），可參考朱大星《敦煌本〈老子〉研究》（中華書局 2007 年版）。

《太平經》　寫本僅存 1 號（S.4426），為唐寫本，首殘尾全，共存 346 行，行 17 字，起「痛苦眇眇」，尾題「太平部卷第二」，內容由前序、目錄、後序組成，保存了《太平經》170 卷 266 章的詳細目錄，文中有階梯和雙行夾註。

《老子化胡經》　此書編成於唐朝開元、天寶後，目的是抬高道教地位，貶斥佛教，打擊儒家、摩尼教等。寫本存 10 號，內容多荒誕離奇，近乎志怪小說。

《太玄真一本際經》　隋道士劉進喜編，敦煌文獻中保存有 165 號之多，為十卷本，對《道藏》中僅存的一卷有很大的補充，其中包括一些佛教的名詞術語，說明當時佛教的某些觀念和理論已經成為道教思想體系的組成部分，對我們研究佛道關係提供了進一步的材料。

（三）佛教

敦煌文獻中佛教文獻的數量巨大，占全部敦煌文獻的 90%以上，有數萬件之多，而這其中的禪宗文獻、三階教文獻等尤為重要。

佛教文獻中的這些禪宗文獻主要是禪宗初期的一些思想語錄以及記載歷代禪宗法師傳法機緣的燈史，語錄主要有禪宗初祖達摩的《二入四行論》，三祖僧璨的《信心銘》，五祖弘忍的《修心要論》，北宗六祖神秀的《大乘五方論》《大乘北宗論》《觀心論》，南宗六祖慧能的《壇經》，南宗七祖神會的《南陽和上頓教解脫直了見性壇語》《南陽和上問答雜徵義》《菩提達摩南宗定是非論》等；燈史主要有《歷代法寶記》以及反映北宗的杜朏《傳法寶紀》和淨覺《楞伽師資記》。

三階教的經典文獻有《三階佛法》《三階佛法密記》《佛說示所犯者法鏡經》《三階佛法發願法》等，對研究當時中國宗教排解矛盾有著重要意義。

佔據敦煌佛教文獻絕大多數的是唐代流行最廣的五部經書，即玄奘所譯《大般若波羅密多經》、鳩摩羅什所譯《金剛般若波羅密經》《妙法蓮華經》《佛說維摩詰經》以及義淨所譯《金光明最聖王經》。為世俗佛教徒普遍信奉的《觀音經》《佛名經》《大般涅槃經》《四分律》也有很多寫本。

此外，還存在著大量傳世漢文《大藏經》未收的佛教典籍，如《無量壽宗

要經》《佛說孝順子修行成佛經》《佛說金剛壇廣大清淨陀羅尼經》《諸星母陀羅尼經》《因緣心論頌》《因緣心論釋》《大乘四法經釋》《八種粗重犯墮》以及各種經錄、牒文、齋文、願文等。

（四）景教

主要有《大秦景教三威蒙度贊》《尊經》《一神論》《序聽迷詩所經》《志玄安樂經》《大秦景教宣元本經》等。

《大秦景教三威蒙度贊》（P.3847）、《尊經》（P.3847）都是研究景教儀式和教法的重要資料。羅振玉最早對這兩篇進行了簡單解說，陳垣也對此經贊進行了簡單解說，朱維之、吳其昱、林悟殊等則對此經贊進行了全面研究。

《一神論》富岡謙藏，內容為講解景教的神學和哲學，用各種比喻來說明景教唯一神的神性，文句艱澀難懂，應用了《新約·馬太福音》第6、7章中的一些內容。

《序聽迷詩所經》高楠順次郎藏，亦可譯作《耶穌基督經》，主要內容為論述上帝不可見而又無處不在及對其的崇拜和人的三大義務，還有基督的生平，文句也較為艱澀。

《志玄安樂經》李盛鐸舊藏，基督教宣傳冊，通過對話的形式，教化人們應該通過無欲、無為、無德、無證四法而達到安樂道，以及運用十善來認識人間事物。

《大秦景教宣元本經》經文採用對話的形式，假託景通法王對教徒的步道來宣講世界本原的問題，主張世界本空，萬事萬物皆為上帝所造，而上帝本身卻常存不易。

（五）摩尼教

主要有《摩尼教殘經》《摩尼光佛教法儀略》《下部贊》等。

《摩尼教殘經》P3884，首尾俱殘缺，存《寺儀》第五和《出家儀》第六兩篇而已，約300餘行字，但它卻是理解摩尼教思想的根本文獻。

《摩尼光佛教法儀略》S.3969+P.3884，唐開元間，摩尼教法師奉唐玄宗詔書而撰寫的解釋性文獻，對摩尼教的教義和儀軌，都作了簡要介紹，成為後世理解摩尼教的基本文獻。

《下部贊》S.2659，韻文體著作，包括許多首贊詩，表面上充滿了佛教詞彙，本質上確是譯自某種中古伊朗語的摩尼教讚美詩。

（六）祆教

祆教，又稱「拜火教」，敦煌文獻中有關於它的記載，如敦煌地志中有「祆神廟」、《敦煌十二詠》中有《安城祆詠》等，且沒有發現專門的火祆教經典，只有一副 10 世紀的火祆教圖像。

六、技藝部

敦煌技藝部文獻主要可分為數學、醫藥、天文曆法、占卜等。

（一）數學

數學類文獻主要有《立成算經》（S.930）、《算經》（又稱《孫子算經》，P.2667、P.3349、S.19、S.5779）、《田積表》（P.2490）、《九九歌訣》等十多種。

《立成算經》　此抄本最引人注目之處是出現了唐人手寫的數碼字，這些數碼字沒有表示空位的零號，是按算籌記數的縱橫相間規則，記錄下一系列數碼，除個位外，還有十位和百位數數碼。

（二）醫藥

醫藥類文獻主要有《新修本草》《食療本草》《本草集注》《脈經》《五臟論》及各種醫方。

《新修本草》　S.4534、S.9434、P.3714、P.3822、北圖本、李盛鐸舊藏本，此書為唐高宗時，由李勣、蘇敬主持編撰，共二十卷，記載了九類 844 中藥物，且圖文並茂，是此前藥物學知識的集大成之作，北宋時失傳，日本有殘本，而敦煌所出寫本對於此書的校訂整理有重要作用。

《食療本草》　S.76，唐孟詵原著，張鼎補著，拱手藥物 207 中，以專講動植物的營養和藥用醫療價值而獨具特色，宋之後亡佚，敦煌本僅存藥物 26 種，使人們對唐朝食物療效的水平有了進一步的認識。范鳳源、朱中翰、譚真等也對該書進行了整理及探討。

《脈經》　P.3287，唐初寫本，原書已亡佚，此寫本保存了一些失傳的診法，藥方和脈學理論。

《五臟論》　P.2115V，張仲景著，首尾完整，首載小序，正文主要論述了五臟機理、經絡功能、病因病理以及常用藥物的功能。

相關整理及研究文獻有馬繼興所編《敦煌古醫籍考釋》（江西科學技術出版社 1988 年版）和《敦煌醫藥文獻輯校》（江蘇古籍出版社 1998 年版）以及

李應存、史正剛合著的《敦煌佛儒道相關醫書釋要》（民族出版社 2006 年版）。

（三）天文曆法

天文曆法類文獻主要有各種天文書、星圖及曆書等，共有 60 餘件。

《星占書》殘卷　P.2512，唐武德四年（621）寫本，記錄了甘德、石申、巫咸三家內外官星 283 座，1464 顆星，與唐初所編《晉書・天文志》《隋書・天文志》所載完全吻合，與唐《開元占經》相比，互有脫漏，並且此殘卷還有一首《玄象詩》，以詩歌的形式使人們便於記誦，有 264 句之多。

《敦煌星圖》甲本　S.3326，又稱《全天星圖》，此圖據甘、石、巫咸三家著作，「從十二月開始畫起，根據每月太陽位置的所在，把赤道帶附近的星分成十二段」〔註16〕，繪製了 1348 顆星，用三種不同顏色區分三家星宿，並附有說明文字，是世界現存古代星圖中年代最早、星數做多的一張。此外還有《敦煌星圖》乙本（又稱《紫微垣星圖》，敦煌市博物館藏，編號 076 號），有星名 32 個，星 138 顆，用黑、紅兩色標識。

《中和二年壬寅歲具注曆日》　S.P.10，刻本，由當地政府頒發，有別於中央政府頒發的曆書，統稱「小曆」，此曆書為劍南西川成都府樊賞家刻印，有四川傳入敦煌。敦煌中保存的「具注曆」有近 50 件，最早的是吐蕃戊子年（808）的曆書，最晚的是歸義軍醇化四年癸巳年（993）曆書，這些曆書的內容也逐漸豐富。

羅振玉、王重民、藪內清、藤枝晃、蘇遠鳴（M. Soymié）、蘇瑩輝、施萍婷、席澤宗、嚴敦傑等分別對敦煌本諸曆進行了考證。鄧文寬對敦煌本天文曆法進行了綜合整理與研究。相關整理研究文獻還有：鄧文寬《敦煌天文曆法文獻輯校》（江蘇古籍出版社 1996 年版）、鄧文寬《敦煌吐魯番出土曆書》〔註17〕、鄧文寬《敦煌吐魯番天文曆法研究》（甘肅教育出版社，2002 年版）。

（四）占卜

占卜類文獻的抄本很多，分類大致如下〔註18〕：

1. 卜法：主要有《易三備》《十二月消息卦》《易占》《五兆經法要決》《五

〔註16〕鄧文寬：《敦煌吐魯番天文曆法研究》，甘肅教育出版社 2002 年版，第 5 頁。

〔註17〕薄樹人主編：《中國科學技術典籍通匯・天文卷》第一冊，河南教育出版社 1997 年版。

〔註18〕黃正建：《敦煌占卜文書與唐五代占卜研究》，學苑出版社 2001 年版，第 208 ～219 頁。

兆要決略》《五兆卜法》《靈棋卜法》《李老君周易十二錢卜法》《孔子馬頭卜法》《周公卜法》《九天玄女卜法》《占十二時卜法》《聖繩子卜法》等。

2. 式法：主要有《式法》《兵書雜式》《安營式法》《遁甲式法》等。

3. 占候：主要有《太史雜占曆》《西秦日食占》《兵書雜占》《占星書》等。

4. 相書：主要有《相書》《男女身面黶圖》《婦人身黶圖》《相黑子書》等。

5. 夢書：主要《新集周公解夢書》《解夢書》《占夢書》等。

6. 宅經：主要有《諸雜推五姓陰陽等宅圖經》《雜鎮宅法》《宅經》等。

7. 葬書：主要有《陰陽書・葬事》《造冢墓取土及墓內尊卑法》《山岡占圖》等。

8. 時日宜忌：主要有《諸雜略得要抄子》《六十甲子曆》《七曜日占法》《百忌曆》等。

9. 祿命：主要有《七星人命屬法》《推十二相屬法》《推人九天宮法》《推命書》等。

10. 事項占：占病的有《發病書》《推得病日法》；占婚嫁的有《推擇日法》《推五行嫁娶法》；占死喪的有《推死喪法》；占走失的有《神龜推走失法》《推十二日亡物法》；占逆剌的有《逆剌占》《十二逆剌預占來人吉凶法》。

11. 雜占：主要有《占人手癢目潤耳鳴等法》《推養犬之法》《攘女子婦人述秘法》等。

12. 其他：主要有《三合法》《十二月壬氣》《人神遊日》等。

七、工具部

工具部主要為文字、音韻、訓詁、類書、總集、雜傳、法律等類。

（一）文字

有《玉篇》《群書新定字樣》《正名要錄》《時要字樣》（全名《新商略古今字樣撮其時要並行正俗釋》）等。

《玉篇》 顧野王撰，詳注本。

《字樣》 周祖謨考證《字樣》係據顏師古《字樣》補充而成，朱鳳玉、張湧泉認為即杜廷業《群書新定字樣》。

《正名要錄》 S.388，刊正字體的字樣類書籍，劉燕文、朱鳳玉、張湧泉對其作者是郎知本或是郎知年進行了討論，周祖謨、大友信一、西原一幸、蔡忠霖、鄭阿財、李景遠對該書進行了整理與研究。

《時要字樣》 S.5731、S.6208、S.6117，分辨同音異義字的書籍，周祖謨、西原一幸等對它進行了考釋整理。

（二）訓詁

有《爾雅》《字寶》（又名《碎金》）、《俗務要名林》等。

敦煌出土文獻中，《爾雅》寫本數量較少，僅有 3 號，可分為 2 類：

白文《爾雅》 1 號，P.3719，起《釋詁下》「話、猷、載、行、訛，言也」的「也」，至《釋訓》「委委他他，美也」，共 84 行，有經無注。

郭璞《爾雅注》 2 號，合綴為 1 件，P.2661+3735，起《釋天》「秋為收成」，至《釋水》末，尾題「尒雅卷中」，共 161 行，經文大字，小注雙行。後有題記 5 條。王重民對 P.3719 號白文和部分郭注進行了整理及斷代；周祖謨對郭注的注音進行了考證，可參考。張湧泉主持整理的《敦煌經部文獻合集》已出版，包括定名、題解、錄文、校勘等。

《字寶》 S.619、S.6204、P.2058、P.2717、P.3906、北雨 90，敦煌文獻中重要的解釋當時口語中俗語的書籍，並注解了一些生僻字和形近字的字形，所收此條雖不多，但是內容卻很有價值。王國維、姜亮夫、潘重規、方師鐸、砂岡和子、周祖謨、劉燕文、張金泉、許建平等先後對其進行了考校，朱鳳玉還對該書進行了綜合整理與研究。

《俗務要名林》 S.617、P.2609、P.5001，專為解說日常生活中習見的文字、語彙而編纂的辭書，收錄了 1000 餘條唐時民間口語詞彙，能幫助我們閱讀敦煌文獻，劉復、周祖謨、朱鳳玉、張金泉、許建平等先後對其進行了校釋及研究。

（三）音韻

《切韻》系列韻書 《切韻》為隋陸法言撰，敦煌文獻中不但有《切韻》的抄本（P.3798、P.3695、P.3696、P.6187、S.2683、P.4917），還有唐長孫訥言《箋注切韻》本（P.3693、P.3694、P.3696、S.6176、S.2055、S.2071）、王仁昫《刊謬補缺切韻》（P.2129、P.2011）、孫愐《唐韻》（P.2018）等，對我們研究《切韻》係音韻系統提供了很大的幫助。〔註19〕

劉復、羅常培等對當時所能見到的《切韻》（6 種）、《唐韻》（1 種）及王仁昫《刊謬補缺切韻》（2 種）進行了整理。姜亮夫、潘重規、周祖謨等則先後

〔註19〕周祖謨：《唐五代韻書集存》，中華書局 1983 年版。

對韻書進行了綜合整理。

玄應《一切經音義》 有近 20 個版本，其中英藏 2 個（S.3469、S.3538），法藏 4 個（P.3095、P.3734、P.2271、P.2901）、俄藏 10 多個。

此外，還有隋釋道騫《楚辭音》以及在前面提到的經書的音義書。

（四）類書

主要有《類林》（P.2635）、《事訓》《語對》《籯金》《華林遍略》（P.2526）、《兔園冊府》（P.2573）、《高宗天訓》（P.5523）、《新集文詞九經抄》等。

王三慶對《事林》進行了校箋。王三慶還對 43 種、113 號類書（包括蒙書）進行了綜合整理與研究，有《敦煌類書》一書（高雄麗文文化事業股份有限公司 1993 年版）。

（五）蒙書

主要有《蒙求》（P.2710、4877）、《雜抄》（P.2721）、《古賢集》（P.2748）、《百行章》（榮列為類書）、《太公家教》《辯才家教》（P.2515）、《開蒙要訓》《文詞教林》（P.2612）、《新集嚴父教》等。

畢素娟對李翰《蒙求》進行了校釋。朱鳳玉對《雜抄》進行了綜合校釋。鄧文寬對《百行章》進行了校釋。劉復對《開蒙要訓》進行了整理，羅常培利用該書對唐五代西北方音進行了研究。鄭阿財、王三慶對《文詞教林》進行了整理。

（六）總集

主要有《文選》《瑤池新詠集》《玉臺新詠》以及一些「唐人選唐詩」等。

《文選》 總集中寫本最多，有蕭統原本、李善注本、《文選音》等。〔註20〕

《瑤池新詠集》 Dx.6722、Dx.6654+Dx.3861、Dx.3872+3874、Dx.11050，中國現存最早女詩人是個總集,此出土殘卷共計殘存四位女詩人的詩作 23 首，其中李季蘭 7 首，元淳 7 首，張夫人 8 首，崔仲容 1 首，約占全部內容的五分之一。

《玉臺新詠》 P.2503，此寫本起張華《情詩》第五篇，訖《王明君詩》，乃《玉臺新詠》卷二內容，存五十一行，前後尚有殘字七行，不見書題。

敦煌本「唐人選唐詩」 種類繁多，較為重要的有榮新江、徐俊拼接的Ⅱ

〔註20〕饒宗頤編：《敦煌吐魯番本文選》，中華書局 2000 年版。

x.3871、P.2555 號。而其中，最令人關注的就是所謂「馬雲奇詩」和「落蕃人詩」。王重民、戴密微、舒學、潘重規、閻文儒、高嵩、柴劍虹、陳國燦等對此二詩進行了多方面的整理及探討。

（七）雜傳

主要有《南陽張延綬別傳》《敦煌氾氏家傳》《孝子傳》等。此類隸屬於傳記類，故移至此。

《南陽張延綬別傳》 P.2568，寫本共 41 行，行 15 或 16 字，正文大字，注文雙行小字，首題「南陽張延綬別傳」，尾題「於時大唐光啟三年閏十二月十五日傳記」。

《敦煌氾氏家傳》 S.1899，此寫本記敘了氾畀、氾績、氾禕、氾毗、氾浵、氾咸、氾昭、氾曼、氾瑗等前涼時期氾氏家族的人物事蹟，可補正史列傳之缺。

《孝子傳》 S.389V、P.3680、P.3536Vd、北圖新 885 號，共 4 號，可綴合為 3 件。其中 S.389V、P.3680 可綴合，前者記載郭巨、舜子、文讓、向生的孝行事蹟，後者殘存丁蘭、王褒、王武子、某岡子的孝行事蹟，孝行之後均附七言詩。

（八）法律

主要為唐代的律、律疏及令、格、式等。此類之書在四庫原在政書類法令之屬，今移至此。

《唐律》 有貞觀、永徽、垂拱諸律。其中 Ch0045 為《貞觀律》，內容為《捕亡律》。P.3252、3608 號為永徽、開元間律，亦即《垂拱律》，內容為《職制・戶婚・廄庫律》。其他多為《永徽律》，如 ДX.1916+3116+3155 為《名例律》，S.9460A、ДX.1391 也是《名例律》斷片，北麗 85 是《職制律》，大谷 8098、Ch991 均為《擅興律》，大谷 5098、8099 為《盜賊律》斷片，大谷 4491、4452 為《詐偽率》斷片。

《唐律疏》 有永徽、開元諸律疏。如 P.3690 為《永徽職制律疏》，P.3592為《開元名例律疏》、北河 17 為《開元律疏》卷第二《名例》殘卷，S.6138 為《開元盜賊律疏》斷片，另外還有李盛鐸舊藏《開元雜律疏》。

《唐令》 有永徽、開元諸令。S.1880+P.4634+S.3375+11446 為《永徽東宮諸府職員令》殘卷。P.2819 為《開元公式令》殘卷。

　　《唐格》有神龍、開元諸格。其中 P.3078+S.4673 為《神龍散頒刑部格》，Ch3841《垂拱後常行格》，S.1344 為《開元戶部格》，北周 51 為《開元職方格》，P.4978 為《開元兵部選格》、北周 69 為《開元戶部格》，P.4745 為《貞觀吏部格》。

　　《唐式》主要是 P.2507 的《開元水部式》。

　　敦煌法制文書方面的研究著作有：劉俊文《唐律疏議箋解》（中華書局 1988年版）與《敦煌吐魯番唐代法制文書考釋》（中華書局 1989 年版）、陳永勝《敦煌吐魯番法制文書研究》（甘肅民族出版社 2000 年版），可參考。

第三節　吐魯番古籍的整理與研究

　　吐魯番古籍品種、數量較少，有的還未正式公布，國內外研究者不多〔註21〕。

一、經部

　　吐魯番經部現存《尚書》《毛詩》《禮記》《春秋左傳》四種。

（一）《尚書》

　　僅有孔安國《古文尚書傳》，共 4 件，分別為《大禹謨》（CH.3698 號）、《禹貢》《甘誓》（72TAM179：16）、《呂刑》（S.Toy.044）、《文侯之命》（S.Toy.III.ii03[f]）等篇。

　　《唐寫〈尚書〉孔氏傳〈禹貢〉〈甘誓〉殘卷》72TAM179，起《禹貢》「豬野」，至《甘誓》「甘誓」傳「將戰先誓」，古字本，傳文中多有古字，則為後人所改；此殘卷被作為鞋樣，殘損嚴重，僅剩五大片，二小片。

《唐寫〈尚書〉孔氏傳〈文侯之命〉殘卷》S.Toy.III.ii03[f]，此殘卷首尾皆殘，共4行，經文大字，傳文小字雙行，存經文15字，傳文27字，殘損嚴重。陳國燦、榮新江、許建平等進行了整理與介紹。

（二）《毛詩》

主要有白文《毛詩》和鄭玄《毛詩故訓傳箋》。

白文約有3件，分別為《周南‧關睢序》（66TAM59:4/1[a]）、《小雅‧采薇～出車》（Ch.121號）、《小雅‧魚藻之什》（Ch.2254號）。

鄭箋僅1件，為《周南‧關睢序》《鄭風‧緇衣》《小雅‧湛露、彤弓、菁菁者莪、六月》等篇（73TAM524:33）。

白文《周南‧關睢序》為東晉寫本，鄭箋《周南‧關睢序》至《小雅‧六月》為高昌寫本，都很珍貴。

（三）《禮記》

主要有白文《禮記》和鄭玄《禮記注》。

白文僅1件，為《坊記》（Ch.2068號）。

鄭注亦僅1件，為《檀弓》（73TAM222:54）。

（四）《春秋左傳》

僅有杜預《春秋經傳集解》，共4件，分別為《昭公二十二年》（Ch.1044、2432號）、《昭公二十五年》（靜嘉堂文庫藏品）、《昭公三十一年～三十二年》（Ch.1298v號）。

靜嘉堂文庫藏品有段永恩跋云：「按此為《左傳》魯人竊寶龜，臧氏以其非禮一節，與前所見新城方伯右宰谷拒諫數殘葉為一紙，書法同北魏，蓋亦曲嘉時學官子弟傳抄之本也。」

二、史部

吐魯番史部可分史籍、法律、地理、譜牒等類。

（一）史籍

主要有《史記》《漢書》《三國志》《晉陽秋》《新唐書》《春秋後語》等。

《史記》僅1件，為《仲尼弟子列傳》（Ch.938v）。

《漢書》約有2件，分別為《張良傳》（Ch.938）、《西域傳》（80TBI:001[a]）。

《三國志》約有5件，分別為《魏書‧臧洪傳》（晉寫本，殘存21行）、

《吳書・吳主（孫權）傳》（晉寫本，殘存 40 行）、《吳書・虞翻傳》（殘存 10 行）、《吳書・虞翻、陸績、張溫傳》（晉寫本，殘存 80 行）《吳書・韋曜、華覈等傳》（唐寫本，殘存 25 行）（新疆博物館藏 2 件、日本書道博物館藏 2 件、上野淳一藏 1 件）。

《晉陽秋》有 2 件（P.2586，72TAM151:74[a]～83[a]），其中 P.2586 件寫本前後殘損，無書題，殘存 152 行，行 16 或 17 字，記晉元帝太興二年二月志六月間事，羅振玉認為是鄧粲《晉紀》。另一件共殘存 86 行，行 22 字左右，字跡工整，應為東晉寫本。

王素、町田隆吉、陳國燦、李征進行了整理、復原、斷代與探討。饒宗頤結合敦煌本對史稱《晉陽秋》「傳之外國」進行了考證。

《新唐書》約有 5 件，均為石雄傳（Ch.2132v、2286v、3623v、3761V、3903V）。

《春秋後語》僅 1 件（Ch.734 號），榮親江考訂應為盧藏用《春秋後語汪》殘卷。

（二）法律

主要為《謚法》及唐代的律、律疏及格。

《謚法》約有 2 件：1 件較完整（60TAM316:08/2，08/3），1 件為斷片（60TAM316：08/4）。

唐律主要有《永徽律》，約有 6 件，分別為擅興（Ch.991 號、大谷 8098 號）、賊盜（大谷 5098、8099 號）、詐偽（大谷 4491、4452 號）等律（斷片）。

唐律疏主要有《開元律疏》，僅 1 件，為《名例律》（73TAM532:1/1～1，1/1～2）。

唐格約有 2 件：1 件為《唐吏部留悟司格》（Ch.3841 號）。另一件（TIIT），那波利貞定為唐格，劉俊文定名為《垂拱後常行格》（斷片）。山本達郎、池田溫、岡野誠、劉俊文等對唐代的律、律疏及格進行了綜合整理。

此外，還有《唐儀鳳三年（678）尚書省戶部支配諸州庸調及折造雜練色數處分事條啟》（72TAM230:46，84），許福謙認為是咸亨元年（670）到上元二年（675）間重修的《度支工》，劉俊文認為應定名為《儀鳳度支式》。

（三）地理

僅有《大唐西域記》，1 件（81AST:1），係吐峪溝千佛洞出土。據柳洪亮

推測玄奘曾在長安親手將《大唐西域記》贈給曲智湛，曲智湛回到西州又將此書贈給丁谷寺（即今吐峪溝千佛洞），該寫本即此書原本。

（四）譜牒

主要有《某氏族譜》（66TAM50:33～37）、《某氏殘族譜》（73TAM113:35）。

馬雍較早對其進行研究，但問題頗多。王素懷疑《某氏族譜》為《敦煌氏張氏族譜》，考證《某氏殘族譜》為《西平曲氏族譜》。

三、子部

吐魯番子部主要為《劉子》以及幾種書儀。

《劉子·禍福》殘片：Mr.tagh.0625，共存 7 行，皆正文，無注，正文僅 45 字。

書儀約有 2 件：1 件包括與伯、與叔、與姑、與兄弟、修兄妹、與弟妹、姑與兄弟子、與外祖父等書儀（72TAM169:26[b]）；1 件為斷片（Ch.1221 號），具體情況不詳。

四、集部

吐魯番集部可分詩賦、詔策、詞曲等類。

（一）詩賦

主要指零散的書札、詩文、碑賦等。

書札雖然數量不少，但稱得上古籍的，似乎僅潘岳書札 1 件（甘肅省博物館藏品）。

詩文除幾件殘詩文稿（ДX.02947、11414 號、67TAM90:31，32，37；64TAM29:91[b]）外，主要有劉向《諫營昌陵疏》（72TAM216:012/2），以及一些突厥文、回鶻文「頭韻詩」。

碑賦主要有孔稚珪防珪《褚先生百玉碑》（S.Ast. III.3.011～013）、佚名《梠子賦》（Ch.2378 號）及俗賦《孔子與子羽對語雜抄》（69TAM134:12～15）等。

秦明智、茨默（P. Zieme）分別對潘岳書札和「頭號韻詩」進行了研考。

張鴻勳結合敦煌本《孔子項託相問書》對《孔子與子羽對語雜抄》進行了比較研究。

（二）詔策

主要有赦文、對策等。

赦文僅 1 件，即唐景龍三年（709）《南郊赦文》（65TAM341:22～26，29/1）。

對策約有 4 件：1 件為西涼建初四年（408 年秀才對策（75TKM91:11）；1 件為唐經義鄭玄《論語注》對策（64TAM27:40～50）。另 2 件亦分別為唐經義《尚書》《論語》對策（普林斯頓大學葛斯德圖書館藏品）。

王素對唐經義鄭玄《論語注》對策進行了研究。陳國燦對唐經義《尚書》《論語》對策進行了整理與探討。

（三）詞曲

僅「曲子詞」，約有 2 件（Ch.3010、3629 號），具體情況不詳。

五、宗教部

吐魯番宗教可分儒教、道教、佛教、景教、摩尼教等五類。

（一）儒教

1.《孝經》

主要有白文《孝經》、鄭玄《孝經注》、佚名《孝經解》及唐玄宗《御注孝經》。

白文約有 2 件，分別為《開宗明義章》至《聖治章》（72TAM169:26[a]）、《卿大夫章》至《孝治章》（吐魯番博物館藏品）。

鄭注僅 1 件，為《感應》《事君》及《喪親》等章（66TAM67:15）。

《孝經解》亦僅 1 件（60TAM313:07/3）。

《御注孝經》亦僅 1 件，為《五刑章》（Ch.2547 號）。

嚴耀中、柳洪亮分別從不同角度對高昌時期的《孝經》和吐魯番博物館藏品進行了探討。

2.《論語》

主要有白文《論語》、鄭玄《論語注》、何晏《論語集解》。

白文僅 1 件，為《學而篇》（72TAM169:83）。

鄭玄《論語注》數量較多，由於其書在南宋以後失傳，價值最大。其中「卜天壽本」初出，郭沫若、夏鼐、龍晦、韓國磐等從不同角度進行了探討。金谷治、王素、陳金木等則結合敦煌本對鄭注進行了綜合整理與研究。榮新江對前

人未收的敦煌吐魯番本鄭注進行了拾遺與校訂。

何晏《論語集解》約有 3 件，分別為《雍也》《先進》（67TAM67:14）、《顏淵》（靜嘉堂文庫藏品）、《憲問》（S.Toy.III.032[i]b）等篇。其中《憲問》篇殘片共 7 行，經文大字，小注雙行，僅餘經文、注文 50 餘字。

（二）道教

主要有老（道德）、莊（南華）二經及其他道經、符咒和方術文書等。

老經 2 件：1 件為《道德經序訣》（大谷 8111 號），1 件為河上公《老子道德經注》（出口常順舊藏）。

莊經僅 1 件，為梁玉書（素文）舊藏，現藏書道博物館，詳細情況不清楚。

道經有《洞玄神咒經》（大谷 8103～8105 號）、《太玄真一本際經》（Ch.286/T III T 514＋T III T 1178 號）、《太上業報因緣經》（大谷、出口舊藏）、《太上洞玄靈寶無量度人上品妙經》（MIK III 7484 號）、《太上洞玄靈寶昇玄內教經卷》（Ch.935、3095v 號）及一些寫本道經斷片（如 Ch.243、1002v 號）、刻本道經斷片（Ch.349、1002、1002v 號）等。

符咒約有 8 件，其中，1 件完整（59TAM303:1/1），餘為斷片（Ch.2519、6785、6785v、6786、6786v、6944、6944v 號）。

方術文書有《五土解》及名類祭神鬼文（60TAM332:6/1～6/9，9/1）。黃烈、劉昭瑞分別對符籙和方術進行了探討與解說。榮新江結合道教文獻對唐西州的道教進行了探討。

（三）佛教

主要有《廣弘明集》《三藏聖教序》《歷代法寶記》及眾多定經、願文。

《廣弘明集》僅 1 件，為辨惑篇（80TBI:642）。

《三藏聖教序》約有 4 件：1 件為唐太宗《大唐三藏聖教序》（Ch.1320），2 件為唐高宗《述三藏聖教序記》（Ch.290、1895 號），1 件為玄範《注三藏聖教序》（Ch.57rv 號）。

《歷代法寶記》僅 1 件（Ch.3934 號）。

寫經（包括絹本，如 MIK III 6522～6524 號）數量極夥，然多為斷片。

願文包括齋文（如 Ch.2177 號）、願文（如 Ch.2401v、MIK III 6492 號）、寫經題記（如著名的蕭道成、蕭偉、曲乾固寫經題記），數量亦不少。

（四）景教

主要為敘利亞、粟特、中古波斯、新波斯、突厥、回鶻等胡語文獻。

茨默（P.Zieme）對突厥文景教文獻、回鶻文基督教徒婚禮祝福文進行了整理與研究。還有一些學者對敘利亞、粟特、中古波斯、新波斯等胡語景教文獻（包括《詩篇》《加拉太書》《馬太福音》《約翰福音》《路加福音》《哥林多前書》等《聖經》文獻和大量非《聖經》文獻）進行了整理與探討。陳懷宇、王靜等結合景教文獻對高昌回鶻的景教進行了探討。

（五）摩尼教

主要有《下部贊》（Ch.258rv 號）、《摩尼教經》（Ch.3138v+Ch.3218v 號）及一些摩尼教發願文（如 Ch.174rv 號）。此外，多為突厥、回鶻、中古伊朗等胡語文獻。

勒柯克（A. von Le Coq）、茨默（P. Zieme）等先後對突厥文、回鶻文摩尼教文獻和摩尼教懺悔書進行了整理與研究。

安德列斯（F. C. Andreas）、恒宇（W. B. Henning）等對中古伊朗語摩尼教經典、摩尼教史文獻、摩尼教徒祈禱懺悔書進行了整理與探討。

博伊斯（Mary Boyce）、阿斯木森（J. P. Asmussen）、宗德曼（W. Sundermann）、格斯威徹（I. Gershevitch）等也為胡語摩尼教文獻的整理做了很多工作。

六、技藝部

技藝部主要有醫藥、數學、天文曆法、占卜等類。

（一）醫藥

有《諸醫方髓》（Ch.3725v 號）、《耆婆五藏論》（Ch.3725 號）、《本草經集注》（Ch.1036v 號）及針法（65TAM42:48[a]）、藥方（60TAM338:32/1；66TAM73:32；Ch.1036 號）、醫方（阿斯塔那 6 件及德藏 5 件）等。

戴應新、馬繼興分別對醫籍及部分藥方進行了整理與研究。

（二）數學

有《乘法訣》（60TAM316:08/1[b]）、《九九歌訣》（Ch/U.6448 號）等。

（三）天文曆法

有星圖、曆書等。

星圖僅 1 件，為《歲星圖》（Ch.1459v 號）。

曆書數量較多。如《高昌曆書》云：86TAM387:38-4，這是最早的一件曆書，此殘曆是從墓內女屍右腳紙鞋中拆出的，僅存 71 個日期，每日有紀日干支和建除十二客兩項內容，且有一日記為「小雪中」，柳洪亮定為延壽十一年（634），鄧文寬定為延壽七年（630）。最晚的一件為明代曆書（德藏本），鄧文寬定為永樂五年（1407）。

其間，還有 3 件唐曆（73TAM210:137；73TAM507:013；65TAM341:27），是時代不詳的具注曆斷片（均為德藏本）。

此外，還有 2 件：1 件殘存二十八星宿名，陳國燦定名為《星象書》（S.Toy.I.ii07[e]）；1 件殘存二十八星宿名及某日某月記事，陳國燦定名為《星象災異書》（S.Yar.035）。

（四）占卜

主要有夢書、占卜書等。夢書約有 2 件：1 件為斷片，陳國燦定名為《解夢書》（S.Kao.077）；1 件亦殘，榮新江定名為《解夢書》（Ch.773 號）。占卜書有《易卦占》（Ch.1635rv 號）、《星占書》（Ch.1830rv、MIK III 4938、MIK III 6338 號）、《占八方風圖》（Ch.3316rv 號）及名稱尚未確定的占卜書（數量較多，僅德藏就有 18 件斷片）。

七、工具部

工具部主要有蒙書、訓詁、文字、音韻、譜牒、類書、總集等類。

（一）蒙書

主要有《急就章》《千字文》《開蒙要訓》等。

《急就章約》有 2 件：1 件較完整（60TAM337:11/1 之一至七），1 件為斷片（60TAM337:11/1 之八）。周祖謨認為應是崔浩《急就章注》。

《千字文》數量較多。周祖謨曾根據敦煌本作了初步探討。唐長孺根據吐魯番本（阿斯塔那 5 件及大谷文書 16 件斷片）進行了精闢研究。榮新江、西脅常記等對德藏本（Ch.2922、3716 號）作了簡單介紹。

《開蒙要訓》僅 1 件（66TAM67:3）。

（二）訓詁

僅有白文《爾雅》，共 5 件，分別為《釋天》《釋地》（Ch/U.6779+U.564b+U.564a+Ch/U.7111+U.564c 號）、《釋蟲》（Ch.1577v. Ch/U.6783 號）、《釋魚》

（Ch.2917v 號）、釋鳥（Ch.1246v 號）等篇。

（三）文字

有《玉篇》（Ch.2241 號）及一些字書斷片（Ch.323、343、2917 號及 Ch/U.6787 號）。

（四）音韻

有寫本《切韻》（德藏 11 件斷片）、《增字本切韻》（德藏 2 件斷片）、刻本《切韻》（德藏 5 件斷片）及《一切經音義》（德藏 15 件斷片，分屬第 5、6、12、23 等卷）、《金光明最勝王經字音》（Ch.3014v 號）等。

周祖謨結合敦煌本韻書對諸本《切韻》進行了整理。石冢晴通、榮新江及西脅常記等分別對《一切經音義》進行了介紹。

（五）類書

僅有《典言》，1 件（69TAM134:8/1，8/2）。王素認為《典言》是北齊武平三年（572）十月至武平七年（576）間，詔由薛道衡主編、李穆叔、荀士遜、李若等分撰的一部旨在裨益君道的小型類書。

（六）總集

僅有《文選》，約有 3 件：1 件為昭明太子《文選序》（中國歷史博物館藏品）；1 件為無注本揚子雲《羽獵賦》、同氏《長楊賦》、潘安仁《射雉賦》、班叔皮》《北征賦》、曹大家《東征賦》及潘安仁《西征賦》（MIK III 520 號）；1 件為張景陽《七命》（Д X.1551+Ch.3164f）。

此外，還有 2 件：1 件為無注本木玄虛《海賦》（72TAM230:36），1 件為有注本班孟堅《幽通賦》（Ch.3693、3699、2400、3865 四號綴合）。

參考文獻

1. 王素：《敦煌吐魯番文獻》，北京：文物出版社，2002 年版。
2. 李錦繡：《敦煌吐魯番文書與唐史研究》，福州：福建人民出版社，2006 年版。
3. 許建平：《敦煌經籍敘錄》，北京：中華書局，2006 年版。
4. 許建平：《敦煌文獻叢考》，北京：中華書局，2005 年版。
5. 王重民：《敦煌古籍敘錄》，北京：中華書局，1979 年版。
6. 蘇瑩輝：《敦煌學概要》，臺北：五南圖書出版公司，1988 年版。
7. 陳寅恪：《陳寅恪史學論文選集》，上海：上海古籍出版社，1992 年版。
8. 陳國燦：《斯坦因所獲吐魯番文書研究》，武漢：武漢大學出版社，1997 年版。
9. 黃正建：《敦煌占卜文書與唐五代占卜研究》，北京：學苑出版社，2001 年版。
10. 榮新江：《敦煌學十八講》，北京：北京大學出版社，2001 年版。
11. 楊寶玉：《敦煌文獻探析》，北京：人民美術出版社，2005 年版。
12. 葉貴良：《敦煌道經寫本與詞彙研究》，成都：巴蜀書社，2007 年版。
13. 朱大星：《敦煌本老子研究》，北京：中華書局，2007 年。
14. 李正宇：《古本敦煌鄉土志八種箋證》，蘭州：甘肅人民出版社，2008 年版。

推薦書目

1. 王素：《敦煌吐魯番文獻》，北京：文物出版社，2002 年版。
2. 榮新江：《敦煌學十八講》，北京：北京大學出版社，2001 年版。
3. 許建平：《敦煌經籍敘錄》，北京：中華書局，2006 年版。
4. 李錦繡：《敦煌吐魯番文書與唐史研究》，福州：福建人民出版社，2006 年版。

附錄一 《古今法書苑》校勘記

司馬朝軍

卷四十五

〔一〕「已精而不備也」，《四庫》本《歐陽修集》卷一百四十三、清倪濤《六藝之一錄》卷一百二十六作「已粗備矣。若撮其大要，別為目錄，則吾未暇，然不可以闕而不備也」。

〔二〕「親舊或在館門」，《金石錄》卷三十作「親舊或在館閣」，當改。

〔三〕「一代」，《金石錄》卷三十作「三代」，當改。

〔四〕「幾按」，《金石錄》卷三十作「几案」，當改。

〔五〕「枕席□□」，《金石錄》卷三十作「枕席枕藉」，當補。

〔六〕「顧」，《金石錄》卷三十作「雇」，當改。

〔七〕「束」，底本誤作「東」，據《金石錄》卷三十改。

〔八〕「橅」，底本誤作「撫」，據《廣川書跋》卷首序改。

〔九〕「模楷」，底本誤脫「模」，據《廣川書跋》卷首序補入。

〔十〕「龍眠」，底本誤作「龍暝」，據《歷代鍾鼎彝器款識法帖》卷一改。

〔十一〕「五」，底本誤脫「三」，據《歷代鍾鼎彝器款識法帖》卷一改。

〔十二〕「而」，底本誤作「雨」，據《歷代鍾鼎彝器款識法帖》卷一改。

〔十三〕「怡」，底本誤作「恉」，據《歷代鍾鼎彝器款識法帖》卷一改。

〔十四〕「古」，底本誤作「吉」，據《歷代鍾鼎彝器款識法帖》卷一改。

〔十五〕「牛首山」，底本誤脫「山」，據《歷代鍾鼎彝器款識法帖》卷一補入。

〔十六〕「甲」，底本誤作「田」，據《歷代鍾鼎彝器款識法帖》卷一改。

〔十七〕「癸南」，《款識》原作「癸與醜相次，物至」，據《歷代鍾鼎彝器款識法帖》卷一改。

〔十八〕「紐結而未」，底本誤作「紐徙而東」，據《歷代鍾鼎彝器款識法帖》卷一改。

〔十九〕「祥」，底本誤作「詳」，據《廣川書跋》卷三改。

〔二十〕「鄭穆公」，底本誤作「鄭厲魯公」，據《廣川書跋》卷三改。

〔二十一〕「以《易》考之」，底本誤脫「以」，據《歷代鍾鼎彝器款識法帖》卷一補入。

〔二十二〕「耒」，底本誤作「來」，據《歷代鍾鼎彝器款識法帖》卷一改。

〔二十三〕「晝」，底本誤作「盡」，據《歷代鍾鼎彝器款識法帖》卷一改。

〔二十四〕「立戈形」，底本誤作「子父形」，據《歷代鍾鼎彝器款識法帖》卷一改。

〔二十五〕「六」，底本誤作「亦」，據《歷代鍾鼎彝器款識法帖》卷一改。

〔二十六〕「商時」，《歷代鍾鼎彝器款識法帖》卷一作「殆一時」。

〔二十七〕「疑」，《歷代鍾鼎彝器款識法帖》卷一作「室」，當改。

〔二十八〕底本「昭」下脫「其」，據《歷代鍾鼎彝器款識法帖》卷一補入。

〔二十九〕「象」，底本誤作「篆」，據《歷代鍾鼎彝器款識法帖》卷二改。

〔三十〕「尊以象銘」，底本誤脫「尊」，據《歷代鍾鼎彝器款識法帖》卷二補入。

卷四十六

〔一〕「戈從一」，底本誤脫「一」，據《歷代鍾鼎彝器款識法帖》卷二補入。

〔二〕「冊」，底本誤作「朋」，據《歷代鍾鼎彝器款識法帖》卷二改。

〔三〕「以會為繪」，底本誤作「以繪為會」，據《廣川書跋》卷一改。

〔四〕「事」，底本誤作「字」，據《歷代鍾鼎彝器款識法帖》卷二改。

〔五〕「承禾」，據《歷代鍾鼎彝器款識法帖》卷二，二字似為「秦」之古文字。

〔六〕「立」，底本誤作「三」，據《歷代鍾鼎彝器款識法帖》卷二改。

〔七〕「亦」，底本誤作「六」，據《歷代鍾鼎彝器款識法帖》卷二改。

〔八〕「一生二，二生三，三生萬物」，底本誤作「一生二生三三生三生萬物」，據《歷代鍾鼎彝器款識法帖》卷三改。

〔九〕「卣」，底本誤作「鹵」，據《歷代鍾鼎彝器款識法帖》卷三改。

〔十〕「銘為弓形，並手執二矢」，其字似為「射」。《歷代鍾鼎彝器款識法帖》卷三云「意其平日所嗜好，而子孫之所以享祖考，當以是求之」云云，不免懸揣臆測。

卷四十七

〔一〕「始」，底本誤作「姓」，據《歷代鍾鼎彝器款識法帖》卷三改。

〔二〕「束」，底本誤作「東」，據《歷代鍾鼎彝器款識法帖》卷三改。

〔三〕「君」，底本誤作「若」，據《歷代鍾鼎彝器款識法帖》卷三六改。

〔四〕「兀」，底本誤作「尤」，據《歷代鍾鼎彝器款識法帖》卷三改。

〔五〕「回」，底本誤作「四」，據《歷代鍾鼎彝器款識法帖》卷三改。

〔六〕「素」，底本誤作「■」，據《歷代鍾鼎彝器款識法帖》卷三改。

〔七〕「一」，底本誤作「乙」，據《歷代鍾鼎彝器款識法帖》卷三改。

〔八〕「#」，底本誤作「□」，據《歷代鍾鼎彝器款識法帖》卷三補。

〔九〕「時」，底本誤作「□」，據《歷代鍾鼎彝器款識法帖》卷三補。

〔十〕「賜」，底本誤作「似」，據《歷代鍾鼎彝器款識法帖》卷四改。

〔十一〕「黃帝四世」，底本誤作「黃帝世」，據《歷代鍾鼎彝器款識法帖》卷四補。

〔十二〕「者」，底本誤作「□」，據《歷代鍾鼎彝器款識法帖》卷四補。

〔十三〕「以是銘瓠其意矣」，底本所加，《歷代鍾鼎彝器款識法帖》卷五並無此句。

〔十四〕「亦」，底本誤作「不」，據《歷代鍾鼎彝器款識法帖》卷五補。

〔十五〕「帚女乙茲」，底本誤作「帚茲女乙」，據《歷代鍾鼎彝器款識法帖》卷五補。

〔十六〕「小篆」，底本誤脫「#」，據《歷代鍾鼎彝器款識法帖》卷五補。

〔十七〕「其實為瓿，後世」，底本誤脫「瓿，後世」，據《歷代鍾鼎彝器款識法帖》卷五補。

〔十八〕「或古人」，底本誤脫，據《歷代鍾鼎彝器款識法帖》卷五補。

〔十九〕「以人」，底本誤脫「父」，據《歷代鍾鼎彝器款識法帖》卷五補。

〔二十〕「於天乙」，底本誤脫，據《歷代鍾鼎彝器款識法帖》卷五補。

卷四十八

〔一〕「剔」，底本誤作「■」，據《歷代鍾鼎彝器款識法帖》卷六補。

〔二〕「高」，底本誤作「商」，據《歷代鍾鼎彝器款識法帖》卷六補。

〔三〕「以薦之廟」，底本誤脫「廟」，據《歷代鍾鼎彝器款識法帖》卷六改。

〔四〕「英莖」，底本誤脫「莖」，據《歷代鍾鼎彝器款識法帖》卷六改。

〔五〕「廢」，底本誤作「薦」，據《歷代鍾鼎彝器款識法帖》卷六改。

〔六〕「六」，底本誤作「八」，據《歷代鍾鼎彝器款識法帖》卷六改。

〔七〕「著」，底本誤作「者」，據《歷代鍾鼎彝器款識法帖》卷六改。

〔八〕「二」，底本誤作「三」，據《廣川書跋》卷三改。

〔九〕「四」，底本誤作「同」，據《廣川書跋》卷三改。

〔十〕「失」，底本誤作「矣」，據《廣川書跋》卷三改。

〔十一〕「殆」，底本誤作「始」，據《廣川書跋》卷三改。

〔十二〕「故」，底本誤作「古」，據《廣川書跋》卷三改。

〔十三〕「習之不廢」，底本誤脫「不廢」，據《廣川書跋》卷三補入。

〔十四〕「田」，底本誤作「舊」，據《歷代鍾鼎彝器款識法帖》卷六改。

〔十五〕「祖」，底本誤作「且」，據《歷代鍾鼎彝器款識法帖》卷七改。

〔十六〕「下」，底本誤作「小」，據《歷代鍾鼎彝器款識法帖》卷七改。

〔十七〕「嬴」，底本誤作「贏」，據《廣川書跋》卷四改。

〔十八〕「嬴」，底本誤作「贏」，據《廣川書跋》卷四改。

〔十九〕「十」，底本誤作「下」，據《廣川書跋》卷四改。

〔二十〕「當一」，底本誤脫「一」，據《廣川書跋》卷四補。

〔二十一〕「宋」，底本誤作「來」，據《廣川書跋》卷四改。

〔二十二〕「得意」，底本誤作「德音」，據《廣川書跋》卷四改。

〔二十三〕「政」，底本誤作「正」，據《廣川書跋》卷四改。

〔二十四〕「方謂」，底本誤衍「方謂」，據《東觀餘論·秦昭和鍾銘說》刪之。

卷四十九

〔一〕「摹」，底本誤作「摸」，據《金石錄》卷十三改。

〔二〕「石」，底本誤作「日」，據《歷代鍾鼎彝器款識法帖》卷八補。

〔三〕「體」，底本誤作「休」，據《歷代鍾鼎彝器款識法帖》卷九改。

〔四〕「書一」，底本誤作「畫」，據《歷代鍾鼎彝器款識法帖》卷九改。

〔五〕「鮮」，《歷代鍾鼎彝器款識法帖》卷九作「麟」。

卷五十

〔一〕「宋君夫人」，底本誤脫「人」，據《金石錄》卷十二補。

〔二〕「之」，底本誤脫，據《金石錄》卷十二補。

〔三〕「相」，底本誤脫，據《廣川書跋》卷三補。

〔四〕「鼎」，底本誤脫，據《歷代鍾鼎彝器款識法帖》卷九補。

〔五〕「三足者」，底本誤脫「者」，據《廣川書跋》卷一補。

〔六〕「者」，《廣川書跋》卷一無。

〔七〕「之」，底本誤作「也」，據《廣川書跋》卷一改。

〔八〕「宗彝」，底本誤衍「宗」，據《廣川書跋》卷一刪。

〔九〕「威」，底本誤脫，據《歷代鍾鼎彝器款識法帖》卷九補。

〔十〕「其曰」，底本誤脫「曰」，據《歷代鍾鼎彝器款識法帖》卷九補。

〔十一〕「漫」，底本誤作「浸」，據《歷代鍾鼎彝器款識法帖》卷九改。

〔十二〕「孫孫」，底本誤脫「孫」之重文符號，據《歷代鍾鼎彝器款識法帖》卷九補。

〔十三〕「漫」，底本誤作「浸」，據《歷代鍾鼎彝器款識法帖》卷九改。

〔十四〕「父」，底本、《廣川書跋》卷三誤作「公」，據《歷代鍾鼎彝器款識法帖》卷九改。

〔十五〕「父」，底本、《廣川書跋》卷三誤作「公」，據《歷代鍾鼎彝器款識法帖》卷九改。

〔十六〕「李」，底本誤作「季」，據《廣川書跋》卷一改。

〔十七〕「季」，底本誤作「年」，據《廣川書跋》卷一改。

〔十八〕「似」，底本誤作「以」，據《廣川書跋》卷一改。

〔十九〕「徒」，底本誤作「徙」，據《歷代鍾鼎彝器款識法帖》卷十改。

〔二十〕「作」，底本誤脫，據《歷代鍾鼎彝器款識法帖》卷十補。

〔二十一〕「求」，底本誤脫，據《歷代鍾鼎彝器款識法帖》卷十補。

〔二十二〕「使」，底本誤作「便」，據《廣川書跋》卷三改。

〔二十三〕「寒」，底本誤作「塞」，據《歷代鍾鼎彝器款識法帖》卷十改。

〔二十四〕「年」，底本誤作「平」，據《歷代鍾鼎彝器款識法帖》卷十改。

〔二十五〕「挽」，底本誤作「挩」，據《歷代鍾鼎彝器款識法帖》卷十改。

〔二十六〕「成周」，底本誤作「戌用」，據《歷代鍾鼎彝器款識法帖》卷十改。

〔二十七〕「詩」，底本誤作「詩」，據《歷代鍾鼎彝器款識法帖》卷十改。

〔二十八〕「揚」，底本誤作「錫」，據《歷代鍾鼎彝器款識法帖》卷十改。

〔二十九〕「並彎」，底本誤脫，據《歷代鍾鼎彝器款識法帖》卷十補。

〔三十〕「六其器」，《廣川書跋》卷二作「六器」。

〔三十一〕「今」，底本誤作「令」，據《廣川書跋》卷二改。

〔三十二〕「厭」，底本誤作「歇」，據《歷代鍾鼎彝器款識法帖》卷十改。

〔三十三〕「迨」，底本誤作「追」，據《歷代鍾鼎彝器款識法帖》卷十改。

〔三十四〕「詩人言」，底本誤脫「言」，據《歷代鍾鼎彝器款識法帖》卷十補。

〔三十五〕「成」，底本誤作「或」，據《歷代鍾鼎彝器款識法帖》卷十改。

〔三十六〕「也。其餘以歷歲……無從考悉，姑就其可以意得者如此」當為正文，底本誤作夾行小注，「考悉」，當為「悉考」，據《歷代鍾鼎彝器款識法帖》卷十改。

〔三十七〕「精工」，底本誤脫「工」，據《歷代鍾鼎彝器款識法帖》卷十補。

〔三十八〕「取乃」，底本誤脫「堅久」，據《歐陽修集》卷一百三十四《集古錄》補。

〔三十九〕「通」，底本誤脫，據《歐陽修集》卷一百三十四《集古錄》補。

〔四十〕「勢」，底本誤作「執」，據《歐陽修集》卷一百三十四《集古錄》補。

〔四十一〕「云」，底本誤作「六」，據《金石錄》卷十一改。

〔四十二〕「才」，底本誤作「牙」，據《廣川書跋》卷二改。

〔四十三〕「之」，底本誤作「此」，據《廣川書跋》卷二改。

卷五十一

〔一〕「於」，底本誤作「子」，據《歷代鍾鼎彝器款識法帖》卷十一改。

〔二〕「以」，底本誤作「曰」，據《歷代鍾鼎彝器款識法帖》卷十一改。

〔三〕「埒」，底本誤脫「坪」，據《歷代鍾鼎彝器款識法帖》卷十一改。

〔四〕「用」，底本字形訛脫，據金文句例改。

〔五〕「若」，底本誤作「不」，據《廣川書跋》卷二改。

〔六〕「鹵」，底本誤作「囟」，據《廣川書跋》卷二改。

〔七〕「堌」，底本誤作「涸」，據《廣川書跋》卷一改。

〔八〕「沱」，底本誤作「它」，據《廣川書跋》卷一改。

〔九〕「叔」，底本誤作「初」，據《歷代鍾鼎彝器款識法帖》卷十二改。

〔十〕「耳」，底本誤作「甘」，據《歷代鍾鼎彝器款識法帖》卷十二改。

卷五十二

〔一〕「達」，底本誤作「連」，據《歷代鍾鼎彝器款識法帖》卷十三改。

〔二〕「達」，底本誤作「連」，據《歷代鍾鼎彝器款識法帖》卷十三改。

〔三〕「達」，底本誤作「連」，據《歷代鍾鼎彝器款識法帖》卷十三改。

〔四〕「敦」，底本誤脫「郭」，據《廣川書跋》卷二改。

〔五〕「丁」，底本誤作「下」，據《廣川書跋》卷二改。

〔六〕「庶」，底本誤作「庚」，據《廣川書跋》卷二改。

〔七〕「吾」，底本誤作「我」，據《廣川書跋》卷二改。

〔八〕「姪」，底本誤作「姓」，據《廣川書跋》卷二改。

〔九〕「用，殆」，底本誤作「周，箵」，據《廣川書跋》卷三改。

〔十〕「秦漢間」，底本誤脫「間」，據《廣川書跋》卷三補。

〔十一〕「為諡」，底本誤作「兮」，據《廣川書跋》卷三改。

〔十二〕「年」，底本誤作「用」，據《歷代鍾鼎彝器款識法帖》卷十三改。

〔十三〕「尚」，底本誤作「之」，據《歷代鍾鼎彝器款識法帖》卷十三改。

〔十四〕「月」，底本誤作「日」，據《歷代鍾鼎彝器款識法帖》卷十三改。

〔十五〕「見遺」，底本誤脫「見」，據《歷代鍾鼎彝器款識法帖》卷十四補。

〔十六〕「鄭」，底本誤作「正」，據《廣川書跋》卷二改。

〔十七〕「采」，底本誤作「菜」，據《廣川書跋》卷二改。

〔十八〕「采」，底本誤作「菜」，據《廣川書跋》卷二改。

〔十九〕「乃」，底本誤作「仍」，據《廣川書跋》卷二改。

〔二十〕「采」，底本誤作「菜」，據《廣川書跋》卷二改。

〔二十一〕「采」，底本誤作「菜」，據《廣川書跋》卷二改。

〔二十二〕「卣」，底本誤作「鹵」，據《廣川書跋》卷二改。

〔二十三〕「卣」，底本誤脫，據《廣川書跋》卷二補。

〔二十四〕「犧」，底本誤作「羲」，據《廣川書跋》卷二改。

〔二十五〕「奠」，底本誤作「尊」，據《廣川書跋》卷二改。

〔二十六〕「犧」，底本誤作「羲」，據《廣川書跋》卷二改。

〔二十七〕「設」，底本誤作「說」，據《廣川書跋》卷二改。

〔二十八〕「周制」，底本誤脫「制」，據《廣川書跋》卷四補。

〔二十九〕「圖」，底本誤作「同」，據《廣川書跋》卷四改。

〔三十〕「休」，底本誤作「體」，據《歷代鍾鼎彝器款識法帖》卷十四改。

卷五十三

〔一〕「十」，底本誤作「干」，據《歷代鍾鼎彝器款識法帖》卷十四改。

〔二〕「敢」，底本誤作「敦」，據《歷代鍾鼎彝器款識法帖》卷十五改。

〔三〕「宰夫」，底本誤脫「宰」，據《廣川書跋》卷三補。

〔四〕「以為」，底本誤脫「為」，據《廣川書跋》卷二補。

〔五〕「考古」，底本誤脫「考」，據《金石錄》卷十一補。

〔六〕「鬻」，底本誤作「煮」，據《廣川書跋》卷一補。

〔七〕「鬻」，底本誤作「煮」，據《廣川書跋》卷一補。

〔八〕「尊者」，底本誤作「者尊」，據《廣川書跋》卷一改。

〔九〕「亨」，底本誤脫，據《廣川書跋》卷一補。

〔十〕底本已將《廣川書跋》卷三之原文加以刪改。

〔十一〕「世」，底本誤作「時」，據《廣川書跋》卷三補。

〔十二〕「時」，底本誤作「世」，據《廣川書跋》卷三補。

卷五十四

〔一〕底本誤脫「款識」，當據《歷代鍾鼎彝器款識法帖》卷十六補。

〔二〕「名」，底本誤作「各」，據《歷代鍾鼎彝器款識法帖》卷十六改。

〔三〕「卬在濟陰」，底本誤作「卬南濟南」，據《歷代鍾鼎彝器款識法帖》卷十七改。

〔四〕「玉篇」，底本誤脫「王篇」，據《歷代鍾鼎彝器款識法帖》卷十七改。

〔五〕「於」，底本誤作「其」，據《廣川書跋》卷三改。

〔六〕「以戈」，底本誤脫「戈」，據《廣川書跋》卷三改。

〔七〕「師」，底本誤作「帥」，據《廣川書跋》卷三改。

〔八〕「景祐」，底本誤作「景佑」，據《廣川書跋》卷三改。

〔九〕「滅沒」，底本誤作「磨滅沒」，據《廣川書跋》卷三改。

〔十〕「此也」，底本誤脫「也」，據《廣川書跋》卷三補。

〔十一〕「堨」，底本誤作■，據《廣川書跋》卷三補。

〔十二〕「于」，底本誤作「干」，據《廣川書跋》卷三改。

〔十三〕「頭鎗」，底本誤作「鎗頭」，據《廣川書跋》卷五改。

〔十四〕「剒」，底本誤脫「則」，據《廣川書跋》卷四改。

〔十五〕「于」，底本誤作「余」，據《廣川書跋》卷四改。

〔十六〕「刻」，底本誤脫，據《廣川書跋》卷四補。

〔十七〕「度」，底本誤作□，據《廣川書跋》卷四補。

〔十八〕「因」，底本誤作「固」，據《廣川書跋》卷四改。

〔十九〕「有」，底本誤作「友」，據《廣川書跋》卷四改。

〔二十〕底本將《廣川書跋》卷四刪去若干句。

〔二十一〕「德」，底本誤作「得」，據歐陽修《集古錄》卷六改。

〔二十二〕「五丈」，底本誤作「丈五」，據《廣川書跋》卷四改。

〔二十三〕「苻」，底本誤作「符」，據《廣川書跋》卷四改。

〔二十四〕「同」，底本誤作「周」，據《廣川書跋》卷五改。

〔二十五〕底本將《集古錄》原文刪去若干句。

〔二十六〕「鯉」，底本誤作「鮑」，據《廣川書跋》卷五改。

〔二十七〕「為疑」，底本誤衍「疑」，據《廣川書跋》卷五改。

卷五十五

〔一〕「興」，底本誤作「與」，據《廣川書跋》卷二改。

〔二〕「雅」，底本誤作「足」，據《廣川書跋》卷二改。

〔三〕「顧」，底本誤作「碩」，據《廣川書跋》卷二改。

〔四〕「列」，底本誤作「制」，據《廣川書跋》卷二改。

〔五〕「暢」，底本誤作「賜」，據《廣川書跋》卷二改。

〔六〕「美」，底本誤作「矣」，據《廣川書跋》卷二改。

〔七〕「或異」，《廣川書跋》卷二作「或同或異」。

〔八〕〔九〕「亳」，底本誤作「毫」，據《廣川書跋》卷二改。

〔十〕「郎」，底本誤作「即」，據《雍錄》卷九改。

〔十一〕「持」，底本誤作「特」，據《全唐詩》卷三百四十改。

〔十二〕「宇」，底本誤作「字」，據《中州集》卷一改。

卷五十六

〔一〕「又」，底本誤作「文」，據《金石錄》卷十三改。

〔二〕「何哉」，《廣川書跋》卷三作「此竟誰當其傳哉」。

〔三〕底本將《廣川書跋》卷三《延陵墓字》刪節若干句。

〔四〕「牒」，底本誤作「和」，據《廣川書跋》卷三改。

〔五〕底本將《廣川書跋》卷三《佳城銘》刪節若干句。

〔六〕「或為槐也」，《集古錄》原文無。

〔七〕「沱」，底本誤作「佗」，據《廣川書跋》卷四改。

〔八〕「地」，底本誤作「池」，據《廣川書跋》卷四改。

〔九〕〔十一〕「氐」，底本誤作「底」，據《廣川書跋》卷四改。

〔十〕「故湫」，底本誤脫「故」，據《廣川書跋》卷四補。

〔十二〕「以」，底本誤作「巨」，據《廣川書跋》卷四改。

〔十三〕「平王以無忌」，底本誤脫，據《廣川書跋》卷四補。

〔十四〕「故」，底本誤作「久」，據《廣川書跋》卷四改。

〔十五〕「諸」，底本誤作「者」，據《廣川書跋》卷四改。

〔十六〕「詞」，底本誤作「祠」，據《廣川書跋》卷四改。

〔十七〕「眾」，底本誤脫，據《廣川書跋》卷四補。

〔十八〕「盟詛忘其神而公怨」，底本誤作「盟志禱神而公怨」，據《廣川書跋》卷四改。

〔十九〕「東封此山」，底本誤脫「此山」，據《金石錄》卷十三補。

〔二十〕「江」，底本誤脫，據《廣川書跋》卷四補。

〔二十一〕「面」，底本誤作「而」，據《廣川書跋》卷四改。

〔二十二〕「其」，底本誤作「此」，據《廣川書跋》卷四改。

〔二十三〕「建立」，《廣川書跋》卷四作「下寢」。

〔二十四〕「親巡遠方黎民」，底本誤脫「親巡遠方黎」，據《廣川書跋》卷四改。

〔二十五〕「明」，底本誤作「民」，據《廣川書跋》卷四改。

〔二十六〕「昭隔」，底本誤作「昭」，據《廣川書跋》卷四改。

〔二十七〕「是」，底本誤脫，據《廣川書跋》卷四補。

〔二十八〕底本將《廣川書跋》卷四《泰山篆》大量刪節。

〔二十九〕「畫」，底本誤作「盡」，據《廣川書跋》卷四改。

〔三十〕「益」，底本誤作「蓋」，據《廣川書跋》卷四改。

〔三十一〕「考於」，底本誤脫「於」，據《廣川書跋》卷四改。

〔三十二〕底本將《廣川書跋》卷四《嶧山銘》大量刪節。

〔三十三〕「夫」，底本誤作「大」，據《金石錄》卷十三改。

〔三十四〕「官名」，底本誤脫「名」，據《金石錄》卷十四補。

〔三十五〕「見稱於時」，底本誤脫「於時」，據《廣川書跋》卷五補。

〔三十六〕「時有」，底本誤脫「有」，據《金石錄》卷十四補。

〔三十七〕底本將《廣川書跋》卷五《太尉楊震碑并陰》大量刪節。

〔三十八〕「而」，底本誤作「石」，據《金石錄》卷十四改。

卷五十七

〔一〕「遭」，底本誤作「造」，據《廣川書跋》卷五改。

〔二〕「候」，底本誤作「侯」，據《廣川書跋》卷五改。

〔三〕「其器，不得同者。古者」，底本誤脫，據《廣川書跋》卷五補。

〔四〕底本將《廣川書跋》卷五《窆石銘》大量刪節。

〔五〕「遹」，底本誤作「述」，據《水經注》卷七改。

〔六〕「策」，底本誤作「榮」，據《水經注》卷七改。

〔七〕「紀」，底本誤作「記」，據《金石錄》卷十四改。

〔八〕「亡矣」，底本誤脫「矣」，據《集古錄》卷二補。

〔九〕「亡矣」，底本誤脫，據《集古錄》卷二改。

〔十〕「秦」，底本誤作「泰」，據《集古錄》卷二改。

〔十一〕「卯」，底本誤作□，據《金石錄》卷十四補。

〔十二〕「鳥」，底本誤作「烏」，據《金石錄》卷十四改。

〔十三〕「諸暨」，底本誤脫「諸」，據《金石錄》卷十四補。

〔十四〕「汝南」，底本誤脫「汝」，據《集古錄跋尾》卷二補。

〔十五〕「幘」，底本誤作「憒」，據《金石錄》卷十四改。

〔十六〕「俑」，底本誤作「俑」，據《金石錄》卷十四改。

〔十七〕「奏」，底本誤作「奉」，據《集古錄跋尾》卷二改。

〔十八〕「卞」，底本誤作「下」，據《金石錄》卷十五改。

〔十九〕「案」，底本誤作「漢」，據《金石錄》卷十五改。

〔二十〕「漢東海相桓君。又云：熹平元年夏四月」，底本誤脫，據《金石錄》卷十五補。

〔二十一〕底本對《廣川書跋》原文有所刪改。

〔二十二〕「壺」，底本誤作「喜」，據《金石錄》卷十五及《隸釋》改。

〔二十三〕「豆」，底本誤作「喜」，據《金石錄》卷十五改。

〔二十四〕「韓」，底本誤作「漢」，據《集古錄跋尾》卷二改。

〔二十五〕底本對《集古錄跋尾》卷二原文稍有刪改。

〔二十六〕「安」，底本誤脫，據《廣川書跋》卷五補。

〔二十七〕「平」，底本誤作「年」，據《廣川書跋》卷五改。

〔二十八〕「小黃門，又自此遷」，底本誤脫，據《廣川書跋》卷五補。

〔二十九〕「俾」，底本誤作「俚」，據《金石錄》卷十五改。

〔三十〕「某」，底本誤作「杲」，據《金石錄》卷十五改。

〔三十一〕「者」，底本誤衍，據《金石錄》卷十五改。

〔三十二〕「聞」，底本誤作「闕」，據《廣川書跋》卷五改。

〔三十三〕「禨」，底本誤作「機」，據《廣川書跋》卷五改。

〔三十四〕「嘗」，底本誤作「常」，據《廣川書跋》卷五改。

〔三十五〕「謝」，底本誤脫，據《廣川書跋》卷五補。

〔三十六〕「考之」，底本誤脫「之」，據《廣川書跋》卷五補。

〔三十七〕「余於此」，底本誤脫，據《廣川書跋》卷五補。

〔三十八〕「禨」，底本誤脫「機」，據《廣川書跋》卷五補。

〔三十九〕「禨」，底本誤脫「機」，據《廣川書跋》卷五補。

〔四十〕底本對《廣川書跋》卷五原文稍有刪改。

〔四十一〕「求」，底本誤作「採」，據《金石錄》卷十五改。

〔四十二〕底本對《金石錄》原文稍有刪改。

〔四十三〕「云」，底本誤脫，據《金石錄》卷十五改。

〔四十四〕「司空府」，底本誤作「司空司府」，據《集古錄跋尾》卷二改。

〔四十五〕「云右」，底本誤作「六人」，據《金石錄》卷十五改。

〔四十六〕「右」，底本誤作「又」，據《金石錄》卷十五改。

〔四十七〕「立」，底本誤作「玄」，據《金石錄》卷十五改。

〔四十八〕「名」，底本誤脫，據《金石錄》卷十五補。

〔四十九〕「各」，底本誤脫，據《金石錄》卷十五補。

卷五十八

〔一〕「三老」，底本誤脫「老」，據《金石錄》卷十五補。

〔二〕「石」，底本誤作「戶」，據《金石錄》卷十五改。

〔三〕「八」，底本誤脫「人」，據《金石錄》卷十五改。

〔四〕「右」，底本誤脫「後」，據《集古錄跋尾》卷二改。

〔五〕「孔宙」，底本誤作「宙孔」，據《金石錄》卷十五改。

〔六〕底本對《廣川書跋》卷五原文大加刪削。今按，王世貞此書對於宋明金石類著作重新加以整合，便於寒士研習，但不遵守規則，妄自刪改前人著述，替死人改文章，未免文人習氣過重。

〔七〕「武」，底本誤作「五」，據《廣川書跋》卷五改。

〔八〕底本對《廣川書跋》原文頗有刪節。

〔九〕「言」，底本誤脫，據《金石錄》卷十五補。

〔十〕「百」，底本誤脫，據《金石錄》卷十五補。

〔十一〕「史云」，底本誤作「事」，據《金石錄》卷十六改。

〔十二〕「蓋」，底本誤脫，據《金石錄》卷十六補。

〔十三〕「六」，底本誤脫「八」，據《集古錄跋尾》卷二改。

〔十四〕「何」，底本誤脫，據《金石錄》卷十六補。

〔十五〕「官」，底本誤脫，據《金石錄》卷十六補。

〔十六〕「若此碑」，底本誤脫「碑」，據《金石錄》卷十六改。又按，此句之上，原文尚有觀點句：「自非豪傑之士，卓然不為流俗所移，未有不從而惑者也。」王世貞逕自刪去，其識卑矣。

〔十七〕「後」，底本誤作「復」，據《金石文考略》卷一改。

〔十八〕「翁」，底本誤作「會」，據《廣川書跋》卷五改。

卷五十九

〔一〕「帝宮」，底本作「帝」字下作「下有闕」，據《集古錄跋尾》卷三補。

〔二〕「為」，底本誤脫，據《集古錄跋尾》卷三補。

〔三〕「宋」，底本誤脫「審」，據《廣川書跋》卷五改。

〔四〕「鬥維之野」，底本誤作「鬥■之維」，據《廣川書跋》卷五改。

〔五〕「無夫」，底本誤脫「夫」，據《廣川書跋》卷五補。

〔六〕底本對《廣川書跋》卷五原文頗有刪節。

〔七〕「記」，底本誤脫，據《金石錄》卷十六補。

〔八〕「仲」，底本誤脫，據《金石錄》卷十六補。

〔九〕「託」，底本誤作「記」，據《金石錄》卷十六改。

〔十〕「某」，《水經注》作「楊賜，諫議大夫馬日磾」。

〔十一〕底本對《水經注》原文多所刪節。

〔十二〕「伐」，底本誤作「代」，據《廣川書跋》卷五改。

〔十三〕「柰」，底本誤作「黍」，據《廣川書跋》卷五改。

〔十四〕「超」，底本誤作「越」，據《廣川書跋》卷五改。

〔十五〕「碑」，底本誤作「殫」，據《廣川書跋》卷五改。

〔十六〕「古」，底本誤作「石」，據《廣川書跋》卷五改。

〔十七〕「官」，底本誤作「宮」，據《廣川書跋》卷五改。

〔十八〕「予」，底本誤作「與」，據《廣川書跋》卷五改。

〔十九〕「者」，底本誤脫，據《廣川書跋》卷五補。

〔二十〕《廣川書跋》卷五尚有「作『穰不輟』。『子路以告』」。

〔二十一〕「學專」，底本誤作「書傳」，據《廣川書跋》卷五補。

〔二十二〕底本對《金石錄》原文多所刪節。

〔二十三〕「甘露」，底本誤脫，據《水經注》卷八補。

〔二十四〕「矣」，底本誤脫，據《金石錄》卷十六補。

〔二十五〕「汎」，底本誤作「沈」，據《金石錄》卷十七改。

〔二十六〕「奕奕」，底本誤脫一「奕」，據《金石錄》卷十七補。

〔二十七〕「簫」，底本誤作「蕭」，據《金石錄》卷十七改。

〔二十八〕「三」，底本誤作「王」，據《金石錄》卷十七改。

〔二十九〕底本對《金石錄》原文多所刪節。

〔三十〕「七」，底本誤作「元」，據《水經注》卷十七改。

〔三十一〕「徒」，底本誤作「空」，據《水經注》卷二十四改。

〔三十二〕「務」，底本誤作「矜」，據《廣川書跋》卷五改。

〔三十三〕「芉」，底本誤作「羊」，據《廣川書跋》卷五改。

〔三十四〕「文」，底本誤作「又」，據《廣川書跋》卷五改。

〔三十五〕底本對《廣川書跋》卷五原文多所刪節。

〔三十六〕「郡」，底本誤作「字」，據《金石錄》卷十七改。

卷六十

〔一〕「集古錄」，底本誤作「金石錄」，據《集古錄跋尾》卷三改。

〔二〕「土」，底本誤作「上」，據《金石錄》卷十七改。

〔三〕「明」，底本誤脫「名」，據《金石錄》卷十七改。

〔四〕「媚」，底本誤脫「媚」，據《金石錄》卷十七改。

〔五〕「為」，底本誤作「謂」，據《金石錄》卷十七改。

〔六〕「禮經」，底本誤脫「經」，據《金石錄》卷十七補。

〔七〕〔八〕〔九〕〔十〕「童子」，底本誤脫「子」，據《金石錄》卷十七補。

〔十一〕「集古錄」，底本誤作「金石錄」，據《集古錄跋尾》卷三改。

〔十二〕「三山皆在真」，底本誤脫，據《金石錄》卷十七補。

〔十三〕「陰」，底本誤脫，據《金石錄》卷十七補。

〔十四〕「似」，底本誤脫「以」，據《金石錄》卷十七改。

〔十五〕「碑」，底本誤脫，據《金石錄》卷十七補。

〔十六〕「紀」，底本誤脫，據《金石錄》卷十七補。

〔十七〕「聃」，底本誤作「眈」，據《金石錄》卷十七改。

〔十八〕「其字正南云」，底本作「云云字正南」。

〔十九〕「二」，底本誤作「三」，據《集古錄跋尾》卷三改。

〔二十〕「公」，底本誤脫，據《金石錄》卷十八補。

〔二十一〕底本對《廣川書跋》卷五原文多所刪節。

〔二十二〕「卒」，底本誤脫，據《集古錄跋尾》卷三補。

〔二十三〕底本「何哉」，《集古錄跋尾》卷三作「然而俗習苟簡，廢失者非一，豈止家譜而已哉」。

〔二十四〕「伉」，底本誤作「仇」，據《廣川書跋》卷五改。

〔二十五〕底本對《廣川書跋》卷五原文有所刪改。今按，王世貞文人習氣太重，喜歡妄改前人著述，大抵明代風氣如此，可笑之至。

〔二十六〕「遼東」，底本誤脫「遼」，小注：「東上闕一字」，據《隸釋》所載碑文改。

〔二十七〕「傳」，底本誤脫，據《金石錄》卷十八補。

〔二十八〕「放」，底本誤脫，據《金石錄》卷十八補。

〔二十九〕底本對《廣川書跋》卷五原文有所刪改。

〔三十〕「宕」，底本誤作「岩」，據《金石錄》卷十八補。

〔三十一〕「脩」，底本誤作「循」，據《水經注》卷十九改。

〔三十二〕「字」，底本誤作「是」，據《集古錄跋尾》卷三補。

〔三十三〕底本對《金石錄》卷十八原文有所刪節。

〔三十四〕「鹿」，底本誤作「虎」，據《廣川書跋》卷五改。

卷六十一

〔一〕「豎」，底本誤脫，據《水經注》卷十九補。

〔二〕「余」，底本誤作「佘」，據《金石錄》卷十八改。

〔三〕「功」，底本誤作「印」，據《集古錄跋尾》卷三改。

〔四〕「例」，底本誤脫「列」，據《集古錄跋尾》卷三改。

〔五〕「爵」，底本誤作「壽」，據《集古錄跋尾》卷一改。

〔六〕「大」，底本誤作「太」，據《金石錄》卷十八改。

〔七〕「葬」，底本誤作「喪」，據《金石錄》卷十八改。

〔八〕「句」，底本誤脫，據《廣川書跋》卷五補。

〔九〕「首」，底本誤作「」，據《廣川書跋》卷五改。

〔十〕「如」，底本誤作「姓」，據《廣川書跋》卷五改。

〔十一〕「前」，底本誤作「後」，據《金石錄》卷十九改。

〔十二〕「家」，底本誤作「官」，據《金石錄》卷十九改。

〔十三〕「費」，底本誤脫，據《集古錄跋尾》卷二補。

〔十四〕「崔」，底本誤脫「雀」，據《廣川書跋》卷五改。

〔十五〕底本對《廣川書跋》卷五原文多所刪節。今按，明人抄襲宋人，又不忠實於原文，故為清人所排斥。

〔十六〕「嘗」，底本誤作「常」，據《金石錄》卷十九改。

〔十七〕「後」，底本誤作「皇」，據《金石錄》卷十九改。

〔十八〕「集古錄」，底本誤作「金石錄」，據《集古錄跋尾》卷二改。

〔十九〕「元」，底本誤作「也」，據《金石錄》卷十九改。

〔二十〕「州郡」，底本誤作■■，據《集古錄跋尾》卷二補。

〔二十一〕「委」，底本誤脫，據《集古錄跋尾》卷二補。

〔二十二〕「淯」，底本誤作「清」，據《金石錄》卷十九改。

〔二十三〕「銘」，底本誤作「名」，據《水經注》卷十九改。

〔二十四〕「水經注」，底本誤作「金石錄」，據《水經注》卷十九改。

〔二十五〕「郎」，底本誤作「郎」，據《金石錄》卷十九改。

〔二十六〕「碑」，底本誤脫，據《金石錄》卷十九補。

〔二十七〕「完」，底本誤作「先」，據《集古錄跋尾》卷三改。

〔二十八〕「碑」，底本誤脫，據《金石錄》卷十九補。

〔二十九〕「商」，底本誤作「南」，據《金石錄》卷十九改。

〔三十〕「及」，底本誤作「又」，據《金石錄》卷十九改。

〔三十一〕「東」，底本誤脫，據《廣川書跋》卷五補。

〔三十二〕「西」，底本誤作「而」，據《廣川書跋》卷五改。

〔三十三〕「唐」，底本誤作「庚」，據《廣川書跋》卷五改。

〔三十四〕「銘」，底本誤脫，據《廣川書跋》卷五補。

〔三十五〕「堙」，底本誤作「煙」，據《水經注》卷改。

卷六十二

〔一〕「遂」，底本誤脫，據《集古錄跋尾》卷四補。

〔二〕「德」，底本誤作「得」，據《集古錄跋尾》卷四改。

〔三〕底本《廣川書跋》卷六頗有異同。

〔四〕「徙」，底本誤作「從」，據《集古錄跋尾》卷四改。

〔五〕「南陽」，底本誤脫「陽」，據《集古錄跋尾》卷四補。

〔六〕「威」，底本誤作「武」，據《集古錄跋尾》卷四改。

〔七〕「宛郡」，底本誤脫「郡」，據《廣川書跋》卷六改。

〔八〕「公」，底本作■，據《集古錄跋尾》卷四補。

〔九〕「宦」，底本誤作「官」，據《金石錄》卷二十改。

〔十〕「言」，底本誤脫，據《金石錄》卷二十補。

〔十一〕「革」，底本誤作「華」，據《金石錄》卷二十改。

〔十二〕「汝」，底本誤脫，據《廣川書跋》卷六補。

〔十三〕「年月與其日，且盡道」，底本誤作「日，且■■」，據《廣川書跋》卷六補。

〔十四〕「為」，底本誤作「謂」，據《廣川書跋》卷六改。

〔十五〕「特」，底本誤作「時」，據《廣川書跋》卷六改。

〔十六〕「二」，底本誤作「十」，據《金石錄》卷二十改。

〔十七〕「舍」，底本誤作「害」，據《金石錄》卷二十改。

〔十八〕「土」，底本誤作「玉」，據《金石錄》卷二十改。

〔十九〕「伐」，底本誤作「代」，據《金石錄》卷二十改。

〔二十〕「宋」，底本誤作「安」，據《金石錄》卷二十改。

〔二十一〕「立」，底本誤作「見」，據《金石錄》卷二十改。

〔二十二〕「碑」，底本誤衍，據《金石錄》卷二十刪正。

〔二十三〕「笏」，底本誤脫，據《金石錄》卷二十補。

〔二十四〕「成」，底本誤脫，據《金石錄》卷二十補。

〔二十五〕「論」，底本誤作「謂」，據《金石錄》卷二十改。

卷六十三

〔一〕「本」，底本誤脫，據《廣川書跋》卷六補。

〔二〕「字」，底本誤作「人」，據《定武蘭亭跋》改。

卷六十四

〔一〕「先」，底本誤作「君」，據《廣川書跋》卷六改。

〔二〕「失」，底本誤作「少」，據《廣川書跋》卷六改。

〔三〕「真」，底本誤作「直」，據《訂訛類編》卷四改。

〔四〕「檄」，底本誤作「徼」，據《廣川書跋》卷六改。

〔五〕「經」，底本誤作「妙」，據《廣川書跋》卷六改。

〔六〕「輒」，底本誤作「轍」，據《廣川書跋》卷六改。

〔七〕「知」，底本誤作「之」，據《廣川書跋》卷六改。

〔八〕「嘗」，底本誤作「常」，據《廣川書跋》卷六改。

〔九〕「自」，底本誤脫，據《廣川書跋》卷六補。

〔十〕「抗」，底本誤作「抓」，據《廣川書跋》卷六改。

〔十一〕「書」，底本誤脫，據《廣川書跋》卷六補。

〔十二〕「有」，底本誤脫，據《廣川書跋》卷六補。

〔十三〕「法」，底本誤作「學」，據《廣川書跋》卷六改。

〔十四〕「欺」，底本誤脫「語」，據《廣川書跋》卷六改。

〔十五〕「書」，底本誤作「人」，據《廣川書跋》卷六改。

〔十六〕「落」，底本誤作「洛」，據《廣川書跋》卷六改。

〔十七〕「毫」，底本誤作「豪」，據《廣川書跋》卷六改。

〔十八〕底本對《廣川書跋》卷六原文多所刪節。

〔十九〕「益」，底本誤作「蓋」，據《金石錄》卷二十改。

〔二十〕「無」，底本誤作「不」，據《金石錄》卷二十改。

〔二十一〕「文其」，底本誤作「之文」，據《金石錄》卷二十改。

〔二十二〕「絳」，底本誤作■，據《廣川書跋》卷六改。

〔二十三〕「然」，底本誤脫，據《廣川書跋》卷六補。

〔二十四〕「亡」，底本誤作「忘」，據《水經注》卷三改。

〔二十五〕「土」，底本誤作「王」，據《金石錄》卷二十一改。

〔二十六〕「爾」，底本誤衍，據《金石錄》卷二十一刪之。

〔二十七〕「別」，底本誤脫，據《水經注》卷九補。

〔二十八〕「文」，底本誤作「父」，據《水經注》卷九改。

〔二十九〕「孔」，底本誤作「九」，據《水經注》卷九改。

〔三十〕「氏」，底本誤作「因」，據《水經注》卷九改。

〔三十一〕「邇」，底本誤作「爾」，據《集古錄跋尾》卷四改。

〔三十二〕「者」，底本誤作「著」，據《東觀餘論》卷下《跋海陵志後》改。

〔三十三〕「昔」，底本誤作「借」，據《廣川書跋》卷六改。

〔三十四〕「惠」，底本誤脫，據《金石錄》卷二十一補。

卷六十五

〔一〕「我仙鶴之」，底本誤注作「闕一字」，據《全上古三代秦漢三國六

朝文》補。

〔二〕「也何明」，底本誤注作「闕五字」，據《全上古三代秦漢三國六朝文》補。

〔三〕「義」，底本誤脫，據《全上古三代秦漢三國六朝文》補。

〔四〕「侶」，底本誤脫，據《全上古三代秦漢三國六朝文》補。

〔五〕「書癸為巳」，底本誤作「書為癸巳」，據《金石錄》卷二十二改。

〔六〕「列」，底本誤作「刻」，據《金石錄》卷二十二改。

〔七〕「云」，底本誤作「氏」，據《金石錄》卷二十二改。

〔八〕「時」，底本誤作「事」，據《集古錄跋尾》卷四改。

〔九〕「寔」，底本誤作「是」，據《金石錄》卷二十二改。

〔十〕「應」，底本誤作「壽」，據《金石錄》卷二十二改。

〔十一〕「拓」，底本誤作「托」，據《金石錄》卷二十二改。

〔十二〕「止」，底本誤作「正」，據《金石錄》卷二十二改。

〔十三〕「宇」，底本誤作「名」，據《金石錄》卷二十二改。

〔十四〕「荊州」，底本脫，《廣川書跋》卷六補。

〔十五〕「陽」，底本誤脫，據《金石錄》卷二十二改。

卷六十六

〔一〕「多」，底本誤脫，據《集古錄跋尾》卷四補。

〔二〕「托」，底本誤作「記」，據《廣川書跋》卷六改。

〔三〕「舍」，底本誤作「禽」，據《廣川書跋》卷六改。

〔四〕「潁」，底本誤作「毋」，據《金石錄》卷二十二改。

〔五〕「陳」，底本誤脫，據《金石錄》卷二十二補。

〔六〕「家」，底本誤作「官」，據《集古錄跋尾》卷四改。

〔七〕「周荊、安、寧、鄧四」，底本誤脫，據《集古錄跋尾》卷四補。

〔八〕「集古錄」，底本誤作「廣川書跋」，據《集古錄跋尾》卷四改。

〔九〕「三」，底本誤作「二」，據《廣川書跋》卷六改。

〔十〕底本對《廣川書跋》卷六原文有所刪改。

〔十一〕「宮」，底本誤作「公」，據《廣川書跋》卷六改。

〔十二〕「祈」，底本誤作「所」，據《廣川書跋》卷六補。

〔十三〕「集古錄」，底本誤作「廣川書跋」，據《集古錄跋尾》卷四改。

今按，此為集本，下一條為真蹟。

〔十四〕「習」，底本誤脱，據《集古錄跋尾》卷五改。

〔十五〕〔十六〕〔十七〕「叉」，底本誤作「義」，據《魏書》本傳改。

〔十八〕「建」，底本誤脱，據《金石錄》卷二十三補。

〔十九〕「集古錄」，底本誤作「廣川書跋」，據《集古錄跋尾》卷五改。

〔二十〕「論」，底本誤作「諭」，據《廣川書跋》卷七改。

〔二十一〕「虞」，底本誤作「應」，據《廣川書跋》卷七改。

卷六十七

〔一〕「農」，底本誤作「晨」，據《集古錄跋尾》卷五改。

〔二〕「而」，底本誤脱，據《廣川書跋》卷七補。

〔三〕底本對《據《廣川書跋》卷七原文多所刪改。

〔四〕「儉」，底本誤作「檢」，據《金石錄》卷二十三改。

〔五〕「者」，底本誤脱，據《金石錄》卷二十三補。

〔六〕「正」，底本誤作「政」，據《金石錄》卷二十三改。

〔七〕「某」，底本誤作「集」，據《金石錄》卷二十三改。

〔八〕「筆」，底本誤脱，據《金石錄》卷二十三補。

〔九〕「中」，底本誤作「郎」，據《金石錄》卷二十三改。

〔十〕「碑」，底本誤脱，據《金石錄》卷二十三補。

〔十一〕「之器」，底本誤脱，據《金石錄》卷二十三補。

〔十二〕「極」，底本誤作「及」，據《廣川書跋》卷七改。

〔十三〕「決」，底本誤作「快」，據《廣川書跋》卷七改。

〔十四〕「德」，底本誤作「景」，據《廣川書跋》卷七改。

〔十五〕「虬健」，底本誤作「虬建」，據《廣川書跋》卷七改。

〔十六〕「而」，底本誤作「不」，據《金石錄》卷二十四改。

〔十七〕「曹」，底本誤作「唐」，據《金石錄》卷二十四改。

〔十八〕「郎中」，底本誤脱，據《金石錄》卷二十四補。

〔十九〕「宮」，底本誤脱，據《集古錄跋尾》卷五補。

〔二十〕「書」，底本誤脱，據《廣川書跋》卷七補。

〔二十一〕「隸」，底本誤脱，據《集古錄跋尾》卷五補。

〔二十二〕「事」，底本誤脱，據《集古錄跋尾》卷五補。

卷六十八

〔一〕「伐」,底本誤作「代」,據《金石錄》卷二十四改。

〔二〕「集古錄」,底本誤作「金石錄」,據《集古錄跋尾》卷五改。

〔三〕「碑」,底本誤脫,據《金石錄》卷二十四改。

〔四〕「於其碑」,底本誤脫,據《金石錄》卷二十五補。

〔五〕「中」,底本誤作「郎」,據《金石錄》卷二十五改。

〔六〕「重黎」,底本誤作「黎辛」,據《金石錄》卷二十五改。

〔七〕「薊」,底本誤作「蒯」,據《金石錄》卷二十五改。

〔八〕「薊互」,底本誤作「蒯玄」,據《金石錄》卷二十五改。

〔九〕「秦」,底本誤脫,據《金石錄》卷二十五補。

〔十〕「官」,底本誤作「自」,據《金石錄》卷二十五改。

〔十一〕「真」,底本誤脫,據《金石錄》卷二十五補。

〔十二〕「歲」,底本誤脫,據《金石錄》卷二十五補。

〔十三〕「德」,底本誤作「懷」,據《金石錄》卷二十六改。

〔十四〕「之」,底本誤脫,據《金石錄》卷二十六補。

〔十五〕「從知聞」,底本誤作「後知間」,據《廣川書跋》卷七改。

〔十六〕「障」,底本誤作■,據《廣川書跋》卷七改。

〔十七〕「柙」,底本誤作「神」,據《廣川書跋》卷七改。

〔十八〕「鄧」,底本誤作「郡」,據《廣川書跋》卷七改。

〔十九〕「咸」,底本誤作■,據《廣川書跋》卷七改。

〔二十〕「造」,底本誤脫,據《廣川書跋》卷七補。

〔二十一〕「居」,底本誤脫,據《廣川書跋》卷七補。

〔二十二〕「庶」,底本誤作「度」,據《廣川書跋》卷七補。

〔二十三〕底本對《廣川書跋》卷七原文多所刪改。

卷六十九

〔一〕此條繫據董逌《廣川書跋》卷七「六公詠」條刪節而成。

〔二〕「四月辛巳」,底本誤脫,據《金石錄》卷二十六補。

〔三〕「千」,底本誤作「干」,據《金石錄》卷二十六改。

〔四〕此條繫據《金石錄》卷二十六「唐龍角山紀聖銘」條刪節而成。

〔五〕「吏」,底本誤作「史」,據《金石錄》卷二十六改。

〔六〕「二」，底本誤作「三」，據《金石錄》卷二十六改。

〔七〕此條出自曾鞏《元豐類稿》卷五十「金石錄跋尾十四首」。

〔八〕〔九〕「三」，底本誤作「二」，據《金石錄》卷二十六改。

〔十〕此條出自曾鞏《元豐類稿》卷五十「金石錄跋尾十四首」。

〔十一〕「碑」，底本誤脫，據《金石錄》卷二十六補。

〔十二〕「唐」，底本誤脫，據《金石錄》卷二十六補。

〔十三〕「列」，底本誤作「別」，據《金石錄》卷二十六改。

〔十四〕「靈」，底本誤作「寶」，據《金石錄》卷二十六改。

〔十五〕「住」，底本誤作「往」，據曾鞏《元豐類稿》卷五十「金石錄跋尾十四首」改。

卷七十

〔一〕「者」，底本誤作「也」，據《金石錄》卷二十七改。

〔二〕「終」，底本誤作「卒」，據《金石錄》卷二十七改。

〔三〕「慧」，底本誤作「惠」，據《金石錄》卷二十七改。

〔四〕「為」，底本誤作「者」，據《金石錄》卷二十八改。

〔五〕「輒」，底本誤作「輟」，據《金石錄》卷二十八改。

〔六〕「上」，底本誤作「土」，據《廣川書跋》卷七改。

〔七〕「朝」，底本誤作「廟」，據《金石錄》卷二十八改。

〔八〕「褘」，底本誤作「韓」，據《金石錄》卷二十八改。

〔九〕「抉」，底本誤作「扶」，據《廣川書跋》卷八改。

〔十〕「微」，底本誤作「徹」，據《廣川書跋》卷八改。

〔十一〕「合」，底本誤作■，據《廣川書跋》卷八補。

〔十二〕「世」，底本誤脫，據《廣川書跋》卷八補。

〔十三〕「見也」，底本誤脫，據《廣川書跋》卷八補。

〔十四〕「部」，底本誤脫，據《金石錄》卷二十八補。

〔十五〕「者」，底本誤脫，據《廣川書跋》卷八補。

〔十六〕「受」，底本誤作「問」，據《金石錄》卷二十八改。

〔十七〕「宜」，底本誤作「當」，據《金石錄》卷二十八改。

〔十八〕「魂」，底本誤作「鬼」，據《金石錄》卷二十八改。

〔十九〕「北」，底本誤作「此」，據《金石錄》卷二十八改。

〔二十〕「瑰」，底本誤作「懷」，據《金石錄》卷二十八改。

〔二十一〕《金石錄》卷二十八此下尚有：「嗚呼，名器之輕，一至於此！昔舜命伯禹作司空，異於是矣。」底本將此等觀點句刪去，實為王世貞刪改前人著作之慣用法。

〔二十二〕「薛撰」，疑衍。

〔二十三〕「而其為中丞與湖州刺史」，底本誤作「與湖」，據《金石錄》卷二十八補。

〔二十四〕底本對《廣川書跋》卷八原文大加刪節。

卷七十一

〔一〕「浸」，底本誤作「寢」，據《石錄》卷二十九改。

〔二〕此條出自曾鞏《元豐類稿》卷五十「金石錄跋尾十四首」。

〔三〕「肇」，底本誤作「啟」，據《廣川書跋》卷八補。

〔四〕「齊」，底本誤作「濟」，據《廣川書跋》卷八改。

〔五〕「害」，底本誤脫，據《金石錄》卷二十九補。

〔六〕「後得此碑以校集本，是正者凡數十字。以此知典籍歲久轉寫，脫誤可勝數哉」，底本錯簡，誤將此兩行置於同卷第二十一頁前二行，據《金石錄》卷二十九當移植於此。

〔七〕「事考之」之前，還有「唐檢校太子少保田公碑。右唐檢校太子少保田公碑，李宗閔撰。文字殘缺，以」，底本錯簡，誤將此兩行置於同卷第二十頁末二行，據《金石錄》卷二十九當移植於此。

〔八〕「帥」，底本誤作「師」，據《金石錄》卷二十九補。

〔九〕「正」，底本誤脫，據《金石錄》卷二十九補。

〔十〕「云」，底本誤作「六」，據《金石錄》卷二十九改。

〔十一〕「辜」，底本誤作「皋」，據《廣川書跋》卷九改。

〔十二〕「是也」，底本誤脫，據《廣川書跋》卷九補。

〔十三〕「變」，底本誤脫，據《廣川書跋》卷九補。

〔十四〕「驪」，底本誤作「飄」，據《廣川書跋》卷九改。

〔十五〕「右」，底本誤作「左」，據《金石錄》卷二十九改。

〔十六〕「云」，底本誤脫，據《金石錄》卷二十九補。

〔十七〕「石」，底本誤作「集」，據《廣川書跋》卷九改。

〔十八〕「書」，底本誤作「上」，據《廣川書跋》卷九改。

〔十九〕「以」，底本誤脫，據《廣川書跋》卷九補。

〔二十〕「陳許為惠琳在夏州」，底本誤增，據《廣川書跋》卷九刪。

〔二十一〕「書」，底本誤脫，據《廣川書跋》卷九補。

〔二十二〕「囗」，底本誤脫，據《廣川書跋》卷九補。

〔二十三〕「據以」，底本誤脫，據《廣川書跋》卷九補。

〔二十四〕「不可誣」，底本誤脫，據《廣川書跋》卷九補。

〔二十五〕「文章大敝於唐」，底本作「唐文敝」，據《廣川書跋》卷九改。

〔二十六〕「工」，底本作「出」，據《廣川書跋》卷九改。

〔二十七〕「文章詭切，至於」，底本誤脫，當據《廣川書跋》卷九補。

〔二十八〕「桷」，底本作「桶」，當據《廣川書跋》卷九改。

〔二十九〕「桷」，底本作「角」，當據《廣川書跋》卷九改。

〔三十〕「紃」，底本作「川」，當據《廣川書跋》卷九改。

〔三十一〕底本對《廣川書跋》卷九原文大加刪節。

〔三十二〕此條出自《金石錄》卷二十九。

〔三十三〕底本錯簡，將此兩行置於同卷第十一頁首行，見注釋〔七〕。

〔三十四〕底本錯簡，將此兩行置於同卷第十頁末行，見注釋〔六〕。今按，這兩條錯簡錯位這麼大的距離，也是我們發現的一大奇蹟！

〔三十五〕「信」，底本誤作「言」，據《金石錄》卷二十九改。今按，韓愈《與大顛書》不偽，歐陽修是而趙明誠非。

〔三十六〕「暉」，底本誤作「揮」，據《金石錄》卷二十九改。

〔三十七〕「入」，底本誤作「人」，據《廣川書跋》卷九改。

〔三十八〕底本對《廣川書跋》卷九原文多所刪節。

〔三十九〕「牛」，底本誤作「半」，據《金石錄》卷二十九改。

〔四十〕「犧」，底本誤作「羲」，據《廣川書跋》卷八改。

〔四十一〕「險」，底本誤作「陝」，據《廣川書跋》卷八改。

〔四十二〕「太學博士」，底本誤脫，據《廣川書跋》卷九補。

〔四十三〕「亦可藏也」，底本誤脫，據《廣川書跋》卷九補。

〔四十四〕「火」，底本誤作「大」，據《廣川書跋》卷九改。

〔四十五〕「宇」，底本誤作「字」。

〔四十六〕「石」，底本誤作「不」，據《元豐類稿》卷五十《金石錄跋尾

十四首》改。

〔四十七〕此條出自《元豐類稿》卷五十《金石錄跋尾十四首》。

卷七十二

〔一〕「彭」，底本誤作「獲」，據《金石錄》卷二十九改。

〔二〕〔三〕「苻」，底本誤作「符」，據《金石錄》卷三十改。

〔四〕「物」，底本誤作■，據《道園學古錄》卷四十《跋柳誠懸墨蹟》改。

〔五〕〔六〕「倕」，底本誤作「陲」，據《金石錄》卷三十改。

〔七〕「將」，底本誤作「筆」，據《金石錄》卷三十改。

〔八〕「嘗」，底本誤作「常」，據《金石錄》卷三十改。

〔九〕「歷」，底本誤作「麗」，據《廣川書跋》卷八改。

〔十〕「領」，底本誤作「令」，據《廣川書跋》卷八改。

〔十一〕「無以」，底本誤作「以為」，據《廣川書跋》卷八改。

〔十二〕「亳」，底本誤作「毫」，據《金石錄》卷三十改。

〔十三〕「五」，底本誤作「六」，據《金石錄》卷三十改。

〔十四〕「正」，底本誤作「據」，據《金石錄》卷三十改。

〔十五〕「右」，底本誤作「李」，據《金石錄》卷三十改。

〔十六〕〔十七〕〔十八〕〔十九〕〔二十〕「絪」，底本誤作「綑」，據《金石錄》卷三十改。

〔二十一〕「瘞」，底本誤作「痊」，據《金石錄》卷三十改。

〔二十二〕〔二十三〕〔二十四〕「積」，底本誤作「禾+貞」，據《廣川書跋》卷八改。

〔二十五〕「瘦」，底本誤作「庾」，據《廣川書跋》卷八改。

〔二十六〕「聞又」，底本誤作「久」，據《廣川書跋》卷八改。

〔二十七〕「鄭」，底本誤作「崔」，據《廣川書跋》卷八改。

〔二十八〕「郡」，底本誤脫，據《廣川書跋》卷七補。

〔二十九〕「時」，底本誤脫，據《廣川書跋》卷七補。

〔三十〕「之」，底本誤脫，據《廣川書跋》卷七補。

〔三十一〕「視□」，底本誤作「規」，據《廣川書跋》卷八改。

〔三十二〕「如」，底本誤作「於」，據《廣川書跋》卷八改。

〔三十三〕「太」，底本誤作「大」，據《廣川書跋》卷八改。

〔三十四〕「容」，底本誤作「客」，據《廣川書跋》卷八改。

〔三十五〕「宣」，底本誤作「官」，據《廣川書跋》卷十改。

〔三十六〕「書」，底本誤脫，據《金石錄》卷三十補。

〔三十七〕「上」，底本誤作「工」，據《廣川書跋》卷十改。

〔三十八〕「有」，底本誤作「右」，據《水經注》卷一改。

〔三十九〕「僧」，底本誤作「增」，據《水經注》卷一改。

卷七十三

〔一〕「上」，底本誤作「土」，據《輟耕錄》卷六改。

〔二〕「太」，底本誤作「大」，據米芾《書史》改。

〔三〕「王」，底本誤作「玉」，據《東觀餘論・法帖刊誤卷上》改。

〔四〕「蒙」，底本誤作「濛」，據《東觀餘論・法帖刊誤卷下》改。

〔五〕「蓬莪」，底本誤作「蒹」，據《東觀餘論・法帖刊誤卷上》改。

〔六〕「千」，底本誤作「十」，據《東觀餘論・法帖刊誤卷下》改。

〔七〕「問」，底本誤作「間」，據《東觀餘論・法帖刊誤卷下》改。

〔八〕「小」，底本誤作「少」，據《東觀餘論・法帖刊誤卷下》改。

〔九〕「亡」，底本誤作「忘」，據《東觀餘論・法帖刊誤卷下》改。

〔十〕「名」，底本誤作「右」，據《東觀餘論・法帖刊誤卷下》改。

〔十一〕「規」，底本誤作「摸」，據《東觀餘論・法帖刊誤卷下》改。

卷七十四

〔一〕「媞」，底本誤作「湜」，據《弇州四部稿》卷一百三十三改。

〔二〕「故」，底本誤作「欲」，據《弇州四部稿》卷一百三十三改。

〔三〕「辦」，底本誤作「辨」，據《弇州四部稿》卷一百三十三改。

〔四〕「歆」，底本誤作「愔」，據《弇州四部稿》卷一百三十三改。

〔五〕「方」，底本誤作「分」，據《弇州四部稿》卷一百三十三改。

附錄二　俄藏敦煌寫本《孔子家語》殘卷再探

王文暉

內容摘要：俄藏敦煌寫本《孔子家語》殘卷是繼英藏敦煌寫本《家語》殘卷之後發現的又一份新材料，其中所蘊含的信息對校勘今本《家語》及推動《家語》相關研究具有重要意義。

關鍵詞：《孔子家語》　俄藏敦煌寫本

　　《孔子家語》（以下簡稱《家語》）是研究孔子及其弟子言行以及古代儒學思想的重要文獻，過去長期被視作偽書，少人問津。近年來，隨著相關出土材料的不斷出現，掀起了《家語》研究的新熱潮。在已有的出土文獻中，與《家語》直接相關的材料是兩種敦煌寫本殘卷，其中較早發現的是編號為 S.1891 的英藏敦煌寫本殘卷，其次是晚近發現的編號為 Дx.10464 的俄藏敦煌寫本殘卷。英藏殘卷早在 1939 年王重民先生便有敘錄〔註1〕，近年又有學者進行了研究〔註2〕。俄藏殘卷因公布較晚，內容殘缺不完等原因致使關注較少。目前所能看到的公開發表的有關俄藏敦煌殘卷的研究論文是屈直敏先生的《敦煌寫本〈孔子家語〉校考》〔註3〕，該文對兩種《家語》殘卷進行了逐字校勘，結論大多可從，但也存在不完善之處。本文擬對俄藏敦煌寫本《家語》殘卷進行重新考察，通過與今本《家語》對勘，參之以其他相關傳世文獻，近一步揭

〔註1〕王重民，敦煌古籍敘錄〔M〕，北京：中華書局，2010：149～150。

〔註2〕寧鎮疆，英藏敦煌寫本《孔子家語》的初步研究〔J〕，故宮博物院院刊，2006（2）：135～140；寧鎮疆，英藏敦煌寫本《孔子家語》校記〔J〕，孔孟學報，2008（86）。

〔註3〕屈直敏，敦煌寫本《孔子家語》校考〔J〕，敦煌學（臺北南華大學），2008（27）：63～75。

示俄藏敦煌寫本《家語》殘卷所蘊藏的信息及其對校勘今本的價值和自身所存在的問題。

一

　　俄藏敦煌寫本《孔子家語》殘卷現存 23 行，除了前三行上部有不同程度殘損之外，其他諸行的上端均保存完好，大多清晰可辨。但寫本的下部殘去一截，因而每一行的句子至下端換行處都不完整。這 23 行文字，對應今本《家語》中的《賢君》及《辯政》兩篇，均不完整。今本《賢君》共存有記錄孔子及其弟子言行事蹟 11 則，《辯政》共存 9 則，而寫本抄錄《賢君》中的 4 則，分別為「子貢問於孔子」、「子路問於孔子」、「哀公問政於孔子」和「孔子見宋君」，共 14 行，其中第一則殘損嚴重。又抄錄《辯政》中的 3 則，分別為「孔子曰忠臣之諫君有五義」、「楚王將遊荊臺」、「齊有一足之鳥」，共 9 行，其中第三則僅殘存一行。為了便於考察，茲以「（1）、（2）……」表示行次，以「〔〕」表示書影殘缺而尚可辨識之字，依次錄文如下：

　　（1）子貢遂
　　（2）識也往者齊有鮑叔鄭有子
　　（3）乎子曰然吾聞鮑叔達管仲子皮達
　　（4）子路問於孔子曰賢君治國所先者何在孔子曰〔在〕
　　（5）賢而賤不肖其它何也孔子曰中行氏尊賢而不能用
　　（6）知其必賤而讎之怨讎並存於國鄰敵稱兵於中〔行〕
　　（7）哀公問政於孔子孔子對曰政之急者莫大乎使人
　　（8）則人富矣敦禮教遠罪疾〔註4〕則人壽矣公曰〔寡〕
　　（9）詩云愷悌君子人之父母未有子富而父母〔貧〕
　　（10）國吾欲使列都得吾欲使士竭力吾欲使日〔月〕
　　（11）之奈何孔子對曰千乘之君問於丘者多矣
　　（12）盡可〔得也〕丘聞之鄰國相親則長有國君臣

〔註4〕「罪疾」，日本古寫本《群書治要》同。屈直敏《敦煌寫本〈孔子家語〉校考》認為當從《藝文類聚》、《太平御覽》作「罪戾」。今按，「罪疾」亦可通。《尚書‧盤庚中》：「高后丕乃崇降罪疾曰：『曷虐朕民？』」《周禮‧小祝》：「以祈福祥，順豐年，逆時雨，寧風旱，彌災兵，遠罪疾。」《禮記‧郊特牲》：「有由闢焉」，鄭玄注：「由，用也。闢讀為弭，謂弭災兵，遠罪疾也。」「罪疾」即災禍。

（13）惑益士之祿則皆竭力尊天敬鬼則日月當〔時〕

（14）宋君曰善哉豈不然乎寡人不敏不足以致也〔孔〕

（15）辯政第十四□□孔子曰忠臣之諫其君有五義〔註5〕

（16）唯度王而行之吾從諷諫者乎□□楚王將

（17）曰荊臺之觀時不可失王喜拊子西之背曰與子

（18）君肯聽之乎王曰子其言之子西曰臣聞為人臣

（19）刑罰不足以誅也夫子旗者忠臣也若臣者諛臣也

（20）之諫是獨能約我耳若後世遊之者若何〔註6〕子西曰〔禁〕

（21）臺之上則子孫必不忍遊於父祖墓以為歡

（22）也入之於千里之上抑之於百世之後者也

（23）翹而跳齊侯大怪使使聘魯問於孔子孔子曰

　　從寫本的內容及抄寫方式看，其每篇內各則言行事蹟之間的前後相對順序與今本相同，只是每則之間並不連貫，可以看出是明顯的摘抄或選抄。從篇序看，《辯政》篇不僅保留了篇題，且篇題裏寫有「第十四」的字樣，由此可以推知與之相鄰的上篇《賢君》應是「第十三」。今本《家語》共有十卷44篇，其中《賢君》與《辯政》屬於第三卷的第十三篇和第十四篇，寫本兩篇的相對位置及篇序與今本是一致的。但由於寫本前後均殘缺不全，故看不出分卷方面的信息。再看注文。對照今本，寫本現存內容至少有兩處應當有注，一處為第（10）行《賢君》「吾欲使列都得」之後，今本有王肅注文「國之列都皆得其道」。另一處為第（16）行《辯政》「吾從諷諫者乎」之後，今本有王肅注文「風諫，依違遠罪避害者也」。然而，寫本兩處全無，是有意漏略不抄還是另有所本？從對正文的選抄方式看，筆者更傾向於前者。此外，比俄藏寫本更早的英藏寫本殘卷中保存了部分王肅的注文，其具體出注之處及注文內容與今本基本一致，這說明《家語》原本應當是有注文的，俄藏寫本不錄，只能是有意漏略。因此我們大致可以推知這個寫本的全貌應該是一個不含注文的節抄本。

　　與此前發現的英藏敦煌寫本《家語》殘卷相比，俄藏寫本殘卷的最大不同在於避「民」諱，殘卷中第（7）（8）（9）行中的四處「人」字，在今本中

〔註5〕第（15）句及第（16）句中的空格為寫本所原有，寫本於篇題與正文之間、相鄰兩則言行事蹟之間有間隔。

〔註6〕「若何」，屈直敏《敦煌寫本〈孔子家語〉校考》錄作「何若」，誤。

均作「民」字，尤其是第（9）行中所引用的《詩經》「愷悌君子，民之父母」一句，「民」字明顯改為「人」字，這足以說明俄藏《家語》殘卷的時代當在唐太宗之後。而英藏敦煌寫本《家語》殘卷全文不避「民」諱，王重民先生稱「殆為六朝寫本」。俄藏寫本明顯晚於英藏寫本，當在唐太宗之後至晚唐五代之間。從版本時代來講，俄藏敦煌寫本殘卷並不是最早的，甚至晚於日本古寫本《群書治要》中所保存的《家語》的時代〔註7〕。《群書治要》是唐初魏徵等人奉唐太宗之命輯錄前人著述而成的一部資政類編。《治要》輯錄所依據的原著，均為唐貞觀之前的古籍經典。此書在我國元代以後即失傳，日本金澤文庫藏有鐮倉時代（1192～1330 年）日本僧人手寫《群書治要》的大部分。據日本學者尾崎康、小林芳規研究，鐮倉時代的日本僧人寫本的底本當淵源於唐高宗時代的寫本〔註8〕。儘管俄藏敦煌寫本《家語》殘卷的時代不是最早的，但是，通過與今本《家語》及《群書治要》所保存的《家語》段落進行對校，我們仍能發現其在某些地方的優勝之處，對校勘今本《家語》仍有著重要價值。

二

　　用俄藏敦煌寫本《家語》殘卷與今通行本，即以明代黃魯曾覆宋本《家語》對校〔註9〕，可以發現以下不同之處：

篇　名	今　本	俄藏敦煌寫本殘卷
賢君	所先者何	所先者何在
	知其必己賤而讎之	知其必賤而讎之
	鄰敵構兵於郊	鄰敵稱兵於
	莫大乎使民	莫大乎使人
	則民富矣	則人富矣
	則民壽矣	則人壽矣
	民之父母	人之父母

〔註7〕魏徵等，群書治要〔M〕，東京：汲古書院，1989：1。
〔註8〕詳見日本汲古書院影印古典研究會叢書「漢籍之部」《群書治要・解題》。
〔註9〕寧鎮疆認為「黃魯曾刊本雖偶有殘缺，但其源出甚早，版本學特徵也較純粹，故佳處往往出諸本上。」詳見其文《今傳宋本〈孔子家語〉源流考略》提要。寧鎮疆，今傳宋本《孔子家語》源流考略〔J〕，中國典籍與文化，2009（4）：4～9。

	吾欲使長有國而列都得之	國吾欲使列都得
	千乘之君問丘者	千乘之君問於丘者
	士益之祿	益士之祿
	寡人不佞	寡人不敏
辯政	忠臣之諫君有五義	忠臣之諫其君有五義
	唯度主而行之	唯度王而行之
	今荊臺之觀不可失也	荊臺之觀時不可失
	王肯聽之乎	君肯聽之乎
	而臣者諛臣也	若臣者諛臣也
	是獨能禁我耳	是獨能約我耳
	若後世遊之何也	若後世遊之者若何
	問孔子	問於孔子
	必不忍遊於父祖之墓	必不忍遊於父祖墓

通過比對，我們發現，俄藏敦煌寫本《家語》殘卷的文字，至少可以在以下幾處為我們解決今本《家語》的校勘問題提供有益的線索。

其一，今本《賢君》：「子路問於孔子曰：『賢君治國，所先者何？』」俄藏寫本殘卷「何」作「何在」，究竟原本有無「在」字？筆者以為當從殘卷，有「在」為是。從下文孔子「在於尊賢而賤不肖」的回答來看，「在於」即承上文「何在」一語而言。此外，日本古寫本《群書治要》存錄的《家語·賢君》亦有「在」字，可知唐本如是，今本必是脫漏了此字。

其二，今本《賢君》：「孔子見宋君，君問孔子曰：『吾欲使長有國，而列都得之，吾欲使民無惑，吾欲使士竭力，吾欲使日月當時，吾欲使聖人自來，吾欲使官府治理，為之奈何？』」宋君的這段問話用一組排比句表達出了自己治國理政所希望實現的願望，其中第一句「吾欲使……」與後五句「吾欲使……」句式內部明顯不同。從漢語句式看，後五句是明顯的兼語句，「使」字之後皆出現兼語名詞，句義明確。而第一句「吾欲使長有國」的「使」字後無兼語名詞，從語義看，也無兼語句的意思，「使」字顯得冗餘。這段話亦見於《說苑·政理》〔註10〕，前兩句作「吾欲長有國，吾欲列都之得」。

〔註10〕向宗魯，說苑校證〔M〕，北京：中華書局，2000：153。

無論是從句式還是從語義看，《說苑》都明顯優於今本《家語》。特別是「列都之得」，今本《家語》作「列都得之」，兩句意思明顯不同。「列都之得」即「得列都」，與「長有國」、「民無惑」、「士竭力」等並列，都是宋君希望實現的願望。而「列都得之」卻不同，語序變化後，句義也隨之改變，今本王肅注云：「國之列都皆得其道」，「列都得之」即「列都得其道」，這顯然與宋君的願望大相逕庭。下文孔子答曰：「丘聞之，鄰國相親，則長有國；君惠臣忠，則列都得之；不殺無辜，無釋罪人，則民不惑……」從孔子的回答看，顯然「列都得之」也是與「長有國」、「民無惑」、「士竭力」、「日月當時」等並列的結構，若從王肅所注則不然。今本「列都得之」，俄藏殘卷作「吾欲使列都得」，語義上與《說苑》基本一致，可知今本「列都得之」的「之」字，不是衍文，就是倒文。〔註11〕筆者頗疑此處經王肅改動，並特地加注以明己意。

其三，《賢君》：「士益之祿，則皆竭力。」寫本殘卷作「益士之祿，則皆竭力。」「益」者，增加也。「益士之祿」即增加士人的俸祿。今本疑有誤倒。《說苑·政理》作「益士祿賞則竭其力」亦可為證。

其四，《辯政》：「夫子祺者，忠臣也，而臣者，諛臣也，願王賞忠而誅諛焉。」「而臣者」，寫本殘卷作「若臣者」，《說苑·政理》亦作「若臣者」。唐代余知古《渚宮舊事》卷二「周代中」載其事〔註12〕，亦作「若臣者」。「若臣者」翻譯成今語就是「至於我……」，是秦漢古書中習用的提起自我，引出下文的表達方法。此處頗疑原本作「若臣者」，今本《家語》的句式為後世變動所致。

其五，今本《辯政》：「若後世遊之何也？」是個奇怪的句式。上古漢語裏，「若……何？」句式表示的意思是「對……怎麼辦？」句末不帶語氣詞，且句中往往以簡單的名詞或代詞作賓語。句式「……，何也？」則是詢問原因。今本「若後世遊之何也」顯然是兩種句式的雜糅，有些不倫不類。寫本作「若後世遊之者若何」，翻譯過來就是「如果後世有人來遊荊臺的話該怎麼辦？」寫本的句式顯然符合上古文法。筆者頗疑此句原本「何」字之前有「若」字，傳刻中脫掉了。唐代余知古《渚宮舊事》卷二「周代中」載此事，作「若後世遊

〔註11〕向宗魯先生說：「此以『國』、『得』為韻，下數句皆韻語，彼文誤倒。」詳見向宗魯《說苑校證》第 153 頁。
〔註12〕余知古，渚宮舊事〔M〕，文淵閣四庫全書本。

之奈何？」「奈何」與「若何」同。

　　此外，有些地方雖無從考實，但從文法、語感及內在邏輯等方面看，寫本優於今本。

　　如，今本《賢君》：「孔子對曰：『千乘之君問丘者多矣。』」《辯政》：「使使聘魯問孔子。」寫本殘卷於此兩句「問」字後皆有「於」字。從上古文法多用「於」字引進動作對象來看，寫本文氣較古，今本疑有刪動。

　　再如，今本《辯政》「忠臣之諫君有五義」一句，寫本作「諫其君」。寫本更符合讀者的語感及君臣之間的隸屬關係。下句「一曰譎諫。」王肅注：「正其事以譎諫其君。」亦有「其」字。有無「其」字，本無損於文義，但殘卷所提供的異文對於我們瞭解古書原貌實有裨益。

三

　　正如其他殘卷一樣，俄藏敦煌寫本《家語》殘卷亦有不少訛脫衍奪甚至改字之處。

　　第一，寫本《賢君》：「知其必賤而讎之」一句中脫漏「己」字，日本古寫本《群書治要》作「知其必己賤而讎之」，與上句「賢者知其不已用而怨之」相對。今本《賢君》篇「不肖者知其必己賤而讎之」一句不誤，但「賢者知其不已用而怨之」一句脫漏「己」字，亦造成前後失對。

　　第二，寫本《賢君》「鄰敵稱兵於」一句，「於」後明顯脫「郊」字，致使句義不完。「稱兵」一詞，今本作「構兵」。「稱兵」、「構兵」均為先秦兩漢習用之語，然意義有所不同。「構兵」即交戰。《說苑‧指武》：「兩壘相當，旌旗相望，塵埃相接，接戰構兵。」「稱兵」即舉兵、興兵，未必交戰。寫本「稱」與「構」繁寫字體極其接近，孰是孰非，俟考。

　　第三，寫本《辯政》「入之於千里之上」一句，「千里」應是「十里」之誤。《說苑‧政理》載孔子曰：「美哉！令尹子西，諫之於十里之前，而權之於百世之後者也。」此與上文「子西步馬十里，引轡而止」正相承。「十里之上」與「百世之後」恰成對比。此外，宋代文獻如楊簡《先聖大訓》〔註13〕卷五、王當《春秋臣傳》〔註14〕卷二十六、曾慥《類說》〔註15〕卷三十八所引皆作

〔註13〕楊簡，先聖大訓〔M〕，文淵閣四庫全書本。
〔註14〕王當，春秋臣傳〔M〕，文淵閣四庫全書本。
〔註15〕曾慥，類說〔M〕，文淵閣四庫全書本。

「十里」。今本《家語》亦誤作「千里」。

第四，寫本《辯政》「必不忍遊於父祖墓」一句，今本作「父祖之墓」，從音節節奏上亦感知寫本當漏脫了「之」字，宋代楊簡《先聖大訓》、唐代余知古《渚宮舊事》等所引亦多保留此字。

第五，寫本《賢君》「寡人不佞」一句，今本作「寡人不敏」，屈直敏認為：「自稱不才曰不佞；敏，意為聰、達。故當作『不敏』為是。」〔註16〕並以《韓詩外傳》《史記・蘇秦列傳》為證。今按，屈說可商。「寡人不佞」與「寡人不敏」都是上古文獻中國君自謙的客套話，相當於說自己不行、沒能力等，意思一樣，不當區別對待。《左傳・哀公二十年》：「王拜稽首曰：『寡人不佞，不能事越。』」《史記・孝文本紀》：「代王曰：『奉高帝宗廟，重事也。寡人不佞，不足以稱宗廟。』」皆其例。在沒有重要的版本作參校依據時，這類異文只能兩存。

第六，寫本《辯政》「唯度王而行之」一句，「王」當從今本作「主」。今本全句為：「孔子曰：『忠臣之諫君有五義焉：一曰譎諫，二曰戇諫，三曰降諫，四曰直諫，五曰風諫。唯度主而行之，吾從其風諫乎。』」孔子所說的「五義」是一般情況，並非針對某個具體的君王而言，故從「主」更符合情實。

第七，寫本《辯政》「是獨能約我耳」一句，今本「約」作「禁」。「約」與「禁」雖義可兩通，但從下文令尹子西曰「禁後世易耳」（寫本殘卷此句僅剩「禁」字）看，作「禁」可能更接近原貌。

第八，寫本《賢君》在「吾欲使列都得」之後明顯漏掉「吾欲使民無惑」一句。原文是一組問對之句。宋君問：「吾欲使長有國，而列都得之，吾欲使民無惑，吾欲使士竭力，吾欲使日月當時，吾欲使聖人自來，吾欲使官府治理，為之奈何？」孔子答：「丘聞之，鄰國相親，則長有國；君惠臣忠，則列都得之；不殺無辜，無釋罪人，則民不惑；士益之祿，則皆竭力；尊天敬鬼，則日月當時；崇道貴德，則聖人自來；任能黜否，則官府治理。」殘卷於問句「當時」之下皆殘，答句亦殘缺不全，但於「士益之祿」之前保留「惑」字，顯然是上句「則民不惑」的殘存，從而推知問句中本當有「吾欲使民無惑」一句，抄手漏抄所致。

〔註16〕屈直敏，敦煌寫本《孔子家語》校考〔J〕，敦煌學（臺北南華大學），2008（27）：73。

四

通過對俄藏敦煌寫本《家語》殘卷的考察及與今本、其他相關寫本、傳世文獻的比對，我們大致可以得出以下結論：

俄藏敦煌寫本《家語》殘卷係唐寫本，時代不會早於唐太宗時期，當為太宗至晚唐五代之間的文物。俄藏敦煌寫本所保留的內容與今本基本一致，不同之處在於，此寫本只是部分摘抄，不是完整地抄錄，提供的信息有限，因而我們還不能斷定此寫本就是與今本完全不同的另外一個版本系統，我們更傾向於是唐代《家語》的節抄本。

除了最早的英藏敦煌寫本殘卷及屬於唐寫本的俄藏敦煌殘卷之外，還存在著初唐時期保存較為完好的日本古寫本《群書治要》本《家語》，此本雖亦非全本，但較之以上兩種殘卷，其內容相對完整，保留篇目亦較多，對今本的校補價值亦最大。俄藏敦煌殘卷與另外兩種寫本材料相比，其時代不是最早的，其內容也不是最全的，甚至本身由於抄手的水平問題，抄錄的質量並不比英藏寫本高，儘管如此，其時代仍在今天所謂的「覆宋本」之前，仍然可以使我們窺知《家語》在唐時的局部面貌，某些地方對校勘今本仍然有著重要價值。

寧鎮疆在《英藏敦煌寫本《孔子家語》的初步研究》一文中說，「就文字、內容及注文來看，敦煌寫本與今本基本相同，差別並不大，這說明《孔子家語》在唐以後的流傳形態是基本穩定的，並不存在結構性創傷，所謂『唐本』與『宋本』的區分並沒有多少實際意義。」〔註17〕從宏觀角度講，寧文所說基本不錯，《家語》從文本框架和內容上看，古今差別並不大，但從微觀角度看，《家語》「唐本」和「宋本」的文字差別不在少數，兩種敦煌寫本殘卷由於內容有限，體現並不明顯，若將古寫本《群書治要》與今本《家語》比對，就會發現，今本《家語》文字方面（包括王肅注文）的訛脫衍奪現象相當嚴重，這雖無損於大要，但對於某些文句的理解及恢復古書原貌方面卻有著重要意義，從這個方面講，區分「唐本」和「宋本」未必沒有必要。

從殘卷內容看，《家語》流傳到唐代時，撇開抄手水平、態度等因素，《家語》已經出現了不同程度地文字方面的訛誤，這種情況同樣存在於英藏寫本殘

〔註17〕寧鎮疆，英藏敦煌寫本《孔子家語》的初步研究〔J〕，故宮博物院院刊，2006（2）：140。

卷及古寫本《群書治要》中。今天我們所看見的《家語》經過千百年的輾轉傳抄，其文本早已是魚魯亥豕，某些地方甚至已經不可卒讀。流傳甚廣的所謂「覆宋本」，較之此前的英藏敦煌寫本、日本古寫本《群書治要》、俄藏敦煌寫本在文句方面也已經發生了許多變化。利用古寫本校勘今本，盡可能恢復其本來面貌，是《家語》研究的重要的基礎工作。

附錄三　敦煌變文「提撕」「提攜」考辨

王文暉

摘要：「提攜」與「提撕」是敦煌變文中兩個詞，這兩個詞之間的音義關係至今少有辨析。敦煌文獻《伍子胥變文》及《李陵變文》中的「提撕」一詞的詞義也是眾說不一，未有確解。本文細緻分析了「提攜」與「提撕」的音義關係，認為「提攜」與「提撕」原為兩個音義具同的同詞異寫形式，但在敦煌變文中它們卻各有其音義歸屬，互不混同。

關鍵詞：敦煌變文　提撕　提攜

一、「提撕₁」與「提撕₂」

敦煌變文中共有兩例「提撕」，分別見於《伍子胥變文》：「征馬合合雜雜，隱隱填填，鐵馬提撕，大軍浩汗。」和《李陵變文》：「使人泣淚相扶得，沙塞遣出腸中血。良久提撕始得蘇，南望漢國悲號曰……」對於這兩例「提撕」，目前有三種不同理解。

1. 蔣禮鴻主編的《敦煌文獻語言詞典》：「拉扯，牽引，整頓。」所舉例證為《顏氏家訓·序致》：「業以整齊門內，提撕子孫。」和韓愈《南內朝賀歸呈同官》詩：「所識事無多，又不自提撕。」〔註1〕

2. 項楚《伍子胥變文》校：「『提撕』當作『啼嘶』。」〔註2〕

〔註1〕蔣禮鴻《敦煌文獻語言詞典》，杭州：杭州大學出版社，1994年，第313頁。
〔註2〕轉引自《敦煌變文校注》「伍子胥變文」中「提撕」條黃征、張湧泉的徵引。

3. 黃征、張湧泉《敦煌變文校注》：「似為叫喊、牽扯等意。」〔註3〕

黃、張二君都是當年《敦煌文獻語言詞典》的主要參編者，他們在後來的《敦煌變文校注》的附錄中說：「其中部分條目輯自本書手稿。」指的是《敦煌文獻語言詞典》中的某些條目來自《敦煌變文校注》手稿，因此可以理解為將「提撕」釋為「拉扯，牽引，整頓。」也代表著他們之前的理解。後來之所以在《敦煌變文校注》又中釋作「似為叫喊、牽扯等意。」明顯是綜合了他們原有的理解和項楚先生的理解而成，但語氣卻十分地猶豫不定。單從隨文釋義的角度看，項楚先生的釋「嘶嘶」可能更契合變文的語境。「嘶嘶」就是馬在嘶鳴，引申為呼叫、呼喊。可是這個理解卻不能契合《顏氏家訓》中的「提撕子孫」和韓愈詩中的「不自提撕」兩句，用「牽扯」、「拉扯、整頓」也扞格不通。那麼，「提撕」究竟是什麼意思？敦煌變文中的「提撕」與《顏氏家訓》及韓愈詩中的「提撕」是一個詞嗎？答案是否定的。這兩個「提撕」讀音和意義均不相同。為了便於分析，我們姑且將《顏氏家訓》及韓愈詩中的「提撕」稱作「提撕 1」，將敦煌變文中的「提撕」稱作「提撕 2」。

二、「提撕 1」即「提攜」

「提撕 1」一詞最早見於鄭玄的毛詩箋。《詩·大雅·抑》：「於乎小子，未知臧否。匪手攜之，言示之事。匪面命之，言提其耳。」其中最後兩句後來凝練成了成語「耳提面命」。對於這兩句，鄭箋曰：「我非但對面語之，親提撕其耳。此言以教道之，孰不可啟覺。」這是目前所能看到的「提撕」一詞的最早來源。長期以來，一些大型的語文工具書將「耳提面命」中的「提」解作「提著」、「揪著」、「控持、執持」等動詞意義。把「提」理解成拉扯耳朵的動作，許多學者也覺著有失妥當，並於 20 世紀 80 年代初在《中國語文》上展開過一場討論，但這場討論最終不了了之，並沒有從根本上解決這一問題。

毫無疑問，《詩經》中「言提其耳」的「提」就是鄭玄筆下的「提撕」，目前學界只注意到了鄭箋，卻忽略了在鄭玄之前東漢另一位學者王逸對此也曾有過解說。王逸《楚辭章句》卷一《離騷經章句》：「昔伯夷、叔齊讓國守分，不食周粟，遂餓而死，豈可復謂有求於世而怨望哉。且詩人怨主刺上曰：『嗚呼小子，未知臧否，匪面命之，言提其耳！』風諫之語，於斯為切。然仲尼論之，以為大雅，引此比彼。屈原之詞，優游婉順，寧以其君不智之故，欲提攜

〔註 3〕黃征、張湧泉，《敦煌變文校注》，北京：中華書局，1997 年，第 56 頁。

其耳乎！」顯然王逸的「提攜其耳」與鄭箋中的「提撕其耳」如出一轍。《後漢書‧王逸傳》：「王逸字叔師，南郡宜城人也。元初中，舉上計吏，為校書郎。」《四庫全書總目》卷一四八《楚辭章句》提要云：「舊本題校書郎中，蓋據其注是書時所居官也。」據此可知，王逸《楚辭章句》撰於 114 至 120 年之間。而鄭玄生活於 127 至 200 年之間，顯然，早在鄭玄箋注《詩經》之前，「提攜其耳」的用法就已經開始出現了。從王逸與鄭玄分別用「提攜」和「提撕」來注釋《詩經》「言提其耳」中的「提」字的事實看，東漢時期，「提攜」與「提撕」應是讀音、意義有關聯的兩個詞。

三、「提攜」的語源

　　《說文解字‧手部》：「攜，提也。從手，雟聲。」《說文》中的「攜」，後來簡化為「攜」。《說文解字‧手部》：「提，挈也。從手，是聲。」段玉裁注曰：「挈者，懸持也。攜則相併，提則有高下，而互相訓者，渾言之也。」〔註4〕「提攜」這個由兩個同義語素複合而成的雙音詞，今天仍然廣為使用。《漢語大詞典》共羅列了它的 5 種用法：1. 牽扶；攜帶。2. 指可供懸持的容器。3. 照顧；扶植。4. 提拔。5. 攜手；合作。其中，第3、4 兩義項仍是今天最常見的用法。那麼，王逸《楚辭章句》中的「提攜其耳」的「提攜」是源自「提」與「攜」的同義複合？還是另有淵源？

　　《說文解字‧允部》：「尵，尳不能行，為人所引曰尵㦬。從允、爪，是聲。」又「㦬，尵㦬也。從允，從爪，雟聲。」段玉裁注「尵㦬」曰：「疊韻字也，與『提攜』義相近。」朱駿聲《說文通訓定聲》「解部」第十一注「尵㦬」曰：「與『提攜』略同，亦疊韻連語。」段氏與朱氏的注釋大約包含這樣兩層意思：其一，「尵㦬」只是與「提攜」意思相近，並不是完全一致。其二，「尵㦬」與「提攜」都是疊韻聯綿詞。由於「尵㦬」與「提攜」的讀音亦相同，這樣我們就不難得出「尵㦬」與「提攜」是同源詞的結論。若就幫扶原因而言，在腿腳則曰「尵㦬」，其他方面則曰「提攜」。由於「尵㦬」字形過於繁複，之後便逐漸與「提攜」合流。宋代張有《復古編》卷六「連綿字」：「尵㦬，尳不能行，為人所引也。尵，從允、爪、是，都兮切。㦬，從爪、允、雟，戶圭切。今俗用『提攜』二字。」方以智《通雅‧釋詁‧謰語》：「尵㦬即提攜。」

〔註 4〕王惟賢整理，《說文解字注》，南京：鳳凰出版社，2007 年，第 1038 頁。

　　「提攜」是聯綿詞還可以從以下字書、韻書中得到印證。《廣韻》卷一：「提，提攜。」《集韻·齊韻》：「尵隇，《說文》：『尵不能行，為人所引曰尵隇。』或從奚。」邵瑛《說文解字群經正字》：「此為『提攜』本字，今經典作『提攜』。」黃侃《說文箋識四種》之《說文同文》：「攜同挈、懸、系、係。亦同尵隇。」

　　通過對東漢以前的文獻調查發現，「提」與「攜」在兩漢以前基本上是單獨使用，未結合成詞〔註5〕，因此，很難說王肅「提攜其耳」的「提攜」是個例外。反之，如果它是一個雙音詞，筆者更傾向於認為王逸《楚辭章句》中的「提攜」並非源自同義語素「提」與「攜」的復合，而是與聯綿詞「尵隇」語出同源，本義是幫扶、扶助，進而引申為精神上的幫助。「提」與「攜」在上古音都隸屬支韻平聲，是疊韻聯綿詞，「攜」讀如「奚」。

四、「提攜」與「提撕」的音義問題

　　既然有了「提攜」，為何又會出現鄭玄筆下的「提撕」呢？這是因為「撕」在上古時亦隸屬心母支韻平聲，與「攜」音近。中古時已是同音。《經典釋文·毛詩音義下》：「提撕音西。」《廣韻·齊韻》「西」小韻：「撕，提撕。」司馬光《類編》卷十二上：「撕，山宜切，析也。又相支切，又先齊切，提撕也。文一重音二。」可知，「撕」中古有兩讀，一音「斯」，一音「西」。讀「斯」時，猶言剖析；讀「西」時，是連綿詞「提撕」。

　　今人誤解「提撕」一詞的一個主要原因就是對「撕」讀音的隔膜，周德清《中原音韻》卷下《中原音韻正語作詞起例》曰：

　　　　「歡娛」之「娛」（《廣韻》音愚）四海之人皆讀為「吳」，「提撕」之「撕」（《廣韻》音西）四海之人皆讀為「斯」，有誚之者謂讀別字，依其邊傍字音也。「犁牛之子騂且角」之「騂」字（《廣韻》息營切，音星）而讀為「辛」，卻依其邊傍字音，誚之者而不誚之，蓋知其彼之誤而不知此之謬。前輩編字有云：日月象形，江河諧聲，

〔註5〕僅《禮記·曲禮》中有一例：「立必正方，不傾聽。長者與之提攜，則兩手奉長者之手。」鄭玄注：「習其扶持，尊者提攜，謂牽將行。」孔穎達正義：「長者與之提攜，則兩手奉長者之手者，非唯教之聽立，至於行步，亦宜教之。提攜謂牽將行時，因牽行之，又教之為節也。奉長者之手，為兒長大，方當供養扶持長者，故先使學之，令習便也。」因此這個「提攜」仍然是牽扯之意，是「提」與「攜」的同義連用，不是聯綿詞。

止戈為武。如此取義，「娛」、「撕」二字依傍有「吳」、「斯」，讀之
又何害於義理？豈不長於傍是「辛」而讀為「星」字之音乎？

可見這種隔膜早在元代以前就出現了。

綜上所述，「提攜」、「提撕」實為一詞，皆為幫扶之意，與「爐𤬐」同一
語源，是一組同義疊韻連綿詞。精神方面的幫扶就是提醒、啟發，使之覺悟，
這包括自我覺悟和使他人覺悟兩種情況。明代張自烈《正字通·手部》：「『提
撕』之『撕』有西、私二音。西者，提撕警覺也，警覺弟子而教導也。」此說
最為顯豁。

與「提攜」音義皆同的「提撕」或許受與「提攜」字形不同因素的影響，
從出現之時起，意義便固定在精神方面的提醒、啟發、覺悟上，用法相當單一
穩固。如：

1. 唐釋慧淨《廣弘明集》「析疑論」：「如有未喻，更為提撕。」

2. 南唐釋靜、筠《祖堂集》卷 10「玄沙」：志超上座為眾乞茶去時，問師：
「伏乞和尚提撕！」師云：「只是你不可更教我提撕。」進曰：「乞師直指，志
超不是愚癡人。」師云：「是你是愚癡人，作摩生會？」進曰：「時不待人，乞
師指示！」

3. 宋黃庭堅《山谷別集》卷 20「與死心道人書」：「常蒙苦口提撕，常如
醉夢，依稀在光影中。」

4. 元王惲《秋澗集》卷 64「御史中丞王公誄文」：「年甫弱冠，四擅華聲。
從元問學，館申作甥。二公提撕，大漬於成。」

5. 明徐霞客《徐霞客遊記》「江右遊日記」：余憶徐岩之名，前由弋陽舟
中已知其為余家物，而至此忽忘不及覺，壁間書若為提撕者，亟出岩詢之，無
一能知其處。

6. 清劉鶚《老殘遊記》第 18 回：「剛、王二君連忙上去請了個安，說：
『請大人自便，卑職等不敢陪審，恐有不妥之處，理應迴避。』白公道：『說
那裡的話。兄弟魯鈍，精神照應不到，正望兩兄提撕。』二人也不敢過謙。」

唐釋慧琳《一切經音義》卷 82：「提撕，思奚反。案：提撕者，一一分析，
善說之也。並從手。」丁佛保《佛學辭典》「提撕」：「提挈之意。即導引後進
之人。在禪宗指師家指導學人（被指導者）；或指行住坐臥間，對古則公案專
心參究。」

因此，《顏氏家訓·序致》：「業以整齊門內，提撕子孫。」和韓愈《南內

朝賀歸呈同官》詩：「所識事無多，又不自提撕。」應該分別是「導引後進之人」和「警覺、振作」之義。

五、敦煌變文中「提攜」與「提撕₂」

敦煌變文中也有「提攜」一詞，分別見於《伍子胥變文》《父母恩重經講經文》《維摩詰經講經文》《維摩碎金》等中，舉例如下：

1.《伍子胥變文》：貧賤不相顧盼，富貴何假提攜！

2.《父母恩重經講經文》：個個提攜證涅槃，不曾有意言恩德。

3.《維摩詰經講經文》：人間天上，此界他方。四生賴汝提攜，六道蒙君救度。

4.《維摩碎金》：我今須教，吾要提攜，令伊棄此誼（嘩），追證取無為妙果。

5.《維摩碎金》：接引眾生寧厭倦，提攜含類沒勞波。

6.《維摩碎金》：遣臨方丈，有誤提攜；交問淨名，慮辱指使。

7.《維摩詰經講經文》：提攜總出娑婆界，救度皆拋苦惱原。

8.《維摩詰所說經講經文》：六道四生之類，汝須往彼提攜，若能如此施為，勝得十劫財施。

這些例句中的「提攜」均脫離不了《佛學辭典》中「提撕」的意義。

弄清了「提撕₁」與「提攜」的關係與意義，再回看敦煌變文中的兩例「提撕₂」，可以明顯地發現，《伍子胥變文》中的「鐵馬提撕」和《李陵變文》中的「良久提撕始得蘇」中「提撕」都與「提醒、啟發、覺悟」沒有關係，尤其是「鐵馬提撕」，顯然是指馬的嘶鳴，是「啼嘶」的同音別寫，項楚先生的說法是正確的。敦煌文獻語言慣用俗字、俗語及同音替代字，表示鳴叫、哭泣之意的「啼」，除了可以寫作「提」外，在變文中又常被寫作「渧」、「蹄」。如《王昭君變文》：「虞舜妻賢，渧能變竹。」《漢將王陵變文》：「三三五五暗中渧，各各思家總擬歸。」《八相變》：「含蹄緩步，徐下山來。」表示鳴叫之意的「嘶」，除了寫作「撕」外，在變文中還常被寫作「斯」。如《雙恩記》中「滿城驚訝出門看，人鬧馬斯皆總歸。」從變文的這種用字特點我們就不難理解為什麼「提撕」就是「啼嘶」的同音替代字了。《李陵變文》中的「良久提撕始得蘇」，由於描寫的是戰場受傷昏迷後復蘇的語境，故也應作「呼喊、呼叫」解，與《伍子胥變文》中的「提撕」同屬一義。

　　「嗁嘶」被寫作「提撕」後，其導致的最直接的後果便是與鄭玄筆下的表示「提醒、警覺」意的「提撕」產生了字形上的混同，而兩者之間其實沒有任何意義上的關聯，這便給今人的注釋工作造成了出現失誤的空間。因此，我們就不難理解為何蔣禮鴻先生將敦煌變文中的「提撕」與《顏氏家訓》中「提撕子孫」及韓愈《南內朝賀歸呈同官》詩「又不自提撕」中「提撕」混作一個詞了，解作「拉扯、牽引、整頓」只不過是隨文釋義罷了。

　　此外，通過對敦煌變文中的「提撕」與「提攜」的窮盡性對比考察，我們發現，變文中凡是用「提撕」的地方，皆為「鳴叫、呼喊」之義；凡是用「提攜」之處，除了上舉例 1《伍子胥變文》中「富貴何假提攜」因與上句「貧賤不相顧盼」是對文，可解作幫扶、扶助義外，例 2、3、4、5、6、7、8 句中的「提攜」都是佛經音義中的啟發、覺悟之義，而這兩個意義之間也是互相關聯的。也就是說，「提撕」與「提攜」在敦煌變文中各有自己的意義歸屬，不相混同。

　　語音方面，變文中「撕」與「攜」也各不相同。從「撕」、「嘶」、「斯」可以互相替寫的情況看，變文中「提撕」之「撕」應讀作「私」，而「提攜」之「攜」則不然。《季布詩詠》：「急攜急攜摧人老，速攜速攜摧人早。」這兩句中的四個「攜」字，潘重規、黃征、張湧泉等均認為當讀作「兮」。「攜」是「兮」的同音替代字，這也充分說明當時「攜」應讀作「西」。

六、結論

　　通過以上詳盡的分析，我們可以得出這樣的結論：「提攜」是東漢時期出現的一個疊韻聯綿詞，「攜」讀如「奚」，意思是幫扶、提拔、提醒等。王逸《楚辭章句》中「提攜其耳」的意思是說在其耳邊提醒，非拉扯耳朵之意。「提攜」的語源就是《說文解字》中記錄的因跛足而需要幫扶的聯綿詞「尳尳」。「撕」因與「攜」讀音十分相近，故鄭玄筆下的「提撕」就是王逸筆下的「提攜」，也是疊韻聯綿詞，意義指在精神方面的提醒、覺悟、警覺等。而敦煌變文中的「提撕」與「提攜」音義皆不相同，各有其歸屬，互不混同。變文中的「提撕」是「嗁嘶」的同音替寫，是叫喚、呼叫的意思。變文中的「提攜」則與王逸《楚辭章句》中「提攜其耳」的「提攜」及鄭玄《詩經》箋注中的「提撕其耳」的「提撕」音義俱同。正是由於這種略顯複雜的關係，才導致了今天對敦煌變文中「提撕」一詞理解上的分歧。

後　記

　　我們的主攻方向是傳世文獻，在充分吸收前人研究成果的基礎上，斗膽提出了新的文獻分類法（詳見姊妹篇《國故新略》一書）。對於出土文獻，我們雖然有所涉獵，但缺少深入細緻的專門研究，較多地借鑒了諸多行家的最新成果，如甲骨文獻，主要參考了李學勤、裘錫圭、王宇信、宋鎮豪、楊升南等先生的論著；簡帛文獻，主要參考了李學勤、李零、陳偉等先生的專著；金石文獻，主要參考了馬衡、朱劍心、李零、趙超、程章燦等先生的研究成果；敦煌吐魯番文獻，主要參考了王素、榮新江、許建平、李錦繡等先生的論著，謹此致謝！我曾經多次得到李學勤先生的鼓勵與賜教，獲益匪淺。武漢大學資深教授陳偉先生是我的伯樂，在關鍵時刻多次扶持提攜過我，曾經邀請我加盟武漢大學歷史學院，高情厚誼，沒齒難忘。我與南京大學程章燦教授、浙江大學許建平教授相識甚久，從他們的論著中也頗受啟發。至於其他的先生，或有一面之雅，或乏一面之緣，但對於他們的精深造詣都極為欽佩。此外，我的研究生王獻松博士曾經參與校勘之役，有所貢獻。

　　出土文獻在過去的一百年可謂大放異彩，產生了一大批的新學科，群星璀璨，引人矚目。而我們的學術專長都不在這幾個領域，將此書結集主要是為了拓展文獻學研究領域，表明我們不搞畫地為牢，也曾對這幾大顯學有所預流。我們重視傳世文獻，但也決不輕視出土文獻。將此書命名為《國故新土》，也顯示開疆拓土的一點點野心。

司馬朝軍

2023 年 2 月 1 日於上海浦西之震旦園